Susanne Müller
Am Steinbruch 40
97318 Biebelried

Mit eigenen Worten 9

Realschule Bayern

Erarbeitet von:
Martin Bannert, *Altenbaindt*
Natalie Christ, *Schwabach*
Karola Kaindl, *Memmelsdorf*
Christoph Kasseckert, *Auerbach*
Adelheid Kaufmann, *Neusäß*
Stephanie Lüthgens, *Hetzles*
Alexandra Waschner-Probst, *Donauwörth*

Unter Beratung von:
Ernst Fischer, *Freising*
Susanne Grupp-Robl, *Aschheim*

westermann

Einbandillustration:
Andrea Heissenberg, Grafik Design Studio,
Westermann, Braunschweig

Illustrationen:
Jörg Hartmann, Münster

Hinweise:
Zeichen für Schreibaufgabe

Zeichen für Aufgaben, die mit dem Computer bearbeitet werden können

Zeichen für Seitenverweise

Im Lehrer- und Materialband 9/10 werden verschiedene Arbeitsblätter, Spielvorlagen und Übungszirkel als Kopiervorlagen angeboten. Darauf verweist der Vermerk Copy.

© 2005 Bildungshaus Schulbuchverlage
Westermann Schroedel Diesterweg Schöningh Winklers GmbH, Braunschweig
www.westermann.de

Das Werk und seine Teile sind urheberrechtlich geschützt. Jede Nutzung in anderen als den gesetzlich zugelassenen Fällen bedarf der vorherigen schriftlichen Einwilligung des Verlages.
Hinweis zu § 52 a UrhG: Weder das Werk noch seine Teile dürfen ohne eine solche Einwilligung gescannt und in ein Netzwerk eingestellt werden. Dies gilt auch für Intranets von Schulen und sonstigen Bildungseinrichtungen.
Auf verschiedenen Seiten dieses Buches befinden sich Verweise (Links) auf Internet-Adressen.
Haftungshinweis: Trotz sorgfältiger inhaltlicher Kontrolle wird die Haftung für die Inhalte der externen Seiten ausgeschlossen. Für den Inhalt dieser externen Seiten sind ausschließlich deren Betreiber verantwortlich. Sollten Sie bei dem angegebenen Inhalt des Anbieters dieser Seite auf kostenpflichtige, illegale oder anstößige Inhalte treffen, so bedauern wir dies ausdrücklich und bitten Sie, uns umgehend per E-Mail davon in Kenntnis zu setzen, damit beim Nachdruck der Verweis gelöscht wird.

Druck B^3 / Jahr 2009
Alle Drucke der Serie B sind im Unterricht parallel verwendbar.

Verlagslektorat: Heiko Judith
Typographisches Konzept: Jürgen Brohm
Layout und Herstellung: Yvonne Ullrich
Druck und Bindung: westermann druck GmbH, Braunschweig

ISBN 978-3-14-122249-4

Inhaltverzeichnis

Fächerverbindende Unterrichtsvorhaben

6–10 Lebensentwürfe und Berufswünsche
6 Was mache ich in zehn Jahren?
7 Was mache ich nach der Schule?
8 Ab ins Berufsleben!

11–14 Sich höflich verhalten
11 Was heißt höflich sein?
12 Wie verhalte ich mich richtig?
13 Der „Handy-Knigge"
14 Informiert euch gegenseitig

Arbeitstechniken

15–17 Diskutieren
15 Begründungen sammeln
16 Den eigenen Standpunkt überprüfen
17 Die Diskussion durchführen

18–21 Techniken des Mitschreibens
18 Das Verlaufsprotokoll
20 Informationen mitschreiben
(handschriftlich) Diagramme auswerten

Sprechen und Zuhören

22–27 Das Vorstellungsgespräch
22 Wie verläuft ein Vorstellungsgespräch?
24 Sich über das Berufsbild informieren
25 Die Körpersprache während des Vorstellungsgesprächs
26 Ein Vorstellungsgespräch trainieren
27 Sich telefonisch informieren

Schreiben

28–36 Eindrücke und Stimmungen schildern
28 Schilderungen in Texten
31 Eindrücke sprachlich wiedergeben
32 Eine Schilderung untersuchen
33 Eine Schilderung schreiben
36 Schildern in Versen

37–47 Der Textgebundene Aufsatz
37 Kennt ihr euch aus?
38 Was ist eine Gliederung?
40 Selbst eine Gliederung schreiben
43 Kennt ihr die Textsorten?
44 Textsorte aufgrund von Merkmalen erkennen

48–52 Das Bewerbungsschreiben
48 Bewerbung auf eine Anzeige
52 Die persönliche Note in einem Bewerbungsschreiben

53–54 Der Geschäftsbrief
53 Sponsoren gesucht

55–68 Erörtern
55 Argumente aufbauen
58 Die eingliedrige Erörterung
60 Das Thema erschließen
61 Eine Stoffsammlung anlegen und ordnen
62 Eine Gliederung anlegen
63 Die Einleitung einer Erörterung
64 Der Schluss einer Erörterung
65 Die zweigliedrige Erörterung
66 Gliederung einer zweigliedrigen Erörterung
67 Besonderheiten der zweigliedrigen Erörterung
(handschriftlich) Eö mit Infomaterial

69–72 Erörterungen überarbeiten
69 Erörterungen selbstständig überarbeiten
71 Erörterungen gemeinsam überarbeiten

Mit Texten und Medien umgehen

73–77 Die Kurzgeschichte
73 Kurzgeschichten erschließen
75 Merkmale der Kurzgeschichte
76 Aus unterschiedlichen Perspektiven erzählen

78–79 Literarische Kurzformen
78 Belehrende Texte

80–87 Journalistische Textsorten
80 Journalistische Texte vergleichen
82 Meldung – Kommentar – Bild
84 Die Kolumne
85 Welche Textsorte?

88–93 Zeitungs- und Fernsehnachrichten
88 Welches Medium wählt ihr wann?
90 Das gleiche Ereignis in zwei Medien
92 Medien und ihre Wirkung
93 Selbst gewählte Medien vergleichen

94–97 Vorabendserien und Soaps
94 Etwas für uns?
96 Vorabendserien auf dem Prüfstand
97 Sind Soaps Vorbilder?

Einblick in die Literaturgeschichte gewinnen

98–107 Romantik
98 Was ist romantisch?
100 Gedichte der Romantik
104 Erzählungen der Romantik
106 Kritik an der Romantik
107 Was versteht man unter Romantik?

108–119 Poetischer Realismus
108 „Unterm Birnbaum" – ein Krimi
116 Was bedeutet „poetischer Realismus"?
118 Ein literarisches Foto

120–126 Naturalismus
120 „Die Weber" – ein Theaterstück des Naturalismus
122 Wie man wohnt, so lebt man
124 Auszüge aus „Die Weber"

Sprache untersuchen

127–129 Lernzirkel „Grammatik"
127 Überprüfe deine Grammatik-Kenntnisse

130–131 Nominalstil und Verbalstil
130 Stilfragen

132–133 Satzformen und ihre Wirkung
132 Wirkung von Satzformen

134–136 Einflüsse auf unsere Sprache
134 Wie sag ich's meinem Onkel?
136 Wellness – what's that?

Rechtschreiben

137–140 Groß- und Kleinschreibung
137 Nomen und Nominalisierungen
138 Besonderheiten der Großschreibung
140 Eigennamen und feste Verbindungen

141–144 Getrennt- und Zusammenschreibung
141 Verbindungen aus Verb und Verb/Partizip
142 Verbindungen aus Adjektiv und Verb
143 Verbindungen aus Nomen und Partizip
144 Besonderheiten

145 Fremdwörter
145 Die Schreibung von Fremdwörtern üben

146–147 Das oder dass?
146 Dass das geschehen konnte …

148–150 Zeichensetzung
148 Überblick: Regeln für die Kommasetzung

151–154 Grundwissen Literatur

155–158 Grundwissen Grammatik

159–160 Stichwortverzeichnis

161–162 Quellenverzeichnis

Lebensentwürfe und Berufswünsche

Was mache ich in zehn Jahren?

1 a) Seht euch die Collage genau an. Wie stellt sich die Schülerin ihre Zukunft vor? Sprecht darüber.
b) Jeder von euch hat etwas andere Zukunftsvorstellungen.
Notiert euch – jeder für sich – in Stichworten, in welchen Punkten ihr übereinstimmt und wo ihr andere Vorstellungen habt.
c) Tauscht eure Meinungen aus.

2 a) Stellt die eigenen Vorstellungen von eurer Zukunft in einer Bildcollage dar. Schneidet hierzu aus Zeitschriften passende Fotos, Bilder und Zeichnungen aus und klebt diese auf ein Blatt Papier. Ausgeschnittene Wörter oder Überschriften können die Collage ergänzen.
b) Stellt euch eure Collagen in kleinen Gruppen gegenseitig vor.

3 Startet eine Traumreise in eure Zukunft. Wählt hierzu einen der folgenden Erzählanfänge aus und setzt ihn schriftlich fort.

A Heute habe ich Geburtstag. Ich bin 25 Jahre alt geworden ...

B Aus meinem Tagebuch: Montag, der 24. Mai. Heute war ein Supertag ...

C Der Wecker klingelt, es ist bereits ...

9.1 Eigene Gedanken deutlich artikulieren / 9.2 Eindrücke und Stimmungen schildern

Lebensentwürfe und Berufwünsche

Was mache ich nach der Schule?

> Ich kann mir vorstellen, schon bald Mutter zu werden. Ich liebe Kinder über alles und hoffe deshalb, dass ich möglichst schnell den Mann meines Lebens kennen lerne. Der sollte allerdings so viel verdienen, dass ich zumindest für die nächsten Jahre zu Hause bleiben kann, um mich in Ruhe um unsere Kinder zu kümmern.

> Nach der Schule mache ich mir erst einmal keinen Stress. Ich will möglichst lange bei meinen Eltern leben, weil das bequem und billig ist und ich so mein Leben in vollen Zügen genießen kann. Natürlich möchte ich eine Ausbildung machen, aber meine Freizeit darf deswegen nicht zu kurz kommen.

> Ich kann es gar nicht mehr abwarten, mein eigenes Geld zu verdienen. Schon bald werde ich deshalb meine ersten Bewerbungen losschicken. Durch einen Ausbildungsplatz werde ich endlich frei und unabhängig.

1 a) Sprecht über diese unterschiedlichen Vorstellungen.
b) Welcher Meinung schließt ihr euch am ehesten an? Begründet euren Standpunkt.

2 a) Auf dem Zettel rechts hat ein Jugendlicher sich Gedanken über seine Zukunft gemacht. Dabei hat er seine Vorstellungen nach dem Notensystem von 1 bis 6 bewertet. Welche Punkte sind ihm wichtig (1–3) bzw. weniger wichtig (4–6)?
b) Ergänzt wichtige Zukunftswünsche, die eurer Meinung nach fehlen.
c) Welche Bedeutung messt ihr diesen Vorstellungen bei? Übertragt die Übersicht in euer Heft. Bewertet jeder für sich diese Gesichtspunkte nach dem Notensystem.
d) Vergleicht eure Ergebnisse in Partner- oder Gruppenarbeit und sprecht darüber.

Meine Zukunftswünsche

1. Gute Ausbildung machen	1
2. Viel Geld verdienen	3
3. Nette/n Freund/in finden	4
4. Viele Reisen unternehmen	2
5. Körperlich topfit sein	4
6. Gesund leben	5
7. Politisch informiert sein	2
8. Bei Verwandten und Bekannten anerkannt sein	2
9. Umweltbewusst leben	3
10. ...	

9.1 Zu Sachverhalten oder Problemen begründet Stellung nehmen

Ab ins Berufsleben!

Beruf

Beruf?
Was bedeutet Beruf?
Wie sieht mein Beruf aus?

Ist mein Beruf
das, was mir meine Eltern raten:
ein sicheres Auskommen,
leben ohne finanzielle Sorgen?

Ist mein Beruf
viel Geld,
Leben in Saus und Braus,
Luxus?

Ist mein Beruf
das Streben nach Erfolg,
Karriere,
Arbeiten für Anerkennung und Stolz?

Ist mein Beruf
das, was mein Leben total bestimmt?
Woran ich denke von morgens bis abends?

Was bedeutet für mich „Beruf"?
Werde ich eine Antwort finden?
Oder springe ich ins kalte Wasser?

von Thomas

1 a) Lest das Gedicht. Welche Sorgen macht sich Thomas?
b) Was meint der Schüler mit der letzten Frage?
c) Wie stellt ihr euch euer Berufsleben vor? Entwerft ein ähnliches Gedicht, in dem ihr die wichtigsten Fragen beantwortet. Die Anzahl der Strophen muss nicht mit der Strophenanzahl oben übereinstimmen.

2 Welchen Beruf möchtet ihr später ergreifen? Schreibt zu den einzelnen Buchstaben eures Berufes Wörter oder Sätze auf, die zu diesem Berufswunsch passen. Seht euch dazu die Beispiele rechts an.

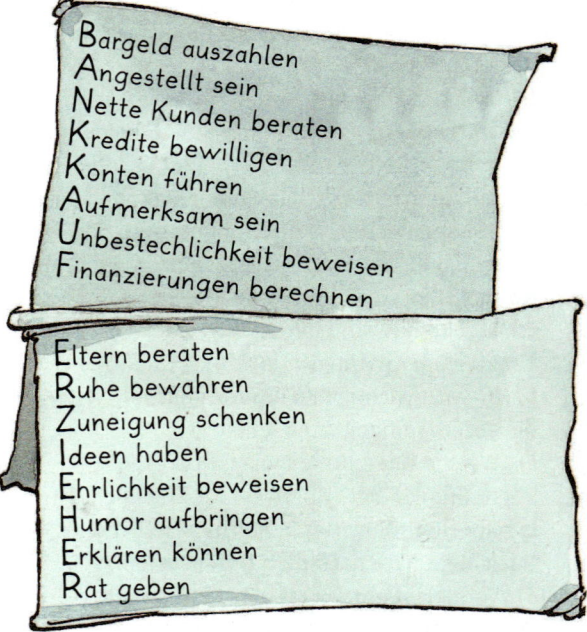

Bargeld auszahlen
Angestellt sein
Nette Kunden beraten
Kredite bewilligen
Konten führen
Aufmerksam sein
Unbestechlichkeit beweisen
Finanzierungen berechnen

Eltern beraten
Ruhe bewahren
Zuneigung schenken
Ideen haben
Ehrlichkeit beweisen
Humor aufbringen
Erklären können
Rat geben

Lebensentwürfe und Berufswünsche

Lebensträume – Lebensschäume?

Der folgende Text ist an alle diejenigen gerichtet, die zurzeit damit beschäftigt sind, sich über ihren zukünftigen Berufsweg Gedanken zu machen. Ich wende mich an euch, um euch Mut zu machen und zu zeigen, wie man aus seinem Leben das Beste machen kann. Auch ich habe mich vor ein paar Jahren in ähnlicher Situation befunden und weiß, was es heißt, den richtigen Weg einzuschlagen. Aber ich glaube, ich beginne erst einmal ganz von vorn.

Eigentlich war ich immer eine mittelmäßige Schülerin. Ich blieb nie sitzen, fiel jedoch auch nie durch besonders herausragende Leistungen auf.

Schon seit der siebten Klasse träumte ich davon, später einmal Bäckerin zu werden. Vielleicht lag das daran, weil mein Vater in einer Bäckerei arbeitete. Nachdem ich mich gegen Ende meiner Schulzeit bei verschiedenen Firmen beworben hatte, war ich endlich erfolgreich: Ich erhielt bei Meyers & Sohn einen Ausbildungsplatz. Die Beschäftigung war jedoch nur von kurzer Dauer, denn bereits zwei Monate später meldete die Firma Konkurs an. Allerdings war ich mir bereits zu dem Zeitpunkt auch gar nicht mehr sicher, ob dieser Beruf wirklich das Richtige für mich sein würde, denn das frühe Aufstehen lag mir gar nicht. Besonders hart traf mich wenig später die Kündigung meines nächsten Jobs, denn hier ließ sich auf einfache Weise gutes Geld verdienen: In einer Konditorei war ich im Verkauf tätig. Die Personen, die sich über mich beschwerten, behaupteten, ich sei unhöflich und respektlos gewesen. Ich allerdings bin stolz darauf, dass ich stets ehrlich bin und geradeheraus sage, was ich denke. Deshalb bin ich auch immer noch der Ansicht, dass sich nicht jeder einfach die dicken Kalorienbomben reinfegen sollte.

Auch meine beiden nächsten Ausbildungsplätze waren nicht von langer Dauer. Bei dem ersten gefiel mir mein Chef nicht und beim zweiten war der Weg zur Arbeitsstätte einfach zu weit. So war ich fast den ganzen Tag nur für meinen Beruf unterwegs. Vielleicht hätte ich das einfach in Kauf nehmen sollen! Inzwischen aber hat sich für mich alles zum Guten gewendet. Ich hatte das strenge Arbeitsleben mit seinen tausend Vorschriften und Regeln satt. Seit einem halben Jahr jobbe ich nun als Fitnesslehrerin auf Ibiza. Tolles Wetter, weißer Strand, nette Leute und viel Spaß: Was will man mehr? Ich jedenfalls habe mir meinen Lebenstraum erfüllt.

Ob ich das in fünf Jahren noch mache? Ich weiß es nicht, wir werden sehen!

Annika, 19 Jahre

3 a) Diskutiert, ob Annika aus ihrem Leben eurer Meinung nach das Beste gemacht hat.
b) Schreibt Annika einen Brief, in dem ihr eure Meinung zu ihrem Lebensweg mitteilt.

4 Kennt ihr auch Personen, die gezwungen waren, ihr Leben von Grund auf zu ändern? Erzählt davon.

Lebensentwürfe und Berufswünsche

Wie ich mir meine Frau vorstelle
Manfred Bosch

Wenn ich einmal einen Beruf habe und Geld verdiene, will ich heiraten und eine Familie gründen. Meine Frau soll nicht arbeiten müssen. Deshalb will ich auch erst heiraten, wenn ich genug Geld verdiene.

Meine Frau muss ein guter Kamerad sein. Wenn sie blond ist, ist es mir recht, aber es muss nicht sein. Wenn möglich, sollte sie aber kleiner sein als ich, damit die Leute auf der Straße nicht lachen. Auch will ich der erste Mann sein, den sie hat. Sie sollte etwas vom Haushalt verstehen und gut kochen können.

Wenn ich nach Hause komme, muss die Wohnung tipptopp aufgeräumt sein. Auch der Boden muss sauber gekehrt sein, dafür hat meine Frau tagsüber Zeit. Die Kleider der vergangenen Woche müssen am Montag gesäubert und weggeräumt werden. Tagsüber soll sie sich aber auch Kleider nähen, damit sie viel anzuziehen hat. Wenn sie mit der Arbeit fertig ist, kann sie im Garten arbeiten oder etwas lesen. Sie sollte aber auch gesellig sein und meine Freunde mögen. Nach dem Abendessen machen wir Spaziergänge und meine Frau soll mich begleiten. Oder wir gehen ins Kino oder zu Freunden.

Kinder will ich auch einmal haben. Sie sollen immer ordentlich angezogen sein. Am Wochenende bringe ich meiner Frau etwas mit, damit sie eine Freude hat. Da soll sie auch zum Frisör gehen, damit sie immer gut aussieht. Dann laden wir auch Freunde ein und sind fröhlich.

Am Sonntag will ich meine Frau für mich alleine haben. Während sie kocht, betrachte ich im Zimmer die Briefmarkensammlung und ordne die Neuerscheinungen ein oder ich gehe mit den Kindern spazieren, bis das Essen auf dem Tisch steht. Später gehen wir zum Fußballplatz und meine Frau soll mich begleiten. Manchmal fahren wir nachmittags auch weg ins Grüne oder an einen See, um uns zu erholen.

Wenn ich Sorgen habe, sollte sie verständig sein und zu mir halten.

5
a) Lest den Text. Wie stellt sich der Schüler im Text sein zukünftiges Leben vor?
b) Welche Rolle spielt seine Frau dabei?
c) Welche Ansichten teilt ihr, bei welchen Punkten seid ihr anderer Meinung?
Legt eine Folie über den Text und kennzeichnet die Stellen mit unterschiedlichen Farben. Ihr könnt auch Copy 1 verwenden.
d) Sprecht anschließend über eure Ansichten.
e) Schreibt selbst einen Text, wie ihr euch eure Partnerin/euren Partner vorstellt.

6
a) Was ist euch für das Zusammenleben besonders wichtig und was sollte in einer Partnerschaft nicht vorkommen? Schreibt einige Gesichtspunkte stichpunktartig auf.
b) Wählt Aspekte, die euch besonders wichtig sind, heraus und entwerft hierzu ein Plakat.
c) Besprecht eure Ergebnisse in der Klasse.

9.1 Zu Sachverhalten oder Problemen begründet Stellung nehmen

Sich höflich verhalten

Was heißt höflich sein?

1 a) Beschreibt die Situationen auf den Abbildungen mit eigenen Worten.
b) Versetzt euch in die jeweilige Lage der Jugendlichen, die offensichtlich unzufrieden über das Vehalten ihrer Mitschüler sind. Schreibt in euer Heft, was ihr an deren Stelle gedacht und empfunden hättet.

2 a) Warum bezeichnet man das Verhalten der anderen Schüler als unhöflich?
b) Wie hätten sie sich verhalten sollen, damit man ihr Verhalten als höflich bezeichnen kann? Ihr könnt eure Vorstellungen auch in einem Rollenspiel deutlich machen.
c) Beschreibt selbst Situationen, in denen ihr unhöflich behandelt worden seid.

3 a) Wie würdet ihr auf die Unhöflichkeiten in den Bildern reagieren?
b) Inwieweit kann unhöfliches Verhalten der Auslöser für Missstimmungen, Streit oder gar körperliche Gewalt werden? Nennt Beispiele.

4 Warum sollte man sich höflich verhalten? Begründet eure Vorstellungen.
Ihr könnt dazu auch die Begriffe rechts verwenden.

- Achtung vor dem anderen
- Wertschätzung
- Streit vermeiden
- Rücksichtnahme
- Aufmerksamkeit

Sich höflich verhalten

Wie verhalte ich mich richtig?

☆ – härter als man denkt

Wer alleine ist, kann ☆ wie er will, sollte sich dann jedoch einmal anschauen, wie er aussieht mit weit aufgerissenem Mund oder einem sich ständig von rechts nach links verschiebenden
5 Unterkiefer. Manche sagen, dieser Anblick erinnere an eine wieder☆ Kuh. Wenn also schon in der Öffentlichkeit ☆ wird, dann bitte mit geschlossenem Mund und, was mindestens genauso wichtig ist, ohne zu schmatzen. Etwas
10 weniger direkt ausgedrückt also: „Bitte diskret!"
Es gibt Situationen, in denen das ☆ von ☆ absolut unangenehm wirkt. Stellen wir uns einmal vor, ein Kunde betritt seine Bank und der Kundenberater kommt ihm ☆ entgegen, eine
15 Tanzlehrerin gibt ☆ ihren Kurs, eine Verkäuferin sagt zu ihrer Kundin: „Einen Augenblick bitte!", und steckt sich erst einmal einen ☆ in den Mund, ein Ober stellt uns, selbst schmatzend, die Suppe vor die Nase, der
20 Auszubildende betritt ☆ das Zimmer eines Chefs. Diese Aufzählung könnte noch beliebig verlängert werden.

1 a) Worum geht es in diesem Text? Stellt Vermutungen an.
b) Ergänzt die fehlenden Wörter. Sie gehören alle zu einer Wortfamilie.

2 a) Warum stört das angesprochene Verhalten?
b) Welche der genannten Situationen empfindet auch ihr als unangenehm? Sprecht in der Klasse darüber.
c) Durch welche Beispiele könnt ihr die Aufzählung am Ende des Textes noch verlängern?

3 Sollte man im Unterricht Kaugummi kauen dürfen?
a) Sammelt Argumente dafür und dagegen.
b) Führt in der Klasse eine kurze Diskussion durch.

4 a) Was passiert auf der Abbildung oben?
b) Habt ihr so etwas auch schon erlebt? Berichtet in der Klasse.
c) Besprecht, wie man einen alten Kaugummi richtig entsorgt, damit niemand durch ihn belästigt wird.

Sich höflich verhalten

Der „Handy-Knigge"

1 a) Ist euch eine ähnliche Situation wie dem Mädchen auch schon einmal passiert? Berichtet in der Klasse darüber. Beschreibt auch, wie ihr euch in der Situation gefühlt habt.
b) Warum ist das Verhalten des Schülers unhöflich?

2 a) Nennt weitere Situationen, in denen die Benutzung eines Handys als störend empfunden werden kann.
b) Wodurch stört der Gebrauch des Handys in diesen Situationen?

3 Manchmal ist es jedoch unumgänglich, auch in den von euch genannten Situationen ein Handy zu benützen.
a) Wie kann man sich als Handy-Benutzer verhalten? Welche Möglichkeiten seht ihr, die Belastung anderer möglichst gering zu halten?
b) Wie kann man andere um Verständnis für das unumgängliche Gespräch bitten? Formuliert Beispiele.

4 a) In der Überschrift wird von einem „Handy-Knigge" gesprochen. Lest in der Info nach, wer Herr Knigge war, und erklärt dann die Bedeutung dieses Ausdrucks.
b) Schreibt selbst einen kleinen Handy-Knigge. Ihr könnt den folgenden Anfang fortsetzen.

> Handy-Knigge
> 1. Vermeide es, dein Handy zu benützen, wenn ...
> 2. ...

INFO

Wer war Herr Knigge?
Adolf Freiherr von Knigge hat sich schon vor über 200 Jahren Gedanken darüber gemacht, wie die Menschen miteinander umgehen sollten und was zum guten Ton gehört. 1788 verfasst er sein berühmtes Buch mit dem Titel „Über den Umgang mit Menschen". Viele seiner Regeln wirken auf uns heute steif und überholt, da sich unsere Gesellschaft weiterentwickelt hat. Dennoch sind viele seiner Grundgedanken heute noch gültig. So werden z. B. Ordentlichkeit und Pünktlichkeit auch heute sehr geschätzt. Da das Werk von Herrn Knigge für viele Generationen wegweisend war, bezeichnet man auch heute noch ein Buch mit Verhaltensregeln als „Knigge".

Sich höflich verhalten

Informiert euch gegenseitig

Wie verhalte ich mich richtig?
1. Du stellst deine Mutter deinem Klassenlehrer vor.
2. Du steuerst gemeinsam mit einer älteren Dame eine Ladentür an.
3. Du bist mit deinen Eltern zu einer Begrüßungsfeier bei den neuen Nachbarn eingeladen.
4. Du möchtest in Italien eine Kirche besichtigen. Was musst du beachten?
5. Deine Tante hat dich zum Geburtstag in ein teures Restaurant eingeladen. Worauf achtest du?
6. Du gehst auf die Beerdigung eines Verwandten. Was ziehst du an? Wie drückst du dein Mitgefühl aus?

1 Es gibt viele Lebensbereiche, in denen die Einhaltung bestimmter Umgangsformen wichtig ist. Sammelt weitere Beispiele.

2 a) Bildet Arbeitsgruppen.
b) Wählt eine Situation aus und erkundigt euch, welche Verhaltensweisen angemessen sind. Sucht zu Hause oder in Bibliotheken nach Büchern über moderne Umgangsformen. Auch im Internet könnt ihr nach passenden Informationen suchen. Lest dazu den Tipp.

3 Entwerft in euren Arbeitsgruppen ein Verhaltensquiz zu den von euch gewählten Situationen.
a) Formuliert zu diesen Situationen Quizfragen wie im Beispiel rechts. Gebt drei Antworten vor, eine richtige und zwei falsche.
b) Schreibt eure Fragen sauber und in lesbarer Größe auf eine Folie.
c) Legt die Folie auf einen Overhead-Projektor. Wie viele Mitschülerinnen und Mitschüler würden sich richtig verhalten?
d) Erklärt die richtige Lösung aufgrund des Wissens, das ihr euch erarbeitet habt.

Verhaltensbereich: Kino / Theater
Du gehst ins Kino und dein Platz ist in der Mitte einer vollen Reihe. Wie verhältst du dich, wenn du zu deinem Platz gehst?
A) Ich zwänge mich mit dem Rücken zu den Sitzenden durch die Reihe.
B) Ich wende den Sitzenden mein Gesicht zu und bedanke mich leise beim Vorbeigehen.
C) Ich bitte die ganze Reihe aufzustehen und mich vorbeizulassen.

TIPP: So findest du Informationen im Internet: Unter den folgenden Stichworten kannst du im Internet nach Informationen über Verhaltensregeln suchen: Manieren, Umgangsformen, Höflichkeit, Knigge.

Diskutieren

Begründungen sammeln

1 „Frauen haben es leichter als Männer."
Führt eine Abstimmung zu dieser Behauptung durch. Wer stimmt dieser Aussage zu? Wer lehnt diese Aussage ab?
Schreibt das Ergebnis auf.

2 Sucht – jeder für sich – Begründungen, die eure eigene Meinung unterstützen. Schreibt sie in Stichpunkten auf einen Zettel.

> Frauen haben es schwerer,
> – denn sie haben schlechtere Anstellungschancen,
> – denn …

> Frauen haben es leichter,
> – denn sie müssen körperlich nicht so schwer arbeiten wie Männer,
> – denn …

3 a) Lest auf Seite 16 denjenigen Text durch, der eurer Meinung entspricht.
b) Ergänzt auf eurem Zettel alle Begründungen, die ihr noch nicht notiert habt.

4 a) Sind eure Begründungen sachlich? Lest die Info und überprüft eure Notizen.
b) Streicht alle unsachlichen Begründungen durch.
c) Welche Begründungen findet ihr sehr überzeugend, welche weniger? Stellt für eure Begründungen eine Rangordnung auf: Ziffer 1 ist die schwächste Begründung usw.

INFO

Was sind sachliche Begründungen?
1. Sachliche Begründungen sind durchdacht und mit Beispielen belegt:
Meiner Meinung nach haben es Frauen schwerer, denn sie bekommen selten eine Führungsposition. Man muss sich dazu nur die Vorstände in Vereinen, Firmen oder Parteien ansehen.
2. Unsachliche Begründungen sind häufig grob verallgemeinernde oder verletzende Äußerungen:
Frauen machen doch nichts anderes als Kaffee trinken und quatschen. Männer sind doch alle gefühllos.

Den eigenen Standpunkt überprüfen

Tom Sailor,
Chefredakteur des
Männermagazins
„Men's World"

Alicia Weißer,
Chefredakteurin
des Frauenmagazins
„Emily"

Ihre Meinung bitte:

Ja, Frauen haben es leichter als Männer!

Nein, ich will mich nicht darüber aufregen, dass für Frauen immer noch keine Wehrpflicht besteht. Das war ja schon in der Frühzeit der Geschichte so: Männer verteidigten, beschützten – und mussten unverhältnismäßig oft für ihren Beschützerinstinkt ihr Leben lassen.
Nein, das wäre zu einfach. Auch die Tatsache, dass Frauen traditionell fast ausnahmslos keine körperlich schweren Arbeiten übernehmen müssen, ist für mich nicht so relevant. Selbst dass Frauen in den meisten Fällen zu Hause bleiben und sich der wenig fordernden Haushaltsarbeit widmen können, während der Ehemann sich um den Lebensunterhalt kümmert, ist meines Erachtens in Ordnung. Schließlich muss ja auch die Kindererziehung vernünftig geleistet werden. Was mich aufregt, ist das dauernde Gerede um den Begriff „Emanzipation"! Ich kann es nicht mehr hören! Frauen dürfen z.B. zu jeder Zeit ihre Gefühle zeigen – frau ist ja emotional – und das auch noch gesellschaftlich anerkannt. „Sie hat halt ihre Tage" oder „Sie ist halt wieder etwas zickig". Das ist schnell verziehen und vergessen und wird ausgelebt. Männer dagegen dürfen das nicht, denn Gefühlsausbrüche gelten als unmännlich, ja weibisch. Mir hat auch noch keine Frau in den Mantel geholfen, die Tür aufgehalten oder Ähnliches. Für meine Lebensgefährtin hingegen wird jede Krafteinsparung durch nur einen klitzekleinen Augenaufschlag, verstärkt durch ein scheues Lächeln, in Sekundenschnelle Realität. Apropos: So funktioniert das auch bei der Partnerwahl. Bewerber auswählen, fixieren bis Blickkontakt, zart lächeln, abwarten. Falls Bewerber zu schüchtern, same procedure und wieder abwarten. Er wird sich schon trauen. Was müssen sich Männer dagegen alles einfallen lassen: Blumen, Blabla, Trullala – und dann ist oft die ganze Mühe umsonst. Nein, Frauen haben es tatsächlich leichter.

Nein, Frauen haben es schwerer als Männer!

Es beginnt schon mit dem Wasserlassen. Männer können überall pinkeln und tun dies auch ausgiebig. Wer hat z.B. nicht schon auf Rastplätzen Reisebusse beobachtet, die zuerst ihre männliche Fracht freigeben, die keine zehn Meter entfernt kollektiv ihre Notdurft verrichtet? Die Frauen hingegen treten brav den Weg zum WC an.
Bleiben wir beim anatomischen Detail. Männer sind in dieser Hinsicht bevorzugt – sie zeugen zwar, müssen aber keinen Geburtsschmerz ertragen. Auch das lästige Rasieren wiegt die Unannehmlichkeiten der Periode überhaupt nicht auf. Was die Körperform angeht, so wird von den Frauen weit mehr Disziplin verlangt. Männer sind im Normalfall eher nicht auf den gestylten Body angewiesen: Ein Bauch gilt z.B. in großen Teilen der Welt als Zeichen für Wohlstand. Von Frauen werden gute Manieren verlangt, das gehört einfach dazu. Männer hingegen gelten auch ohne entsprechende Verhaltensweisen als „tough", die Gesellschaft rümpft kurz die Nase und akzeptiert. Männer sind halt so. Besonders leicht haben es Männer aber auch im beruflichen Bereich – verglichen mit den Frauen. Männer bekommen immer noch für die gleiche Arbeit mehr Geld und besetzen fast alle Führungspositionen. Nicht zuletzt tut sich der Mann in der Familienplanung leichter: Das Problem der Verhütung überträgt er schlicht der Frau und fragt höchstens einmal: „Hast du auch die Pille genommen?" Dass die Pille eine Belastung für den Körper ist, berührt ihn nicht. Mit Arterhaltung hat das nichts zu tun, vielmehr mit legitimierter Bequemlichkeit. Die nehmen sich Männer unwidersprochen vor allem bei der Haushaltsführung. Putzen, Wäschewaschen und Abwasch gehen ihn nichts an, da ist auch die Alibi-Staubsaugaktion samstags nur ein schnell zu durchschauendes Ablenkmanöver. Männer haben es einfach leichter im Leben.

Diskutieren

Die Diskussion durchführen

1 a) „Haben es Frauen leichter als Männer?"
Zu diesem Thema sollt ihr die Diskussionsform „Zwiebelschale" durchführen. Lest dazu die Info und sprecht darüber.
b) Wählt einen Gesprächsleiter. Seine Aufgaben könnt ihr der Karte rechts entnehmen.
c) Lest den Beobachtungsbogen (Copy 2) rechts. Welche Beobachtungsaufgaben wollt ihr ergänzen oder streichen?
d) Einigt euch, wer welchen Teilnehmer beobachtet.
e) Sprecht anschließend über die Diskussion. Bezieht die Einschätzungen der Beobachter ein.
f) Führt eine erneute Abstimmung durch.
Hat sich das Ergebnis gegenüber der ersten Abstimmung (siehe Seite 15, Aufgabe 1) geändert?

Aufgabenkarte „Diskussionsleiter"

1. Eröffne das Gespräch, indem du die Teilnehmer begrüßt und das Diskussionsthema nennst.
2. Notiere dir auf einem Zettel die Reihenfolge der Wortmeldungen. Das sollte am Anfang ein „Assistent" übernehmen, der dir dann sagt, wer dran ist.
3. Achte darauf, dass die Diskussion „einen roten Faden" hat, also nicht ständig von einem Punkt zum anderen springt.
4. Achte auf die Uhr, damit die Diskussion nach der vereinbarten Zeit beendet werden kann.
5. Fasse am Schluss die Ergebnisse zusammen und bedanke dich bei den Teilnehmern für die Beiträge.

INFO

Diskussionsform „Zwiebelschale"
1. Im Innenkreis sitzen sieben Teilnehmer (je drei pro Meinung und ein Diskussionsleiter). Neben ihnen stehen noch zwei unbesetzte Stühle.
2. Die anderen Schülerinnen und Schüler sitzen im Außenkreis und sind Zuhörer oder Beobachter.
3. Die Zuhörer verfolgen die Diskussion. Will sich jemand von ihnen in die Diskussion einschalten, setzt er sich für seinen Diskussionsbeitrag auf einen freien Stuhl im Innenkreis.
4. Die Beobachter entscheiden sich für je einen Teilnehmer und verfolgen sein Diskussionsverhalten.

Beobachtungsbogen für einen Diskussionsteilnehmer

	oft ... nie
1. lässt andere nicht ausreden	1 2 3 4 5
2. macht abfällige Bemerkungen	1 2 3 4 5
3. geht nicht auf das ein, was vorher gesagt wurde	1 2 3 4 5
4. schaut denjenigen nicht an, mit dem sie/er redet	1 2 3 4 5
5. spricht zu schnell	1 2 3 4 5
6. spricht in unvollständigen Sätzen	1 2 3 4 5
7. führt Nebengespräche	1 2 3 4 5
8. schweift vom Thema ab	1 2 3 4 5
9. hält sich nicht an die Rednerabfolge	1 2 3 4 5
10. bringt unsachliche Argumente	1 2 3 4 5
…	

Techniken des Mitschreibens

Das Verlaufsprotokoll

1 a) Vergleicht die beiden Protokolle auf dieser und auf der nächsten Seite. Welche Unterschiede könnt ihr feststellen? Welche Gemeinsamkeiten haben sie?
b) Welcher Text ist ein Ergebnisprotokoll und welcher ist ein Verlaufsprotokoll? Klärt mit Hilfe der Info, was man darunter versteht.

2 Lest im Ergebnisprotokoll den ersten Vorschlag für die neue Pausenordnung. Welche Argumente werden im Verlaufsprotokoll aufgeführt, die diesen Beschluss verständlich machen?

INFO

Arten des Protokolls
Das Ergebnisprotokoll fasst die wichtigsten Ergebnisse eines Gesprächs oder einer Diskussion zusammen.
Das Verlaufsprotokoll gibt die Abfolge eines Gesprächs wieder. Es nennt die Teilnehmer und deren wichtigste Aussagen.
Der Sitzungsverlauf wird im Präsens geschrieben. Die Redebeiträge werden zusammengefasst oder in indirekter Rede und dann im Konjunktiv wiedergegeben.

Protokoll der Klassensprecherversammlung der Realschule Rehhaid

Datum: 4. November 2002
Zeit: 12.10 Uhr – 12.55 Uhr
Ort: Musiksaal, Raum 402
Gesprächsleiter: Herr Hollmann
Protokollführerin: Katharina Roßhirt (9b)
Anwesende: Klassensprecher der Klassenstufen 5–10
Abwesend: Katharina Wagner (10d)

Tagesordnung:
1. Vorschlag für eine Pausenordnung
2. Ideen zur Schulhofgestaltung
3. Wünsche und Anträge

zu TOP 1:
Vorschlag für eine Pausenordnung:
1. In den großen Pausen gehen alle Schüler, die sich nicht am Hausmeisterstand verpflegen, unverzüglich auf den Hof. Schüler, die vom Sportunterricht kommen, begeben sich daher, wenn sie nicht zum Hausmeisterstand wollen, auch nicht ins Schulhaus zurück.
2. Die Toiletten können zu Beginn bzw. Ende der Pausen aufgesucht werden. Während der Unterrichtsstunden ist die Benutzung der Toiletten nur in Ausnahmefällen erlaubt.
3. Die Einfahrt und der Platz vor dem Eingang zur Sporthalle sind kein Aufenthaltsbereich.
4. Mit dem ersten Klingelzeichen am Pausenende begeben sich die Schüler zurück in die Klassen.

zu TOP 2:
☆ ☆ ☆

Katharina Roßhirt   *Hollmann*
Protokollführerin   Gesprächsleiter

Techniken des Mitschreibens

Protokoll der Klassensprecherversammlung der Realschule Rehhaid

Datum: 4. November 2002
Zeit: 12.10 Uhr – 12.55 Uhr
Ort: Musiksaal, Raum 402
Gesprächsleiter: Herr Hollmann
Protokollführerin: Katharina Roßhirt (9b)
Anwesende: Klassensprecher der Klassenstufen 5–10
Abwesend: Katharina Wagner (10d)

Tagesordnung:
1. Vorschlag für eine Pausenordnung
2. Ideen zur Schulhofgestaltung
3. Wünsche und Anträge

zu TOP 1:
Herr Hollmann teilt mit, dass die Ausarbeitung einer neuen Pausenordnung dringend notwendig sei. Er ergänzt, dass das Schulforum damit beauftragt sei, aber für seine Arbeit auf Vorschläge hoffe. Johannes Schmuck (10b) eröffnet die Diskussion und beschwert sich über das große Gedränge beim Pausenverkauf am Hausmeisterstand. Der Grund dafür sei, dass zu viele Schüler, die gar nichts kaufen wollen, im Weg stehen. Alexander Bauernschmitt (8b) bestätigt diese Beobachtung und weist darauf hin, dass es schon des Öfteren zu Rangeleien und sogar kleineren Verletzungen gekommen sei. Herr Hollmann schlägt vor, dass sich nur die Schüler in der Aula aufhalten sollten, die etwas kaufen wollen. Tamara Haberzeth (10a) erweitert diesen Vorschlag mit dem Hinweis, dass auch Schüler, die vom Sportunterricht kämen, nur zum Einkauf beim Hausmeister in die Aula gelassen werden düften. Der Vorschlag für die Pausenordnung wurde mit 21 zu 2 Stimmen angenommen.

zu TOP 2:
☆ ☆ ☆

Katharina Roßhirt
Protokollführerin

Hollmann
Gesprächsleiter

Informationen **mitschreiben**

1 Auf der rechten Seite findet ihr die Diskussion zu TOP 2 „Ideen zur Schulhofgestaltung". Diese Diskussion sollt ihr in einem Verlaufsprotokoll wiedergeben.
  a) Legt ein Notizblatt an. Lest dazu den Tipp.
  b) Vergleicht die Diskussionsbeiträge mit dem TOP. Streicht die Beiträge aus dem Text, die nichts zur Sache beitragen. Verwendet dazu Copy 3.

2 a) Lest die Notizen unten zum Beginn der Diskussion.
  b) Welche Fehler wurden gemacht? Der Tipp kann euch helfen.
  c) Schreibt selbst einen Notizzettel zu diesem Punkt.

Ideen zur Schulhofgestaltung
- Hollmann lobt uns: „Wunderbar!" Tamara aus der 10. Klasse: „grüne Flecken", Martin aus der 7a fragt nach und Johannes will Obstbäume haben
- Ramona beschimpft Johannes, der motzt aber nur zurück und Martins Vater ist Landschaftsgärtner
- Melanie Schmitt (8b): Hinweis auf Geldmangel der Schule
- Hollmann: Förderverein als Sponsor
- Hollet braucht was zum Hinsetzen, der kleine Miebs was zum Spielen
- Arbeitsgruppen

3 Verfasst aus eurem Notizzettel einen Protokolltext. Ihr könnt so beginnen:

> Herr Hollmann stellt den zweiten Tagesordnungspunkt vor: „Wie könnten wir den Schulhof gestalten?" Weil der Schulhof weitgehend aus Beton und Stein besteht, schlägt Tamara Haberzeth (10a) vor, Grünflächen zu schaffen ...

4 a) Welche Themen, die eure Schule betreffen, würdet ihr gerne für TOP 3 der Tagesordnung „Wünsche und Anträge" besprechen? Mögliche Themen könnten so lauten:

- Tutoren aus den 9. und 10. Klassen für die 5.-Klässler
- Hausaufgabenhilfe für die 6.-Klässler
- Gesunde Pause
- Klassensprecherausflug

b) Führt eine Diskussion zu eurem gewählten Thema durch. Legt fest, wer protokollieren soll und wer sich an der Diskussion beteiligt. Wechselt nach etwa 5 Minuten die Rollen.

c) Macht euch während der Diskussion Notizen und führt diese dann als Protokolltext aus.

TIPP
So kannst du sinnvoll Notizen anlegen:
1. Verwende ein weißes DIN-A4-Blatt.
2. Schreibe den TOP als große Überschrift. So kannst du immer vergleichen, welche Diskussionsbeiträge sich auf den Top beziehen und welche nicht.
3. Schreibe in Stichpunkten.
4. Rücke zusammenhängende Diskussionsbeiträge ein.
5. Unterstreiche wichtige Beiträge.
6. Verwende zur besseren Übersicht festgelegte Zeichen:
   → *daraus folgt,*
   zwei Beiträge in Beziehung setzen
   } *Zusammenfassung*
   X *wichtig*

Techniken des Mitschreibens

Herr Hollmann: Wunderbar, das sind ja wirklich konstruktive Vorschläge für das Schulforum. Ich möchte mich für eure Mitarbeit bedanken. Doch jetzt sind für den nächsten Tagesordnungspunkt wieder eure Ideen gefragt: Wie könnten wir den Schulhof gestalten?

Tamara Haberzeth (10a): Unser Schulhof sieht ja wirklich zum Davonrennen aus: nur Beton und Pflastersteine, wo man hinsieht. Wir bräuchten einige grüne Flecken.

Martin Marr (7a): Was meinst du mit „grünen Flecken"?

Tamara Haberzeth (10a): Na ja, Bäume und Büsche, vielleicht sogar Grasflächen oder einen kleinen Teich.

Claudia Schneider (9b): Ein paar Bäume wären nicht schlecht, dann hätten wir im Sommer auch mal Schatten.

Johannes Schmuck (10b): Obstbäume! Dann hätten wir auch was zum Essen!

Ramona Claus (8b): Klar, du Schwachkopf! Und im Teich willst du dann angeln, damit du 'ne Fischsemmel bekommst!

Johannes Schmuck (10b): Na hör mal! Ich habe das ernst gemeint. Hätten wir Obstbäume im Schulhof, hätten wir auch was davon. Außerdem könnten dann zum Beispiel die Hauswirtschaftsgruppen auch was damit anfangen: Marmelade, Kompott, Obstkuchen usw. für das Schulfest. Die sind doch froh, wenn sie solche Möglichkeiten hätten.

Martin Marr (7a): Super Idee, dann müssen aber einige Pflastersteine weg und jede Menge Erde und Humus hergebracht werden. Mein Vater ist Landschaftsgärtner, der erzählt mir immer davon, das wird ein Riesenaufwand!

Melanie Schmitt (8e): Und dann sind wir wieder mal beim Geld. Genau wie bei der Sache mit der Klassenzimmergestaltung. Wisst ihr noch? Wir hatten super Vorschläge und unser Rektor, Herr Atterl, hat nur gesagt, dass die Schule kein Geld hat.

Herr Hollmann: Da hast du schon recht, aber es gibt auch den Förderverein, der zum Beispiel solche Aktionen finanziell unterstützt.

Fabian Hollet (9c): Das mit den Grünflächen ist schon ganz in Ordnung, aber es gibt doch noch mehr, was wir machen könnten. Nirgends können wir uns hinsetzen, keine Bänke oder Stufen auf dem ganzen Hof.

Sebastian Miebs (6d): … und Sportgeräte! Wir würden gerne mal Basketball spielen oder so. 'Ne Kletterwand wäre super oder Tischtennisplatten …

Melanie Schmitt (8e): Nee bloß nicht, ihr könnt dazu auf den Sportplatz gehen, dafür ist der da. Ich kann mir das schon genau vorstellen: Lauter brüllende Zwerge rennen herum wie bekloppt und jagen 'nem Ball nach. Das sehe ich nicht ein, ich will in der Pause meine Ruhe haben.

Herr Hollmann: Melanie, bitte. Wenn du schon Beiträge für die Diskussion liefern willst, dann bleibe bitte sachlich.

Melanie Schmitt (8e): 'tschuldigung!

Sebastian Miebs (6d): Macht nichts. Trotzdem: Überleg doch mal. Auf dem Sportplatz kann man nicht mitten im Feld eine Tischtennisplatte aufbauen, das geht nicht. Vielleicht können wir aber eine Sportecke machen, die ein wenig abseits liegt, dann stört's niemanden.

Tamara Haberzeth (10a): Wie wäre es mit Arbeitsgruppen? Jede Arbeitsgruppe sucht sich eine Möglichkeit zur Schulhofgestaltung aus und macht dann bis zur nächsten Sitzung konkrete Vorschläge, über die wir dann abstimmen können.

Martin Marr (7a): Guter Vorschlag! Ich würde mich für die „Sport-Gruppe" melden.

Das Vorstellungsgespräch

Wie verläuft ein Vorstellungsgespräch?

Den meisten Bewerbern sieht man zu Beginn des Vorstellungsgesprächs an, dass ihnen etwas mulmig zumute ist. Jeder möchte einen möglichst guten Eindruck hinterlassen. Schließlich
5 hängt viel vom Verlauf dieses Gesprächs ab. Wenn wir uns erst einmal begrüßt und gegenseitig vorgestellt haben, ist die Atmosphäre schon lockerer. Oft beginne ich eine zwanglose Unterhaltung, um ihnen die Angst zu nehmen.
10 Natürlich achte ich auf die äußere Erscheinung, das Auftreten und die Umgangsformen der Jugendlichen. Mir gefällt besonders, wenn jemand auf Fragen nicht nur mit Ja oder Nein antwortet, sondern möglichst frei von sich
15 erzählt und auch durch eigene Fragen sein Interesse an der Ausbildung in unserer Versicherung bekundet. Mit meinen Fragen zu persönlichen Neigungen und Vorstellungen, zur Berufswahl und zum schulischen und familiären Um-
20 feld versuche ich herauszufinden, ob die Bewerber für den Ausbildungsplatz geeignet sind und ob sie die erwünschte Leistungsbereitschaft und Arbeitshaltung mitbringen. Nach 20 bis 30 Minuten verabschiede ich die Bewerber und
25 sage ihnen, wann sie mit einer Entscheidung rechnen können. Das dauert meist ein paar Tage, denn ich will auch mit den übrigen Bewerbern sprechen.

1
a) Lest die Aussagen eines Ausbildungsleiters über den Ablauf eines Vorstellungsgesprächs.
b) Welche Gesprächsphasen sind erkennbar?
c) Welche Beobachtungen sind für ihn zur Einschätzung des Bewerbers wichtig?

2 Was haltet ihr von folgenden Stellungnahmen? Lest die Info und bewertet dann die Aussagen.

A
Zum Vorstellungsgespräch wähle ich Kleidung aus, in der ich mich wohl fühle. Meine Jeans sind zwar nicht mehr neu, stehen mir aber gut.

B
Ich versuche, bereits eine halbe Stunde vor dem Vorstellungstermin in der Firma zu sein.

C
Ich werde zum Vorstellungsgespräch für den Beruf des Fachinformatikers auf jeden Fall meinen grauen Anzug tragen.

INFO

Worauf wird beim Vorstellungsgespräch geachtet?
Beim Vorstellungsgespräch möchte man sich ein Bild von der Bewerberin/von dem Bewerber machen.
Dabei wird auf folgende Merkmale geachtet:
– Pünktlichkeit,
– korrektes äußeres Erscheinungsbild (Kleidung, Frisur, Hygiene),
– selbstbewusstes Auftreten (Körperhaltung, Mimik, Stimme, Händedruck, Blickkontakt),
– höfliche Umgangsformen (Begrüßung, Vorstellung, Gespräch, Dank),
– angemessenes Gesprächsverhalten (Interesse, Offenheit).

Das Vorstellungsgespräch

3 Nach der Begrüßung wird das Vorstellungsgespräch meist mit so genannten „Eisbrechern" fortgesetzt:
„Herrliches Wetter heute, finden Sie nicht auch?"
„Hatten Sie eine angenehme Fahrt?"
Mit welcher Absicht werden solche Fragen gestellt?

4 Im weiteren Verlauf des Gesprächs wird die Ausbildungsleiterin/der Ausbildungsleiter weitere Fragen stellen, z. B.

1. Welche Fächer haben Ihnen in der Schule am meisten gelegen?
2. Warum haben Sie sich gerade bei uns beworben?
3. Welche beruflichen Pläne haben Sie?
4. Haben Sie während Ihrer Schulzeit zusätzlich Geld verdient?
5. Warum interessiert Sie dieser Beruf?
6. Wie ist Ihr Verhältnis zu Ihren Mitschülern?
7. Wo sehen Sie Ihre größten Stärken? Wo Ihre Schwächen?
8. Was sind Ihre Hobbys?
9. Was machen Ihre Eltern beruflich?
10. Können Sie sich vorstellen, welche Tätigkeiten in diesem Beruf auf Sie zukommen?

5
a) Wie würdet ihr diese Fragen beantworten? Notiert eure Antworten stichwortartig.
b) Vergleicht eure Ergebnisse in der Klasse.
c) Bei welchen Fragen hattet ihr Schwierigkeiten bei der Beantwortung? Warum?
d) Bei welchen Fragen benötigt ihr Kenntnisse über den Ausbildungsbetrieb oder über den Beruf?
e) Warum werden solche Fragen gestellt?

6 Am Ende des Gesprächs wird erwartet, dass auch die Bewerberin/der Bewerber Fragen stellt.
a) Welche der folgenden Fragen würdet ihr auch stellen? Begründet eure Auswahl.
b) Sammelt weitere Fragen. Prüft, inwieweit sie für ein Vorstellungsgespräch geeignet sind.

> Fragen an die Ausbildungsleiterin/den Ausbildungsleiter:
>
> 1. Wie lange dauert die Probezeit?
> 2. Wo befindet sich die Berufsschule?
> 3. Wie viel verdiene ich später in diesem Beruf?
> 4. Bestehen Chancen auf eine Übernahme nach der Ausbildung?
> 5. Kann man den Ausbilder auswählen?
> 6. Gibt es einen Fahrtkostenzuschuss?
> 7. …

7 Zum Abschluss eines Vorstellungsgesprächs bedankt sich der Personalchef meist beim Bewerber für das Gespräch und verabschiedet sich. Formuliert Fragen, wie und wann man eine Nachricht über die Entscheidung erhält.

Sich über das Berufsfeld informieren

Beruf: IT-Systemelektroniker

IT-Systemelektroniker installieren Geräte, Komponenten, Zubehör und Netzwerke einschließlich deren Stromversorgung und Software und nehmen sie in Betrieb. Sie entwickeln kundenspezifische Lösungen,
5 indem sie zum Beispiel die Hardware und Software entsprechend der Kundenwünsche anpassen. Auftretende Störungen beseitigen sie durch Austausch von Baugruppen und Geräten oder durch Anpassung der Software. Zur Fehlersuche benutzen sie elektrische
10 Mess- und Prüfgeräte. Neben diesen technischen Komponenten sind IT-Systemelektroniker auch mit betriebswirtschaftlichen, arbeitsorganisatorischen und vertrieblichen Zusammenhängen vertraut.

1 a) Klärt unbekannte Fachbegriffe im Unterrichtsgespräch.
b) Beschreibt in eigenen Worten den Aufgabenbereich des IT-Systemelektronikers.

2 Auf die Frage „Warum wollen Sie gerade in diesem Beruf eine Ausbildung machen?" sollte man sich vorbereiten. Untersucht die folgenden Antworten. Auf welche Angaben im Text oben beziehen sie sich?

> Gründe, warum ich gerne IT-Systemelektroniker werden will:
> 1. Ich habe schon oft für Freunde Software installiert bzw. an vorhandene Hardware angepasst.
> 2. Ich habe gern mit Menschen zu tun.
> 3. Ich habe in der Schule das Wahlfach IT belegt und es macht mir viel Spaß.
> 4. Ich bastle zu Hause stundenlang an meinem Computer herum und verbessere seine Leistung.
> 5. Mir gefallen die Fächer BWL und Wirtschaftsenglisch.

3 Legt euch auch einen solchen Zettel für euren gewählten Beruf an. Überlegt euch dabei eure Stärken, eure schulischen und privaten Interessen und eventuell vorhandene Vorerfahrungen (z. B. Praktika).

TIPP

So solltest du dich auf ein Vorstellungsgespräch vorbereiten:
1. Informiere dich über den Ausbildungsbetrieb
   - mit Hilfe von Prospektmaterial über den Betrieb,
   - über die Homepage des Betriebs im Internet,
   - über Bekannte, die in dieser Firma arbeiten.
2. Sammle Informationen über die Aufgaben und Tätigkeiten im gewählten Beruf. Du erhältst diese Angaben
   - beim Arbeitsamt oder beim Berufsberater eurer Schule,
   - durch Praktika in diesem Beruf,
   - über Bekannte.
3. Werte diese Informationen gründlich aus.

Das Vorstellungsgespräch

Die Körpersprache während des Vorstellungsgesprächs

1 a) Welchen Eindruck vermitteln die Bewerber auf den Bildern? Was sagt die unterschiedliche Körperhaltung aus? Sprecht darüber.
b) Wer wird in einem Vorstellungsgespräch einen guten Eindruck hinterlassen? Begründet eure Meinung.

2 a) Wie sollte man sich während des Vorstellungsgesprächs verhalten? Sammelt in Partnerarbeit Vorschläge. Setzt dazu den Zettel rechts fort.
b) Vergleicht eure Ergebnisse.

Tipps zur Körpersprache und zum Verhalten beim Vorstellungsgespräch:

1. Setze dich bequem, aber nicht zu lässig auf den dir angebotenen Stuhl.
2. Blicke dein Gegenüber beim Reden und Zuhören an.
3. …

Das Vorstellungsgespräch

Ein Vorstellungsgespräch trainieren

1
a) Lest den Tipp unten.
b) Sprecht über die einzelnen Schritte des Trainings.
c) Legt in eurer Arbeitsgruppe Rollenkarten an.

Ausbildungsleiter/in
1. Begrüßt den Bewerber
2. Stellt eine „Eisbrecher-Frage"
3. Fragt nach Lieblingsfächern in der Schule
4. …

Bewerber/in
1. Stellt sich vor
2. Geht auf die gestellten Fragen ein
3. Stellt selbst folgende Fragen:
   …

2 Sprecht über den Beobachtungsbogen (Copy 4) und ergänzt oder verändert ihn gegebenenfalls.

3 Sprecht gemeinsam über eure Erfahrungen im Rollenspiel.

TIPP

So kann man im Rollenspiel für ein Vorstellungsgespräch trainieren:
1. Bildet Kleingruppen zu fünf Schülerinnen und Schülern.
2. Wählt einen Ausbildungsberuf aus und beschafft euch dazu Unterlagen (z. B. aus der Informationsreihe „Mach's richtig" vom Arbeitsamt).
3. Entwickelt gemeinsam Rollenkarten für den Ausbildungsleiter und für den Bewerber.
4. Verteilt die Rollen Ausbildungsleiter und Bewerber. Die übrigen Schülerinnen und Schüler sind die Beobachter. Jeder Beobachter entscheidet sich für einen der drei Beobachtungsbereiche.
5. Wertet nach dem Rollenspiel das Vorstellungsgespräch in der Gruppe aus und führt das Rollenspiel in neuer Besetzung durch.

Beobachtungsbogen für das Vorstellungsgespräch

Auftreten:
1. Tritt der Bewerber selbstsicher auf?   ja/nein
2. Verhält er sich natürlich und angemessen?   ja/nein
3. Zeigt er Interesse an der Ausbildungsstelle? ja/nein

Umgangsformen:
1. Zeigt sich der Bewerber höflich?   ja/nein
2. Hält er Blickkontakt?   ja/nein
3. Lässt er sein Gegenüber ausreden?   ja/nein
4. Fragt er bei Unklarheiten nach?   ja/nein

Inhaltliche und sprachliche Aspekte:
1. Geht der Bewerber auf die ihm gestellten Fragen ein? ja/nein
2. Weiß er über den Beruf Bescheid?   ja/nein
3. Antwortet er ausführlich?   ja/nein
4. Benützt er umgangssprachliche Ausdrücke?   ja/nein

Das Vorstellungsgespräch

Sich telefonisch informieren

A Firma PC-Soft, guten Tag, Sie sprechen mit Martina Müller von der Personalabteilung. Was kann ich für Sie tun?

B Hier spricht Marcus Kettenbeil, guten Tag. Ich wollte nachfragen, ob Sie dieses Jahr in Ihrer Firma Auszubildende zum IT-Systemelektroniker einstellen.

C Ja, wir bilden dieses Jahr wieder acht IT-Systemelektroniker aus.

D Bis wann sollten die Bewerbungsunterlagen bei Ihnen vorliegen? Wer ist der Ansprechpartner hierfür?

E Die Unterlagen sollten bis zum 31. März bei Herrn Kinkel vorliegen.

F K-I-N-K-E-L, ist das die korrekte Schreibweise? Verlangen Sie irgendwelche speziellen Bewerbungsunterlagen oder gibt es einen Einstellungstest?

G Wir erwarten neben dem üblichen Bewerbungsschreiben und dem tabellarischen Lebenslauf das letzte Zwischenzeugnis, einen Test gibt es nicht.

H Gut, dann schicke ich Ihnen meine Unterlagen nach dem Zwischenzeugnis zu. Habe ich als Realschüler Chancen auf einen Ausbildungsplatz?

I Wir stellen hauptsächlich Realschüler ein. Ihre Noten sollten allerdings in Ordnung sein.

1 a) Wie ist euer Eindruck von diesem Telefonat? Tauscht eure Meinungen aus.
b) Welche Stichworte standen wohl auf dem Vorbereitungszettel? Ergänzt den Zettel im Heft.

Gespräch mit der Firma PC-Soft (23.10.)
- mit der Personalabteilung verbinden lassen
- Werden Auszubildende für IT-Systemelektroniker eingestellt?

2 Welche allgemeinen Regeln sollte man beim Telefonieren beachten? Führt die Liste weiter.

Erfolgreich telefonieren
1. Schaffe eine ruhige Gesprächssituation.
2. Sprich freundlich und gut verständlich.
3. Lächle am Telefon. Dein Gesprächspartner kann es „hören".
4. Notiere das Ergebnis deines Gespräches sofort nach dem Auflegen.

9.1 Gesprächsstrategien und Verhaltensregeln bei Vorstellungsgesprächen kennen lernen und üben

Eindrücke und Stimmungen schildern

Schilderungen in Texten

1 Ein kurzes „Klick" und ich stehe fest in meiner Step-in-Bindung. Ich spüre ein Kribbeln im Bauch, gebe meinem Board einen kurzen Ruck nach vorn und ... es geht los!
Mike und Christian fahren vor mir. Strahlend blauer Himmel, aber eisiger Fahrtwind und 1000 kleine Schneekristalle pfeifen mir um die Ohren. Lehne mich zur Seite in den Turn und tauche ein in ein Meer wie aus Daunen. Fast endlos. Plötzlich stoppen die Jungs. Wir packen Schaufeln aus und formen eine mächtige Schanze. „Über diesen Mega-Jump müssen alle", ruft Mike und springt schon mehrere Meter hoch hinaus, fliegt einen Moment lang durch die Kulisse des Bergpanoramas und landet gekonnt im weichen Powder.

B

A

3 Die Segel klingen irgendwie pappig, wie das Aufschlagen großer Papiertüten und noch dazu das mächtige Gebimmel der Fallen. „Stärker darf der Wind nicht werden", sagt einer. „Das wird heute eine harte Nummer", meint ein anderer im blauen Anzug zu seinem Vorschoter. In der Tat, es bläst kräftig. Fünf bis sechs Windstärken sind es bestimmt und das ist für die ohnedies anspruchsvolle Alster eine Herausforderung.

C

2 Wie die gezackten Rücken versteinerter Urtiere erheben sich die zerklüfteten Gebirgsketten der Serra de Tramuntana über dem blauen Meer. Die Insel zeigt ihre kalte, abweisende Schulter: graue und rötliche Felsen, die jäh abfallen, nur ab und zu eine kleine Bucht. Hier tobt sich der Tramuntana-Wind, die ungestüme Schwester des Mistral, an vielen Tagen des Jahres aus, unterhöhlt die vielen hundert Meter hohen Kliffs, zerzaust die Kiefern und Macchiensträucher, die sich mit ihren Wurzeln über den Abgründen festklammern.

Eindrücke und Stimmungen schildern

4 Als Frodo den großen Säulen entgegengetragen wurde, ragten sie wie Türme empor. Riesen schienen sie ihm zu sein, ungeheure graue Gestalten, schweigend, aber drohend. […] Auf großen Sockeln, die tief im Wasser ruhten, standen zwei große Könige aus Stein: Noch immer blickten sie mit blinden Augen und rissiger Stirn dräuend nach Norden. Beide hatten die linke Hand mit der Handfläche nach außen erhoben in einer Gebärde der Warnung; in der rechten Hand hielten sie eine Axt; auf den Köpfen trugen beide einen verwitterten Helm und eine Krone. […] Von Ehrfurcht und Angst wurde Frodo ergriffen, und er kauerte sich nieder, schloss die Augen und wagte nicht aufzuschauen […].

5 Ein schöner Tag auf den Galapagosinseln, einer Inselgruppe 1000 Kilometer westlich vor der Küste Ecuadors. Die Sonne brennt vom Himmel, und die Luft flimmert bei Temperaturen über 30 Grad Celsius. Im Schatten eines Felsens liegt eine pummelige, schwarzweiße Gestalt. Ein Pinguin! Aber komisch: Er hat die Stummelflügel abgespreizt, den Schnabel geöffnet, die Füße nach hinten gestreckt, und er hechelt wie ein Hund! Ob ihm schlecht ist? Keine Bange – dem Galapagospinguin ist nur ziemlich warm, und er ist gerade dabei, sich Luft zu verschaffen. Als der Kleine vom Hecheln den Schnabel voll hat, springt er kopfüber ins Meer. Was für eine Erfrischung!

6 Meeresstrand
Theodor Storm

Ans Haff nun fliegt die Möwe,
Und Dämmrung bricht herein;
Über die feuchten Watten
Spiegelt der Abendschein.

Graues Geflügel huschet
Neben dem Wasser her;
Wie Träume liegen die Inseln
Im Nebel auf dem Meer.

Ich höre des gärenden Schlammes
Geheimnisvollen Ton,
Einsames Vogelrufen –
So war es immer schon.

Noch einmal schauert leise
Und schweiget dann der Wind;
Vernehmlich werden die Stimmen,
Die über der Tiefe sind.

1 a) Lest die Texte.
b) Welches Bild passt zu welchem Text?
c) Die Texte 1–6 stammen aus unterschiedlichen Quellen: Reiseführer, Roman, Gedichtband, Sportillustrierte, Zeitschrift für Geografie und Reisen. Versucht, die Texte den Quellen zuzuordnen.

Eindrücke und Stimmungen schildern

2 Die Auszüge, die ihr auf den Seiten 28–29 gelesen habt, sind schildernde Passagen aus unterschiedlichen Texten.
Wählt zwei Textbeispiele aus und untersucht, welche Sinne in den Schilderungen angesprochen werden.
Legt euch dazu einen Notizzettel wie rechts an.

3 a) Stimmungen in einem Text kann man mit bestimmten Stilmitteln wirkungsvoll darstellen. Lest dazu die Info.
b) Legt in Partnerarbeit eine Tabelle wie unten an.
c) Sucht gemeinsam die Stilmittel heraus, die in den Textausschnitten verwendet werden, und ordnet sie in die Tabelle ein.

👂 ... die Segel klingen ...
👁
👃
✋ ... eisiger Fahrtwind ...
❤ ... vor Ehrfurcht und Angst ...
👄

Stilmittel in den Texten auf den Seiten 28–29

1. Ausdrucksstarke Adjektive und Verben:
   pappig klingen (Text 3)

2. Aufzählungen:
   ?

3. Vergleiche:
   ragten wie Türme empor (Text 4)

4. Metaphern:
   die ungestüme Schwester des Mistral (Text 3)

5. Ellipsen:
   Fast endlos. (Text 1)
...

INFO

Was sind Stilmittel?
Unter Stilmitteln versteht man die absichtsvolle Verwendung von sprachlichen Mitteln mit dem Ziel, eine bestimmte Wirkung zu erreichen, z. B. etwas sehr spannend oder anschaulich darzustellen.
1. Ausdrucksstarke Adjektive und Verben
2. Aufzählungen
Aneinanderreihung von Wörtern der gleichen Wortart oder von bestimmten Wortgruppen *(Alles rennet, rettet, flüchtet ...)*
3. Sprachliche Bilder (Metaphern/Vergleiche)
Vergleiche *(wie ein Sturmwind)* und **Metaphern** *(Blütentraum)* dienen der Veranschaulichung von Vorgängen oder Eigenschaften.
4. Ellipse
Dies sind grammatikalisch unvollständige Sätze *(Alles vorbei. Setze mich auf den Stuhl und weine.)*.

Eindrücke und Stimmungen schildern

Eindrücke sprachlich wiedergeben

SINNESPROTOKOLL:

👁 Leerer Hof, nur ein paar Vögel ...

👂 Geräusche aus dem offenen Fenster der 8d ...

1
a) Geht während einer Unterrichtsstunde in den Pausenhof.
b) Sucht euch eine Stelle, die euch gefällt. Nehmt euch fünf Minuten Zeit und schließt die Augen.
c) Legt euch einen Notizzettel mit den Zeichen für die einzelnen Sinneswahrnehmungen an. Notiert zu den einzelnen Symbolen möglichst viele Wahrnehmungen.

2
a) Formuliert aus euren Notizen einen kurzen, zusammenhängenden Text. Ihr könnt euch an dem Beispiel rechts orientieren.
b) Überarbeitet euren Text. Überlegt, inwieweit ihr die Wirkung eures Textes durch den Einsatz bestimmter Stilmittel verstärken könnt. Lest dazu die Info auf Seite 30.
c) Besprecht eure Ergebnisse in Gruppen.
– Welche Beispiele gefallen euch besonders? Begründet eure Entscheidung.
– Welche Texte lassen sich noch verbessern? Macht dazu konkrete Vorschläge.

Fast einsam fühle ich mich auf dem Pausenhof, der jetzt viel größer wirkt. Zum ersten Mal kann ich in den Pflastersteinen ein Muster erkennen: Wie Spiralen folgt eine Steinreihe der anderen. Ansonsten nur Leere und ein paar Vögel, die Krümel picken. „Ruhe jetzt!", schallt es aus einem der offenen Fenster, nur ab und zu hört man Gemurmel, gelegentlich auch Gelächter ...

Eine Schilderung untersuchen

1 a) Lest den Schüleraufsatz rechts.
Wie wirkt er auf euch?
b) Lest die Info und begründet, warum es sich bei dem Schüleraufsatz um eine Schilderung handelt. Belegt eure Aussagen mit Beispielen aus dem Text.

2 a) Untersucht den Aufbau der Schilderung: Wie beginnt und wie endet sie?
b) Welchen Handlungsrahmen könnt ihr erkennen?
c) Wie wirkt der Text ohne den letzten Satz?
d) Wie würde der Text wirken, wenn er so beginnen würde?
Wie jedes Jahr fuhr unsere Familie auch diese Osterferien ins Gebirge …

3 a) Welche Sinneseindrücke werden in dieser Schilderung vorwiegend wiedergegeben, welche werden nicht berücksichtigt?
b) Legt eine Folie über den Text und unterstreicht Stellen, an denen Stilmittel verwendet wurden.
c) Schreibt diese Stilmittel auf und belegt die Fundorte durch Zeilenangaben.

INFO

Die Aufsatzform Schilderung
1. Eine Schilderung ist eine persönlich gefärbte, erlebnisbetonte Wiedergabe von Gegenständen, Landschaften, Tieren, Menschen oder von Situationen und Erlebnissen.
2. Typisch für die Schilderung ist die anschauliche Wiedergabe von Gedanken, Gefühlen und Empfindungen.
3. Im Vordergrund steht nicht die Handlung, sondern das Darstellen von Eindrücken und Empfindungen. Daher entfällt eine Einleitung, wie sie in Erzählungen üblich ist. Dennoch kann die Schilderung in einen kleinen Handlungsrahmen eingebettet sein.
4. Eine Schilderung wird in der Regel in der Ich-Form und im Präsens geschrieben.

Eindrücke und Stimmungen schildern

<u>Ein nasses Vergnügen</u>

Schon wieder eiskaltes Wasser im Gesicht. Immer höher schiebt sich unser graues Schlauchboot den Wellenberg hinauf. „Weiterpaddeln, dann passiert nichts!", ruft
5 mein Vater hinter mir. Mit aller Kraft steche ich das Paddel in das brodelnde, schäumende Wasser. Doch da ist unser Boot schon über den tosenden Wasserberg hinweggerauscht und knallt mit einem lauten Schlag
10 auf die Wasseroberfläche. Es schaukelt etwas und schiebt sich weiter durch die Stromschnellen.
Seit zwei Stunden etwa sind wir unterwegs auf einer Wildwassertour, mit uns noch zwei
15 weitere Schlauchboote. Gemeinsam treiben wir den reißenden Fluss hinunter. Sollte das doch keine so gute Idee gewesen sein? Mir ist schon etwas kalt, und jetzt verschwindet auch noch die Sonne hinter einer dunklen
20 Wolke! So wirkt das schmale Flusstal gleich viel unfreundlicher, sogar etwas unheimlich auf mich. Unser Weg führt durch eine verlassene, unbewohnte Gegend. Kein Haus, keine Straße weit und breit. Stattdessen
25 säumen dichtes Gebüsch und hohe Bäume das Ufer. Der Fluss führt viel Wasser, jetzt im Frühjahr. Es ist trüb und braun vom aufgewühlten Schlamm und rauscht bedrohlich. An manchen Stellen wird das Flussbett
30 durch große Steine so verengt, dass sich hohe Wellen, Walzen und Strudel bilden. Die würden mir ganz schön Probleme bereiten, wenn ich jetzt ins Wasser fiele! Zur Sicherheit trage ich eine Schwimmweste
35 und habe vorhin gelernt, was ich machen muss, wenn wir wirklich kentern.
Aber das bleibt mir glücklicherweise erspart, denn wir fahren gerade die letzte Schleife und ich kann schon die Ausstiegsstelle
40 sehen.

Eindrücke und Stimmungen schildern

Eine Schilderung schreiben

Schnorcheln am Baggersee

Einkaufsbummel bei drückender Hitze

Schlittenfahrt bei Nacht

Ein Regenschauer beim Mountainbiken

Am Lagerfeuer

In der Schlange am Pausenverkauf

1 a) So könnte ein Thema für eure Schulaufgabe lauten.
Habt ihr solche Situationen schon einmal erlebt? Sprecht darüber.
b) Sucht euch ein Thema aus und schreibt eine Schilderung dazu. Geht nach dem Tipp vor.

> **TIPP**
>
> **So schreibst du eine Schilderung:**
> 1. Lies dir das Thema genau durch und stelle dir die Situation vor.
> 2. Erstelle ein Sinnesprotokoll, in dem du stichpunktartig Gedanken und Gefühle festhältst.
> 3. Überlege dir einen Handlungsrahmen, mit dem du deine Schilderung beginnst und abrundest.
> 4. Anders als bei der Erzählung soll dein Aufsatz keine ausführliche Handlung besitzen. Wähle daher nur einen kurzen Moment aus und schildere diesen ausführlich und anschaulich.
> 5. Entscheide dich für eine Erzählform (Er- oder Ich-Erzähler).
> 6. Überlege dir bei der Überarbeitung deines Textes, welche Eindrücke sich durch Stilmittel besonders hervorheben lassen.
> 7. Verwende das Präsens.

Eindrücke und Stimmungen schildern

2 a) Auch zu Bildern auf dieser und der folgenden Seite könnt ihr Schilderungen schreiben. Wählt euch eine Situation aus, in die ihr euch gut hineinversetzen könnt.
b) Legt ein Sinnesprotokoll mit den Symbolen an und macht euch Notizen dazu.
c) Schreibt mit Hilfe eines Sinnesprotokolls einen Entwurf eurer Schilderung.

3 Untersucht in Partnerarbeit eure Entwürfe in Form einer Schreibkonferenz:
a) Wurden die Merkmale der Schilderung eingehalten? Lest dazu die Info auf Seite 32.
b) Durch welche Stilmittel lässt sich der vorliegende Entwurf verbessern? Lest dazu die Info auf Seite 30.
c) Überarbeitet eure Entwürfe.

Eindrücke und Stimmungen schildern

9.2 Eindrücke und Stimmungen schildern

Eindrücke und Stimmungen schildern

Schildern in Versen

Garten
Georg Bydlinski

Ich sitze im Gras und schweige,
der Himmel ist blau wie das Meer.
Der Wind bewegt die Zweige,
sie schwingen leicht, hin und her.

Ich bin nicht allein, denn ich sehe
den Wind, der im Kirschgeäst schaukelt,
den Schmetterling, der in der Nähe
ganz langsam vorübergaukelt.

Ich höre die Amseln und Stare,
ich sehe die Käfer im Kraut.
Der Wind bewegt meine Haare,
die Sonne berührt meine Haut.

Einsamkeit positiv
Kristiane Allert-Wybranietz

Die Sonne fällt am Himmel,
buntes Himmelslicht,
Abendvogelgesang,
allein
im Gras.

Herbstwind
Günter Ullmann

Erst spielt der Wind nur Fußball
mit Vaters bestem Hut,
dann schüttelt er die Bäume,
die Blätter riechen gut,
und lässt die Drachen leben
und wringt die Wolken aus.
Der Herbstwind lässt uns beben,
wir gehen nicht nach Haus.

Wehmut
Eva Grunert (Schülerin)

Ich sitze am Meer
Höre, sehe und rieche es
Es ist so schön
Doch so mächtig und gewaltig
Wellen überschlagen sich
Schlagen aufeinander

Helle Sterne funkeln am Himmel
Der Mond ist klein und bescheiden
Und der Platz neben mir ist leer
Ich möchte so gern behütet sein
Fühle mich sehr allein
Höre nur diese leise Melodie
Wehmut

1 Weshalb handelt es sich bei den Gedichten auch um Schilderungen?

2 Die Autoren haben sich wie Fotografen ein Motiv gesucht und es dann in Worte gekleidet. Suche dir ein Landschaftsmotiv in deiner Umgebung aus und halte eine Momentaufnahme in einem Gedicht fest. Du kannst dazu Reime verwenden oder in freien Versen schreiben.

Der Textgebundene Aufsatz

Kennt ihr euch aus?

1. Durch welchen Fachbegriff kann man die Bezeichnungen *Schriftsteller, Verfasser, Schreiber* ersetzen?
2. Was versteht man im Textgebundenen Aufsatz unter einer *Quelle*?
3. In welchem Teil des Textgebundenen Aufsatzes wird der *Kerninhalt* wiedergegeben?
4. Was ist ein *Erzählschritt*?
5. Was ist der Unterschied zwischen einem *Absatz* und einem *Sinnabschnitt*?
6. In welcher Zeitstufe wird die *Inhaltszusammenfassung* geschrieben?
7. Nenne zwei journalistische Textsorten.
8. Zu welcher Gruppe von Texten gehört die *Kurzgeschichte*?
9. Warum ist es wichtig, die Textsorte zu erkennen?
10. Nenne zwei Begriffe mit *F*. Sie spielen bei der Beschreibung der Sprache eine Rolle und werden häufig verwechselt.
11. Welche journalistische Textsorte enthält schildernde Elemente?
12. Was heißt *zitieren*?
13. Nenne drei Funktionen (= Aufgaben), die ein Bild in einem Text haben kann.
14. Nenne zwei journalistische Textsorten, die häufig Bilder aufweisen.
15. Was ist ein *Vorspann*?
16. Was haben ein Leserbrief und eine Erörterung gemeinsam?

1
a) Löst das Quiz oben allein oder in Partnerarbeit. Notiert die Antworten.
b) Vergleicht zur Kontrolle eure Antworten mit den Lösungen.
Das Lösungswort ist ein wichtiger Begriff des Textgebundenen Aufsatzes.

e wörtliche Wiedergabe einer Textstelle

i Reportage

s Meldung, Bericht, Reportage, Kommentar

u Bericht und Reportage

h Man kann dann die Absicht des Verfassers besser verstehen.

c Sie gehört zu den literarischen Texten (oder auch: erzählenden Texten).

t Ein Abschnitt einer Erzählung, in dem ein neuer Handlungsschritt dargestellt wird.

e Damit bezeichnet man die Herkunft eines Textes. Das kann ein Buch, eine Zeitung, eine Zeitschrift oder eine Internet-Adresse sein.

e Ein Absatz ist eine drucktechnische Einteilung. Ein Sinnabschnitt umfasst, was inhaltlich eng zusammengehört.

l Fachbegriffe und Fremdwörter

g Es wird argumentiert.

n Der erste Abschnitt eines Berichts, in dem die wichtigsten Informationen dargestellt werden.

T Autor

x in der Einleitung

r Präsens

g informieren, erklären, veranschaulichen, ausschmücken

9.2 Die Ergebnisse einer Texterschließung zusammenhängend darstellen

Der Textgebundene Aufsatz

Was ist eine Gliederung?

1 a) In der 9. Klasse müsst ihr zum Textgebundenen Aufsatz eine Gliederung schreiben.
Schaut euch das Beispiel auf Seite 39 an. Was fällt euch auf? Sprecht darüber.
b) Warum ist eine Gliederung für den Schreiber hilfreich? Nennt Gründe.
c) Welche Hilfen gibt sie dem Leser?

2 a) Bisher habt ihr euch beim Schreiben an dem Aufbau des Textgebundenen Aufsatzes orientiert. Seht euch dazu die Info an.
b) Nicht immer habt ihr bei einem Textgebundenen Aufsatz alle in der Info genannten Teilaufgaben bearbeitet. Nennt dafür Beispiele.

3 Eine Gliederung enthält nur die Punkte, die im Aufsatz auch zur Darstellung kommen. Eine wichtige Orientierung für die Gliederung sind daher die Erschließungsaufgaben, die ihr zu jedem Text bekommt.
a) Lest den Text *Viele fahren auf den Nachtbus ab* auf Seite 80 durch. Worum geht es in diesem Text?
b) Vergleicht die Erschließungsaufgaben unten mit der Gliederung.

Erschließungsaufgaben zu dem Text „Viele fahren auf den Nachtbus ab"

1. Schreibe eine Einleitung.
2. Erstelle eine Inhaltszusammenfassung, bei der du auf die Sinnabschnitte achtest.
3. Beschreibe die optische Gestaltung des Textes.
4. Beschreibe die Textsorte.
5. Beschreibe auffällige sprachliche Merkmale.
6. Überlege, an wen sich der Text vor allem richtet und warum er deiner Meinung nach geschrieben wurde.
7. Erörtere zwei Gründe, die für den Nachtbus sprechen.
8. Nimm Stellung zum Text. Begründe deine Meinung.

INFO

Aufbau eines Textgebundenen Aufsatzes
Der Textgebundene Aufsatz umfasst die Texterschließung und die Produktionsaufgabe.

Aufbau der Texterschließung
1. Einleitung:
Titel, Verfasser, Textsorte, Quelle, Kerninhalt
2. Hauptteil:
– Inhaltszusammenfassung:
 1. Sinnabschnitt
 2. Sinnabschnitt
 3. Sinnabschnitt
– Beschreibung der äußeren Form und deren Wirkung:
 • Überschrift
 • Textgestaltung
 • Illustration
– Beschreibung der Textsorte
– Beschreibung der sprachlichen Besonderheiten und deren Wirkung:
 • Wortschatz
 • Satzbau
 • Sonstige Besonderheiten
– Zielgruppe, Absicht des Verfassers
3. Stellungnahme

In der **Produktionsaufgabe** soll das jeweilige Thema durch einen Brief, einen Tagebucheintrag, einen Werbetext, eine kurze Erzählung oder ähnliche Aufgaben fortgesetzt werden.

Der Textgebundende Aufsatz

Textgebundener Aufsatz zu „Viele fahren auf den Nachtbus ab"

Gliederung

A. Bericht über das Nachtbusangebot im Raum Augsburg

B. Texterschließung und weiterführende Erörterung

   I. Texterschließung
     1. Inhaltszusammenfassung:
        a) Durch verstärkte Nachfrage mehr Zusammenarbeit und Ausweitung des Angebots (Z. 1–10)
        b) Erhöhte Nachfrage nach Nachtbus (Z. 11–17)
        c) Hohes Defizit (Z. 18–27)
        d) Einigung über Verteilung der Kosten (Z. 29–33)
        e) Überlegungen zur Ausweitung des Angebots (Z. 35–41)

     2. Beschreibung der äußeren Gestaltung:
        a) Mehrzeilige Überschrift, zwei Teilüberschriften
        b) Vier Absätze, zwei Spalten
        c) Ein Farbfoto: Nachtexpress mit Jugendlichen

     3. Textsorte: Bericht
        a) Doppelte Überschrift
        b) Vorspann
        c) Hintergrundinformationen: Zahlen, Fakten
        d) Ergänzung des Textes durch ein Bild

     4. Beschreibung der sprachlichen Besonderheiten:
        a) Wortwahl: Fachbegriffe
        b) Satzbau: einfacher Satzbau, leicht lesbar
        c) Sprachstil: sachlicher Berichtstil, teilweise Jugendsprache

     5. Zielgruppe und Absicht: Jugendliche und Eltern
                 Mehr Nutzung durch Hinweise auf Angebot

   II. Weiterführende Erörterung:
   Zwei Gründe, die für den Nachtbus sprechen:
     1. Unabhängigkeit von den Eltern
     2. Geringere Unfallgefahr

C. Das Nachtbusangebot ist aus vielen Gründen sinnvoll.

9.2 Die Ergebnisse einer Texterschließung zusammenhängend darstellen

Selbst eine Gliederung schreiben

1 Lest die Reportage *Allein unter Männern* auf den Seiten 85 bis 86.
Worum geht es in diesem Text?

2 a) Lest die Erschließungsaufgaben zu diesem Text unten.
b) Welche Unterschiede zu den Erschließungsaufgaben von Seite 38 könnt ihr feststellen? Sprecht darüber.
c) Entwerft eine Gliederung zu dem Text *Allein unter Männern*.
Lest dazu auch den Tipp auf Seite 42.

Erschließungsaufgaben zu dem Text „Allein unter Männern"

1. Schreibe eine Einleitung.
2. Erstelle eine Inhaltszusammenfassung. Berücksichtige dabei die Sinnabschnitte.
3. Beschreibe die optische Gestaltung des Textes und ihre Funktion (= Aufgabe). Beschränke dich auf das Bildmaterial.
4. Beschreibe die Textsorte.
5. Beschreibe Wortwahl und Sprachstil.
6. Überlege, an wen sich der Text vor allem richtet und warum er deiner Meinung nach geschrieben wurde.
7. Erörtere zwei Gründe, die für das Projekt sprechen.
8. Nimm Stellung zum Text und begründe deine Meinung.

Ayse
Nurdan Kaya

Ich greife unter das Kopfkissen und hole meinen Lippenstift und die Puderdose hervor. Ich verstecke beide schnell in meiner Schultasche unter den dicksten Büchern. Meine Mutter bereitet in
5 der Küche das Frühstück für mich vor und in der Zwischenzeit ziehe ich mir vorsichtig den langen, schwarzen Rock an. Ich möchte nicht, dass er jetzt schon zerknittert. Aus meiner Schublade greife ich mir eine kleine Parfümprobe, öffne sie und lasse
10 ein paar kühle Tropfen zwischen meinen Brüsten herunterrollen. Heute möchte ich für ihn besonders gut riechen.
Ich gehe ins Bad und kämme meine Haare mit größter Sorgfalt vor dem Spiegel. Währenddessen
15 ruft mich meine Mutter immer wieder zum Frühstück, sagt, dass sie es überhaupt nicht versteht, weshalb ich jeden Morgen so viel Zeit im Bad verbringe. Doch ich glaube, wirklich wissen möchte sie es auch gar nicht. Ich habe ihr nicht erzählt, dass ich
20 mich in einen Jungen aus meiner Schule verliebt habe. Überhaupt gibt es sehr wenig, was ich ihr aus meinem Leben erzähle. Ich rolle meine Haare zwischen meinen zwei Fingern zusammen und befestige sie mit einer Haarklammer fest nach hinten. Sie
25 sind sehr lang geworden und so springt die kleine Haarklammer, einen dünnen Laut von sich gebend, immer wieder auf. Und mit jedem Mal werde ich wütender und wütender. Ich schreie, dass ich sie abschneiden lassen werde und dass ich es satt habe,
30 sie nie richtig zusammenzukriegen. Als dann die Spange endlich durch die Haare greift, ziehe ich mir vom Haken mein schwarzes, langes Kopftuch herunter. Ich lege es mir sanft über den Kopf, nehme das rechte Ende und lege es quer über das linke.
35 Danach befestige ich es mit einer Sicherheitsnadel und schiebe das Ganze mit beiden Händen etwas nach hinten. Ich prüfe nach, ob es fest genug sitzt. Nur noch ein paar einzelne Haare muss ich mit der flachen Hand in das Tuch schieben. Als ich dann
40 am Frühstückstisch Platz nehme, beginnt meine Mutter ihr unaufhörliches Nörgeln. Sie sagt, ich habe mich endlich zu bessern, ich käme immer viel

Der Textgebundene Aufsatz

zu spät nach Hause und Vater würde mich, wenn es so weiterginge, sicherlich bald fürchterlich verprü-
geln. Ich höre sie nicht! Denn ich möchte sie schon lange nicht mehr hören! Ich schreie etwas von einem Gefängnis, aus dem ich ausbrechen möchte, nehme mir dabei wütend meine Schultasche aus dem Zimmer und schmeiße die Haustüre laut zu.
Hinter mir höre ich Mutters Stimme immer noch schreien und ich sehe, wie sie aus dem Fenster leh-
nend mit der geballten Faust in die Luft einschlägt. Doch ich tue so, als ob ich all das Irrsinnige über-
sehen könnte.
Ich bin fest entschlossen, mir wenigstens diesen Morgen von ihnen nicht verderben zu lassen! Es ist so ein schöner Morgen. Der Frühling zeigt sich überall, wo ich hinblicke. Die übermütig singen-
den Vögel, die aufplatzenden Knospen der Bäume und dieser wunderbar warme, streichelnde Wind. Aber das Wichtigste ist vielleicht auch nur, dass ich mich verliebt habe. Gemeinsam mit dieser Liebe erzittert mein Herz bei jedem kleinsten Gedanken. Beinahe habe ich das Gefühl zu fliegen. In ein paar Minuten werde ich ihn bestimmt sehen. Ich werde, wenn es sein muss, vor der Schule auf ihn warten und vielleicht werden meine Blicke sich mit seinen Blicken treffen. Ich glaube, in mir entfacht ein Feuer mit abertausend umherstreuenden Funken. Ich fühle es. Ich strahle. Ich lache. Es ist so komisch. Ich kann das erste Mal in meinem Leben über mich selbst lachen. Unglaublich, wie ich ohne dieses Gefühl bis heute überhaupt leben konnte. Ein paar Meter noch zur Schule, und ich verstecke mich wie gewöhnlich hinter ein paar stinkenden Mülltonnen. Ich sehe mich um, um sicher zu sein, dass mich niemand beobachtet, fische mir aus der Tasche meinen Lippenstift und meine Puderdose. Noch ein letztes Mal lasse ich meine Augen durch die Gegend schweifen, ziehe mir mit einer Bewegung mein Kopftuch herunter und stopfe es schnell und unbemerkt in eine Ecke meiner Schultasche. Jetzt endlich entferne ich die Haarspange und lasse meine Haare über meine Schultern fallen. Ich sehe, dass sie mir schon sehr weit herunter-
reichen, sehe, wie schön sie in der Morgensonne leuchten. So gefallen sie mir sehr gut. Nein, ich werde sie doch nicht schneiden lassen. Meinen Lippenstift, der blutrot ist, lasse ich über meinen Kussmund gleiten. Anschließend pudere ich mir die Unreinheiten aus der Stirn. Ein letztes Mal noch werfe ich einen Blick in den Handspiegel und lasse diesem schönen Gesicht einen Kuss zufliegen. Vielleicht werde ich ihm auch gefallen. Vielleicht so sehr, dass er seinen ganzen Mut zusammennimmt, um mich endlich anzusprechen. Ich schließe meine Tasche und komme aus meinem Versteck hervor. Bitte, lieber Gott, vergib mir meine Sünden, aber ich habe mich so sehr verliebt.

Aus: Nurdan Kaya, Grenzgänger, S. 17

3 a) Lest den Text *Ayse* (Copy 5).
b) Warum spricht die Ich-Erzählerin von einem „Gefängnis, aus dem (sie) ausbrechen möchte" (Z. 47)?
c) Wen meint Ayse mit „Ich bin fest entschlossen, mir wenigstens diesen Morgen von ihnen nicht verderben zu lassen!" (Z. 55–56)?
d) Dieser Text stammt aus dem Band *Grenzgänger*. Warum wohl hat die Autorin Nurdan Kaya ihrem Buch diesen Titel gegeben?

4 Gliederungen zu literarischen Texten werden genauso aufgebaut wie Gliederungen zu journalistischen Textsorten.
a) Lest die Erschließungsaufgaben auf Seite 42.
b) Macht euch zu den einzelnen Aufgabenstellungen Notizen.
c) Lest das Beispiel einer Gliederung auf Seite 42 und vervollständigt es.

Der Textgebundene Aufsatz

Erschließungsaufgaben zu dem Text „Ayse"

1. Schreibe eine Einleitung.
2. Erstelle eine Inhaltszusammenfassung.
3. Beschreibe die Textsorte.
4. Beschreibe Satzbau und Sprachstil.
5. Überlege, an wen sich der Text vor allem richtet und warum er deiner Meinung nach geschrieben wurde. Berücksichtige dabei, dass die Erzählerin, Nurdan Kaya, eine junge türkische Frau ist, die in Augsburg lebt.
6. Wähle eine dieser Produktionsaufgaben:
   A Schreibe einen Brief, in dem Ayse versucht, sich ihrem Vater gegenüber zu rechtfertigen.
   B Erörtere, mit welchen Schwierigkeiten ausländische Jugendliche zu kämpfen haben.
   Führe zwei Gliederungspunkte aus.
7. Nimm Stellung zum Text. Begründe deine Meinung.

TIPP

So kommst du vom Text zur Gliederung:
1. Lies die Erschließungsaufgaben gründlich durch.
2. Mache dir zu jeder Erschließungsaufgabe Notizen.
3. Belege deine Aussagen mit Beispielen (= Zitaten) aus dem Text.
4. Vergiss beim Zitieren nicht die Zeilenangaben.
5. Formuliere mit Hilfe deiner Notizen die Gliederung. Achte darauf, dass du die vorgegebene Reihenfolge der Erschließungsaufgaben einhältst.
6. Einleitung und Stellungnahme müssen immer geschrieben werden, auch wenn sie nicht in den Erschließungsaufgaben aufgeführt werden.
7. Gib unter A (Einleitung) die Textsorte an und formuliere den Kerninhalt in einem Satz.
8. Du kannst Gliederungspunkt C (Stellungnahme) in einem Satz zusammenfassen.

Textgebundener Aufsatz zu „Ayse"

Gliederung

A. Die Kurzgeschichte handelt von einer türkischen Schülerin, die sich verliebt hat.

B. Texterschließung und Produktionsaufgabe
  I. Texterschließung
   1. Inhaltszusammenfassung:
      a) Ayse beschreibt, wie sie sich auf den Schulbesuch vorbereitet (Z. 1–39)
      b) Sie erzählt von den Problemen mit ihren Eltern (Z. 39–54)
      c) Wir erfahren ihre Gefühle (Z. 55–73)
      d) Sie beschreibt ihre Vorbereitungen auf das Zusammentreffen mit dem Jungen (Z. 74–98)
   2. Textsorte:
      Kurzgeschichte
      a) Der Leser erhält am Anfang kaum Informationen über Ayse.
      b) ...
      c) ...
   3. Beschreibung der sprachlichen Besonderheiten:
      a) Satzbau: ...
      b) Sprachstil: Alltagssprache
   4. Zielgruppe, Absicht:

  II. Produktionsaufgabe:
      Brief Ayses an ihren Vater

C. Ich finde diese Kurzgeschichte ...

Der Textgebundende Aufsatz

Kennt ihr die Textsorten?

Bericht

Kurzgeschichte

Reportage

1 Im Textgebundenen Aufsatz muss oft die Textsorte bestimmt werden.
a) Spielt zum Wiederholen der Textsorten das Textsorten-Spiel. Lest dazu den Tipp. Einen Überblick über die Textsorten gibt euch die Info.
b) Übertragt den Inhalt eurer Karten auf eine Wandzeitung. Ihr könnt dann immer nachsehen, wenn ihr unsicher seid.

TIPP

So geht das Textsorten-Spiel:
1. Schreibt auf eine Karteikarte jeweils eine Textsorte.
2. Verlost diese Karten unter den einzelnen Gruppen. Jede Gruppe erhält – je nach Anzahl der Gruppen – eine oder mehrere Karten.
3. Jede Gruppe notiert auf der Rückseite der Karte die wichtigsten Merkmale der Textsorte.
4. Ein Mitglied der Gruppe beschreibt nun vor der Klasse mit Hilfe der Notizen die Textsorte so, dass nicht zu viel verraten wird. Beispiel: „Der Text hat meistens zwei Überschriften. Der erste Absatz ist fett gedruckt. Ein Bild veranschaulicht häufig den Inhalt des Textes ..."
5. Nachdem die Textsorte erraten wurde, müssen von den Mitschülern die noch fehlenden Merkmale genannt werden.
6. Die Gruppe überprüft die Richtigkeit und Vollständigkeit der Merkmale.
7. Anschließend stellt eine andere Gruppe das Rätsel zu einer weiteren Textsorte.

INFO

Textsorten bestimmen
Für den Textgebundenen Aufsatz sind die folgenden literarischen und journalistischen Texte von Bedeutung:

Journalistische Texte:
Informierend: *Kommentierend:*
– Bericht   – Kommentar
– Reportage   – Kolumne

Literarische Texte:
– Erzählung   – Fabel
– Kurzgeschichte   – Märchen
– Schwank   – Sage

Jede dieser Textsorten hat typische Merkmale, an denen man sie erkennen kann. Lest dazu im Anhang *Grundwissen Literatur* unter dem jeweiligen Stichwort nach. Die Kenntnis der Textsorte und ihrer Merkmale ist im Textgebundenen Aufsatz an drei Stellen wichtig:
1. Sie wird in der Einleitung genannt.
2. Im Hauptteil folgt bei der Teilaufgabe „Textsorte" eine genaue Beschreibung.
3. Manchmal lassen sich die sprachlichen Besonderheiten auf die Textsorte zurückführen.

Manche Texte lassen sich nicht eindeutig zuordnen, daher wird nicht immer die Beschreibung der Textsorte verlangt.

Der Textgebundende Aufsatz

Textsorte aufgrund von **Merkmalen** erkennen

Journalistischer oder Literarischer Text?

1 a) Lest den Text *Schöne neue Digital-Welt?* und sprecht darüber.
b) Woran erkennt ihr, dass es sich bei diesem Text um einen journalistischen Text handelt? Lest dazu den Tipp.
c) Warum kann man ausschließen, dass es sich hier um einen literarischen Text handelt?

2 a) Sucht in diesem Text nach kommentierenden Stellen, d. h. Stellen, in denen der Autor Stellung bezieht und seine Meinung äußert. Unterstreicht diese Stellen auf einer Folie oder auf Copy 6.
b) Sprecht über eure Ergebnisse.
c) Überprüft nun, ob es sich um einen Kommentar oder um eine Kolumne handelt.
Schreibt dazu einen Notizzettel mit den Merkmalen. Notiert, ob die Merkmale gegeben sind.
d) Welche journalistischen Textsorten müsst ihr überprüfen, wenn ihr keine kommentierenden Stellen findet?

3 Formuliert anschließend mit Hilfe eurer Notizen einen zusammenhängenden Text.

*Bei diesem Text handelt es sich um ...
Man erkennt dies an ...*

Merkmale des Kommentars

1. Autor gibt eigene Meinung wieder: ...
2. Text bezieht sich auf ein Ereignis oder auf einen Bericht: ...
3. Autor wird genannt: ...

Merkmale der Kolumne

1. Autor gibt eigene Meinung wieder: ...
2. Besondere optische Aufmachung: ...
3. Angabe eines Autors: ...

TIPP

So erkennst du die Textsorte:
1. Prüfe zuerst, ob es sich um einen **journalistischen Text** handelt. Du erkennst diese Texte häufig schon an der äußeren Form (oft mehrere Überschriften, halbfette Zusammenfassungen, zweispaltig, oft mit Bild, Quelle gibt Hinweis auf Zeitung/Zeitschrift). Inhaltlich wird ein Sachverhalt dargestellt (Bericht/Reportage) oder es wird ein Ereignis kommentiert (Kommentar/Kolumne). **Literarische Texte** haben häufig kein Bild, die Quelle verweist meistens auf ein Buch. Der Text hat eine Handlung, oft wird in der Ich-Form erzählt.
2. Stelle dann fest, welche Merkmale innerhalb der journalistischen (oder der literarischen) Texte für eine bestimmte Textsorte sprechen.
3. Überprüfe deine Vermutung am Text.
4. Wird deine Vermutung nicht hinreichend bestätigt, dann überprüfe die Merkmale einer verwandten Textsorte am Text.

Schöne neue Digital-Welt?

Von Rupert Huber

Frage: Warum telefoniert der Japaner nicht mehr mit dem Handy? Antwort: Wenn er es am Ohr hat, kann er ja nicht mehr aufs Display starren. Dieser Witz, der auf den Münchner Medientagen kursierte, zeigt, wie die Technik die Lebensgewohnheiten verändert. Die Japaner sind uns da in der Intensiv-Nutzung noch etwas voraus: Sie informieren sich über Filmklatsch, schauen sich Urlaubsfotos an und stören sich nicht einmal an der Werbung, die ihnen unentwegt aufs Handy geschickt wird.

Mobilität, Interaktivität und Individualität sind die Zauberworte der Medienzukunft auch in Deutschland. Das handliche TV-Gerät der Digital-Ära wird die Autofahrt auf dem Rücksitz verschönern, und wem es beim Warten im Flughafen zu langweilig ist, der zieht sein Fernsehkästchen aus der Tasche und kann bei speziellen Rateshows den Kandidaten im Studio Tipps geben.

Wie schon seit Jahren wurde auch diesmal wieder auf den Medientagen gebetsmühlenartig die Einführung des digitalen Fernsehens gefordert. Der Zeitpunkt ist alles andere als ideal: Die Konjunkturflaute setzt den Unternehmen zu und der Konsument überlegt es sich dreimal, ob er in neue Technologien investieren soll, von denen er nicht weiß, ob sie ihm wirklich zusätzlichen Nutzen bringen. Denn einen Digital-Decoder braucht er in jedem Fall, egal ob er sich für digitales Fernsehen im Kabel, über Satellit oder terrestrisch über Antenne entscheidet.

Dabei sind es gar nicht mal die technischen Möglichkeiten, die den Verbraucher überzeugen könnten, einzusteigen in die schöne neue Digital-Welt der Decoder und Programmpakete. Die Inhalte müssen stimmen, der Verbraucher erwartet einen echten Mehrwert.

Den bekommt er auf den ersten Blick nicht. Deutschland ist – verglichen mit Frankreich oder Großbritannien – nachgerade ein preiswertes Fernsehparadies. Wer jetzt schon mehr als 30 Programme empfängt, ist meist zufrieden. Vor allem sollte sich der Kabelkunde gut überlegen, ob er einsteigen soll. Im Kabel klemmt es, seit die Telekom vergeblich versucht, ihre Netze zu verkaufen. Und der Bonner Konzern knöpft ab November seinen Kunden zwischen 6 und 23 Prozent mehr ab, damit er künftigen Netzkäufern einen höheren Verkaufspreis in Rechnung stellen kann. Die längst fällige Aufrüstung der alten Netze – sie ist immer noch Zukunftsmusik. Das Kabelnetz als eine weitere Seifenblase im Spiel der Technik? Dass eine hochwertige Technologie so unter Wert gehandelt wird, verstehe, wer mag. Denn neue Programme werden zum Teil nur übers Kabel transportiert werden. Außerdem prägt das Kabel die lokale Fernsehlandschaft in Bayern.

Dass sich stattdessen allmählich das digitale Satellitenfernsehen durchsetzt, kann man verstehen, zumal es auf längere Sicht für den Verbraucher preiswerter ist. Während die Zahl der Kabelanschlüsse sinkt, legen Satelliten-Empfangsanlagen zu.

Doch was nutzt die beste Technik, wenn zusehends Programmideen fehlen: Noch mehr Quiz-Shows, Richter, Ärzte und TV-Shopping? Das kann es auch nicht sein.

Aus: Augsburger Allgemeine vom 19. Oktober 2002

4 a) Lest den Text (Copy 7) rechts.
b) Fasst den Inhalt in zwei bis drei Sätzen zusammen.
c) Erklärt aus dem Textzusammenhang die Formulierung „Jetzt weiß ich, woran ich bin ..." (Z. 128).
d) Diskutiert über das Verhalten des Freundes, der Mutter und der Freundin. Begründet eure Meinung.

5 Warum könnt ihr ausschließen, dass es sich hier um einen journalistischen Text handelt? Nennt dafür Hinweise aufgrund der äußeren Form des Textes und aufgrund des Inhalts.

6 Welche Textsorten aus dem Bereich der literarischen Texte kommen für diesen Text nicht in Frage? Nennt die wichtigsten fehlenden Merkmale. Schlagt dazu die Begriffe im Anhang *Grundwissen Literatur* nach.

- Fabel
- Sage
- Schwank
- Erzählung
- Märchen
- Kurzgeschichte

7 Bei dem Text könnte es sich um eine Erzählung oder um eine Kurzgeschichte handeln. Um dies zu entscheiden, überprüft, ob der Anfang und das Ende der Geschichte offen ist. Begründet eure Einschätzung.

8 Für die Kurzgeschichte gibt es weitere Merkmale.
a) Schreibt alle auf einen Notizzettel.
b) Überprüft, welche Merkmale sich durch Textstellen belegen lassen.
c) Formuliert aus diesen Notizen einen Text. Vermeidet gleich lautende Satzanfänge.

Der Befund *Josef Reding*
Aus: Josef-Reding-Lesebuch

Die drei Stufen kommen Andreas wie die letzten dreihundert vor.
Andreas atmet schwer. Vor der Tür aus Stahl und Glas bleibt er stehen. Da kommt ein Mann heraus:
5 grüner Kittel, Karton unterm Arm. Der Mann hält die Tür mit dem Ellenbogen, in dem der Karton eingewinkelt ist, einladend offen. Andreas muss eintreten.
Den Korridor kennt Andreas. Vor drei Wochen war
10 er zum ersten Mal hier.
Das vierte Zimmer rechts.
Ich bin Andreas Korbelt. – Ja, und?
Ich soll heute – den Befund – meinen Befund.
Wie heißen Sie?
15 Sagte ich schon: Andreas. Andreas Korbelt.
Haben Sie Ihren Ausweis dabei? Sie verstehen. Wir können solche Sachen nicht jedem ...
Ja, ich verstehe, sagt Andreas.
Die Schwester flüstert Namen und Geburtsdatum
20 vom Ausweis ab und gibt ihn zurück. Mit einem Rollgriff geht sie durch die Umschläge im herausgezogenen Fach des Aktenschranks, fingert sich unter „K" fest und zieht ein graues Kuvert hervor.
Hier. Bitte. Wenn Sie mir das eben quittieren, Herr –
25 Blick auf den Umschlag – Herr Korbelt.
Andreas unterschreibt ein Formular. Während der Unterschrift schaut er in die Augen der Schwester. Aber die blicken von ihm weg.
Wollen Sie gleich – ich meine hier?, fragt die
30 Schwester mit dem Blick zur Tür, an der es klopft und die sich öffnet.
Ein Kopf erscheint. Warten!, ruft die Schwester.
Andreas zögert. Nein – nicht hier – zu Hause.
Wie Sie wollen, sagt die Schwester. Als Andreas geht,
35 bemerkt er, dass die Schwester von ihrem Sitz aus alles in Reichweite hat: die Fläche auf ihrem kleinen Schreibtisch, den Schrank mit den Schubfächern, eine Kaffeemaschine, das Telefon, und dabei den Blick in den schmalen Raum hinein bis zur Tür.
40 Andreas geht die drei Stufen hinunter. Wie hat die Schwester mit ihm gesprochen? Streng? Mitleidig? Gleichgültig? Oder neugierig? Wieso neugierig? Sie

weiß doch, was in dem Umschlag ist. Ob sie sehen wollte, wie ich mich verhalte, wenn ich den Befund ...?
45 Andreas setzt sich auf die unterste Stufe. Er will nicht mehr weitergehen, kann auch nicht mehr. Er reißt den Umschlag auf. Fühlt mit zwei Fingern den schmalen Papierstreifen darin. Er fühlt so heftig, als könne er mit den Fingern den Befund erraten. Aber
50 er zieht den Befund nicht heraus.

Erwin umarmt Andreas. Drückt seine Stirn an Andreas' Stirn. Lange. Er verstärkt seinen Druck, während der mit geschlossenen Augen fragt: Was hat es – wie sieht
55 es aus – ich meine ...?
Andreas sagt nichts. Seine Lippen werden schmal. Er nimmt seinen Kopf zurück und schaut Erwin an. Erwin macht die Augen auf, schaut auf die Fransen des Teppichs in seinem Zimmer. Lange und angestrengt.
60 Dann löst Erwin die Umarmung. Er setzt sich auf die Kante seines Bettes, das ungemacht ist.
Also doch, sagt Erwin fast tonlos. Er wartet auf einige Worte von Andreas. Der sagt nichts.
Gib mir Zeit, sagt Erwin.
65 Wie lange Zeit?, fragt Andreas, der noch immer auf derselben Stelle steht.
Was weiß ich?, sagt Erwin. Tage, Wochen, Monate.
Jahre?, fragt Andreas. Jahre?
Erwin spürt die Bitterkeit in seiner Frage. Er hält
70 Andreas die offenen Handflächen hin. Eine bittende Stellung.

Andreas' Mutter sitzt in der dunklen Ecke des Zimmers, wo sie sich immer dann aufhält, wenn sie
75 etwas verarbeiten muss. Manchmal spricht sie dann in der Ecke des Wohnzimmers mit sich selbst. Die Kinder kennen das: Wenn es ihnen schlecht geht oder wenn Vater seinen Zorn herausschreit, weil er seine Arbeit verloren hat.
80 Sag sie mir, Junge, fordert die Mutter. Sie fordert es sanft.
Was soll ich dir sagen?, fragt Andreas.
Die Wahrheit, sagt die Mutter.
Andreas unsicher: Ich kann sie dir nicht sagen.
85 Und heftiger, fast trotzig: Noch nicht!
Bleib jetzt hier, Andreas, sagt die Mutter. Geh jetzt nicht mehr woandershin. Bleib bei mir.

Es ist selten, dass Andreas Felicitas anders als Fee nennt. Aber jetzt sagt er Felicitas.
Ja? 90
Ich war bei dem – Amt.
Felicitas sagt nichts. Wartet.
Andreas greift in die Brusttasche seines Anoraks. Der Umschlag knistert.
Lass, sagt Felicitas. Können wir noch weiter zusam- 95
men sein? Ich meine – wie abends – an der stillge-
legten Zeche?
Das hängt von dir ab, Fee, sagt Andreas.
Doch wohl auch von deinem – Papier – da in deiner Hand, sagt Felicitas. Ich muss mich doch nach dei- 100
nem Papier richten ...
Ja, sagt Andreas. Du musst dich nach meinem Papier richten. Du musst *mich* nach meinem Papier *richten*!

In der Imbisshalle werden vom Kebab-Kegel hauch- 105
dünne Scheiben geschnitten. Die Hände des Mannes mit dem Backenbart sind flink. Sein Messer ist scharf.
Andreas sieht dem behänden Mann zu. Der Mann spürt, dass Andreas ihn beobachtet und lächelt. 110
Andreas bestellt Mineralwasser. Er nimmt die Flasche und das Glas und setzt sich an einen leeren Tisch. Nebenan sprechen einige Gäste miteinander, lebhaft und laut. Die fremden Sprachfetzen tun Andreas wohl. Er ist dankbar, dass die Männer mit sich selbst 115
zu tun haben, dass sich niemand um ihn kümmert.
Andreas nimmt den Umschlag jetzt wieder in die Hand. Er ist so entschlossen wie seit Wochen nicht mehr. Er nimmt das Blatt heraus, liest sich im unte-
ren Teil des gedruckten Textes an einer handgeschrie- 120
benen Zeile fest: HIV steht da in Großbuchstaben. Dann, klein dahinter: negativ.
Andreas trinkt das Mineralwasser aus der Flasche. Beim ersten Schluck merkt er, wie trocken sein Hals
ist. Andreas trinkt hastig weiter. Er trinkt die kleine 125
Flasche leer. Er merkt, wie die Kohlensäure in den Nasenlöchern kribbelt.
Jetzt weiß ich, woran ich bin, sagt Andreas, als er die Flasche absetzt. Er sagt es erst ein paar Mal hörbar,
dann leise, dann immer lauter. Die Männer am 130
Nebentisch halten einige Augenblicke inne. Dann reden sie weiter.

Das Bewerbungsschreiben

Bewerbung auf eine Anzeige

SCHULABSCHLUSS – UND WIE GEHT ES WEITER?

Machen Sie gerade das Abitur oder bereiten Sie sich auf die Prüfungen für die mittlere Reife vor?
Haben Sie Freude am Umgang mit Menschen, lieben Sie Teamwork und ergreifen Sie gerne die Initiative?

Dann möchten wir mit Ihnen gerne über eine Ausbildung zur **Bankkauffrau**/zum **Bankkaufmann** sprechen. Wir bieten Ihnen vielseitige Bildungswege sowie Fortbildungsprogramme und damit gute Aufstiegschancen.
Sie haben Interesse?
Dann schicken Sie Ihre Unterlagen an Martina Bannweiler, Personalabteilung.
Sie können uns auch unter der Telefonnummer (089) 53 49 02 71 erreichen.

Unsere Internetadresse: www.geospar.de.
Wir freuen uns auf Ihre Bewerbung.

Geospar – die Sparkasse für die ganze Welt
Postfach 236789, 80795 München

---

1 Spricht euch diese Ausbildungsanzeige an? Begründet eure Meinung.

2
a) Welche wichtigen Informationen enthält die Anzeige?
b) Welche Erwartungen werden in der Anzeige an eine Bewerberin oder einen Bewerber gestellt?
c) Welche Funktion hat das Bild in der Anzeige?
d) In der Anzeige ist von „Unterlagen" die Rede. Sprecht in der Klasse darüber, was alles dazugehört.

3 Neben der Bewerbung auf eine Anzeige gibt es auch die Möglichkeit der „Blindbewerbung".
a) Lest in der Info, was man darunter versteht.
b) Welche Chancen bietet eine Blindbewerbung? Tauscht eure Meinungen dazu aus.
c) Sucht Stellenangebote zu den von euch angestrebten Berufen. Benützt dazu eine der in der Info angegebenen Möglichkeiten.

INFO

Wie findet man einen Ausbildungsplatz?
Das Lesen von Stellenanzeigen in der Zeitung ist nur eine Möglichkeit, einen Ausbildungsplatz ausfindig zu machen. Daneben gibt es auch die „Blindbewerbung". Darunter versteht man, dass man von sich aus ein Unternehmen anschreibt und sich um eine Stelle bewirbt. Welche Unternehmen in welchen Berufen ausbilden, erfährt man
– beim Berufsberater des Arbeitsamts,
– aus dem Branchenbuch, das einen Überblick über Arbeitgeber in einem bestimmten Berufsfeld verschafft,
– über folgende Internetadressen:
   www.arbeitsamt.de
   www.jobpilot.de
   www.job-future.de

Das Bewerbungsschreiben

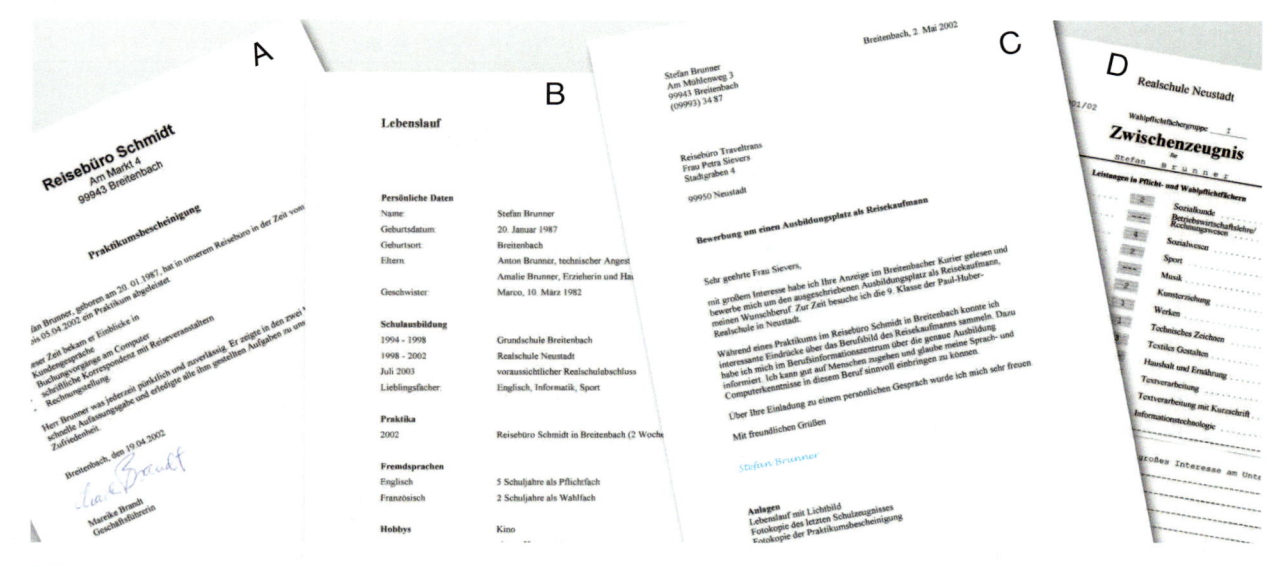

4 Ihr findet unten die Bestandteile eines Bewerbungsschreibens. Ordnet sie dem Musterbrief auf der folgenden Seite zu. Legt dazu eine Folie auf die Seite oder verwendet Copy 8.

- A Absender
- B Betreffzeile
- C Anrede
- D Begründung
- E Anlagen
- F Grußformel
- G handschriftliche Unterschrift
- H Einleitung
- I Anschrift
- J aktuelle Situation
- K Abschluss

5 Wie formuliert man die Anrede, wenn kein Ansprechpartner bekannt ist? Sprecht darüber.

6 Welcher Bestandteil ist eurer Meinung nach am wichtigsten? Begründet eure Meinung.

7 Sprecht über den Tipp. Warum ist das Einhalten dieser Regeln wichtig?

8 In welcher Reihenfolge müsst ihr die Unterlagen im Bild oben in die Bewerbungsmappe legen?

TIPP

Beachte folgende Regeln für die äußere Form des Bewerbungsschreibens:

1. Schreibe die Bewerbung mit dem Computer.
2. Verwende ein weißes, unlinertes DIN-A4-Blatt.
3. Achte darauf, dass das Schreiben keine Fehler, Verbesserungen oder Flecken enthält.
4. Unterschreibe eigenhändig in Blau oder Schwarz (am besten mit einem Füller) und vermeide dabei Krakel und Verzierungen.
5. Verschicke dein Bewerbungsschreiben und den Lebenslauf als Originale, die Zeugnisse und andere Bescheinigungen als Kopien.
6. Stecke die vollständigen Bewerbungsunterlagen in folgender Reihenfolge ungelocht in eine spezielle Bewerbungsmappe oder einen Clip-Hefter:
   1. Bewerbungsschreiben,
   2. Lebenslauf,
   3. Zeugnisse und Bescheinigungen in zeitlicher Reihenfolge (beginnend mit dem aktuellsten Dokument).

Das Bewerbungsschreiben

Stefan Brunner   Breitenbach, 2. Mai 2003
Am Mühlenweg 3
99943 Breitenbach
(09993) 34 87

Reisebüro Traveltrans
Frau Petra Sievers
Stadtgraben 4

99950 Neustadt

Bewerbung um einen Ausbildungsplatz als Reisekaufmann

Sehr geehrte Frau Sievers,

mit großem Interesse habe ich Ihre Anzeige im Breitenbacher Kurier gelesen und bewerbe mich um den ausgeschriebenen Ausbildungsplatz als Reisekaufmann, meinen Wunschberuf. Zurzeit besuche ich die 9. Klasse der Paul-Huber-Realschule in Neustadt.

Während eines Praktikums im Reisebüro Schmidt in Breitenbach konnte ich interessante Eindrücke über das Berufsbild des Reisekaufmanns sammeln. Dazu habe ich mich im Berufsinformationszentrum über die genaue Ausbildung informiert. Ich kann gut auf Menschen zugehen und glaube, meine Sprach- und Computerkenntnisse in diesem Beruf sinnvoll einbringen zu können.

Über Ihre Einladung zu einem persönlichen Gespräch würde ich mich sehr freuen.

Mit freundlichen Grüßen

Stefan Brunner

Anlagen
Lebenslauf mit Lichtbild
Fotokopie des letzten Schulzeugnisses
Fotokopie der Praktikumsbescheinigung

Das Bewerbungsschreiben

Lebenslauf

Persönliche Daten
Name: Stefan Brunner
Geburtsdatum: 20. Januar 1988
Geburtsort: Breitenbach
Eltern: Anton Brunner, technischer Angestellter
                     Amalie Brunner, Erzieherin und Hausfrau
Geschwister: Marco, 10. März 1982

Schulausbildung
1995 – 1999   Grundschule Breitenbach
1999 – 2003   Realschule Neustadt
Juli 2004   voraussichtlicher Realschulabschluss
Lieblingsfächer: Englisch, Informatik, Sport

Praktikum
März/April 2002   Reisebüro Schmidt in Breitenbach (2 Wochen)

Fremdsprachen
Englisch   5 Schuljahre als Pflichtfach
Französisch   2 Schuljahre als Wahlfach

Hobbys   Kino
                     eigene Homepage
                     Fußball

Breitenbach, den 2. Mai 2003

Stefan Brunner

Das Bewerbungsschreiben

Die persönliche Note in einem Bewerbungsschreiben

Mehr als 30 Bewerbungen liegen oft auf meinem Tisch. Die meisten davon sind zum Verwechseln ähnlich. Immer wieder die gleichen Formulierungen. Kaum ein Wort darüber, warum sich die Jugendlichen gerade für diesen Beruf entschieden haben oder warum sie in unserem Betrieb eine Ausbildung machen wollen. Ich wäre froh, wenn ich mehr über die Persönlichkeit der Jugendlichen erfahren würde.

1
a) Versetzt euch in die Lage der Ausbildungsleiterin. Vor welcher Aufgabe steht sie?
b) Erklärt die Kritik der Ausbildungsleiterin.
c) Welche Möglichkeiten seht ihr, im Bewerbungsschreiben etwas über die eigene Person zu sagen?

2 Welches der beiden Bewerbungsschreiben rechts gefällt euch besser? Begründet eure Einschätzung.

3
a) Verfasst mit dem Computer ein Bewerbungsschreiben und einen Lebenslauf. Beachtet den Tipp und die Muster auf den Seiten 50 und 51.
b) Überprüft, ob ihr die Höflichkeitsanrede (*Sie, Ihnen, Ihr*) großgeschrieben habt.

TIPP
So wirkt dein Bewerbungsschreiben persönlicher:
1. Löse dich von den Formulierungen eines Standardschreibens und verwende deine eigenen Worte.
2. Beschreibe möglichst konkret deine Interessen, Fähigkeiten und Ziele. Führe Beispiele an.
3. Zeige, dass du dich über den Beruf und den Betrieb informiert hast.
4. Nenne Gründe, warum du dich gerade bei diesem Betrieb bewirbst.
5. Nenne praktische Erfahrungen, die du bereits gesammelt hast.

Text A

Sehr geehrte Damen und Herren,
Sie suchen eine Werbekauffrau, für die Kreativität, Teamwork und Belastbarkeit selbstverständlich sind. Ich glaube, die richtige Person für Sie zu sein. Seit zwei Jahren leite ich die Redaktion unserer Schülerzeitung und gestalte das Lay-out. Die Arbeit im Team ist mir ebenso vertraut wie die Entwicklung neuer inhaltlicher und optischer Ideen. Die schriftliche Stellungnahme des Betreuungslehrers wird Sie bestimmt auch überzeugen …

Text B

Sehr geehrte Damen und Herren,
hiermit bewerbe ich mich um die Stelle als Werbekauffrau. Ich besuche im Moment die 9. Klasse der Realschule und mache im nächsten Jahr die mittlere Reife.
Ich habe mich ausführlich über den Beruf der Werbekauffrau informiert und interessiere mich sehr dafür. Über eine Einladung zu einem Vorstellungsgespräch würde ich mich sehr freuen …

Beachtet auch die Einheit „Das Vorstellungsgespräch" auf den Seiten 22–27.

Der Geschäftsbrief

Sponsoren gesucht

Sehr geehrte Damen und Herren,

die 9. Klassen der Realschule Rehheid werden vom 5. bis zum 17. Dezember dieses Jahres in der Aula der Realschule eine Ausstellung zum
5 Thema „Zivilcourage im Alltag" veranstalten. Elternbeirat und SMV haben sich als Schirmherren der Ausstellung bereit erklärt, diese zu organisieren und zu unterstützen.
Wir, die Klasse 9e der Realschule Rehheid,
10 wollen in diesem Zusammenhang eine Computerecke einrichten. Dort sollen die Besucher Gelegenheit haben, Dokumente zum Ausstellungsthema on- und offline einzusehen und weltweit nach Informationen zu suchen.
15 Um unsere Projektidee umzusetzen, brauchen wir Hilfe. Wir suchen Sponsoren, die uns für den Zeitraum der Ausstellung Stellwände zur Verfügung stellen. Diese werden dringend benötigt, um den Besuchern Anleitungen
20 und Dokumentationen zugänglich zu machen. Falls Sie mehr über uns und unsere Arbeit wissen wollen: Wir haben mit der Klasse bereits das Thema bearbeitet und auf die Homepage der Schule gestellt. Sie können
25 unsere Site unter der Internetadresse www.rs-rehheid.de/projekte/zivilcourage abfragen. Die Namen der Firmen und Betriebe, die die Ausstellung unterstützen, werden auf den Einladungsschreiben und Plakaten genannt.
30 Unser Klassensprecher Johannes Schmuck steht unter unserer Schuladresse als Ansprechpartner für Sie gerne zur Verfügung.
Für Ihre Unterstützung danken wir Ihnen schon heute.

35 Mit freundlichen Grüßen
Klasse 9e
i. V.

Johannes Schmuck

Sehr geehrte Damen und Herren!

Wir brauchen Ihre Hilfe, denn es mangelt uns an Stellwänden. Wir machen nämlich vom 5. bis 17. Dezember eine Ausstellung und da stellen wir
5 eine Computerecke auf, wo jeder ins Internet kann. Auf den Stellwänden wollen wir dann Anleitungen und Dokumentationen aufhängen. Auf unserer Schulhomepage kann man sich schon mal umschauen und sich einen Eindruck
10 über unsere Arbeit verschaffen.
Am besten wäre, Sie melden sich einfach bei uns, wenn Sie noch Fragen haben.
Wir wollen uns jetzt schon für Ihre Unterstützung bedanken.

15 Ihre 9e der RSR

---

1 a) Lest die beiden Briefe, die zwei Schulklassen an ein Unternehmen gerichtet haben. Welche Absicht verfolgen die Verfasser mit ihren Briefen?
b) Versetzt euch in die Rolle des Empfängers. Welcher Brief würde euch mehr ansprechen? Begründet eure Entscheidung.
c) Welche Mängel weist der schwächere Brief auf?

2 Untersucht den Aufbau des ersten Briefes. Bringt die Elemente des Aufbaus in die richtige Reihenfolge und ergänzt die Zeilenangaben.

- ? Kontaktinformationen geben (Z. ? – ?)
- ? sich selbst vorstellen (Z. ? – ?)
- ? Bitte/Anliegen vortragen (Z. ? – ?)
- ? Zusammenhänge erläutern (Z. ? – ?)
- ? Gegenleistung anbieten (Z. ? – ?)

9.2 Standardisierte Schreiben verfassen: Schreiben an Firmen

Der Geschäftsbrief

Beteiligung einer Firma oder eines Betriebes am Berufsinformationstag an der Schule

Sport- und Spielgeräte für den Außenbereich der Schule

Preise für eine Tombola am Schulfest

Sitzmöglichkeiten für das Schüler-Café

3 a) Verfasst einen eigenen Sponsorenbrief. Lest dazu den Tipp.
b) Wählt eines der Anliegen von rechts oben aus oder formuliert ein eigenes.
c) An wen könntet ihr euch mit diesem Anliegen wenden? Sammelt Vorschläge und entscheidet euch für ein Unternehmen.
d) An wen richtet ihr das Schreiben? Ist euch ein Ansprechpartner bekannt?

4 a) Entwickelt für die verschiedenen Teile des Briefs in Partnerarbeit Vorschläge. Beachtet dazu die Hinweise im Tipp.
b) Vergleicht eure Entwürfe und entscheidet euch gemeinsam für eine Lösung.
c) Schreibt den Brief mit dem Computer. Berücksichtigt dabei den formalen Aufbau eines Geschäftsbriefs nach DIN 5008. Ein Beispiel findet ihr auf Seite 50 in der Einheit *Das Bewerbungsschreiben*.
d) Überprüft, ob ihr die Höflichkeitsrede (*Sie, Ihnen, Ihr*) großgeschrieben habt.

TIPP

So bringst du Anliegen im Brief vor:
Der Sponsorenbrief ist eine Form des Geschäftsbriefes. Darin wirbt man um die Unterstützung für ein eigenes Anliegen.
Um den Adressaten von der Notwendigkeit des Anliegens zu überzeugen, ist es wichtig, zu folgenden Punkten möglichst klare Aussagen zu machen:

1. Wer sind die Bittsteller?
   (Wir sind Schülerinnen und Schüler …; Wir möchten uns daher kurz vorstellen: …)
2. Was ist der Hintergrund der Bitte?
   (An unserer Schule findet derzeit ein Projekt … statt. / Wir beschäftigen uns seit einiger Zeit mit … / Aufgrund dieser Überlegungen haben wir die Absicht …)
3. Worin besteht die Bitte genau?
   (Wir benötigen dazu … / Für die Verwirklichung fehlen uns …)
4. Was kann als Gegenleistung angeboten werden?
   (Wir können Ihnen … anbieten. / Wir sind gerne bereit, eine Anzeige Ihrer Firma in unsere Schulzeitung aufzunehmen.)
5. Wer ist der Ansprechpartner?
   (Bitte wenden Sie sich an … / Für weitere Informationen steht … zur Verfügung.)

Erörtern

Argumente aufbauen

Warum möchten viele Jugendliche Popstar werden?

1 Die Bilder geben verschiedene Antworten auf die Frage oben. Sprecht darüber, welche Gründe in den Bildern dargestellt werden.

2 a) Schreibt alle Gründe mit eigenen Worten auf.
  b) Ergänzt eure Liste durch eigene Überlegungen.

3 a) Welche Gründe überzeugen euch am meisten? Lest eure Liste durch und kreuzt die drei wichtigsten Gründe dafür an, warum Jugendliche Popstar werden wollen.
  b) Vergleicht eure Ergebnisse.

9.2 Sachverhalte und Probleme aus dem eigenen Erfahrungsbereich erörtern

Popstar sein – was haltet ihr davon?

A
Ich denke, als erfolgreicher Popstar hat man keine finanziellen Sorgen mehr. Man verdient innerhalb von wenigen Jahren so viel wie andere im ganzen Leben. Die „No Angels" z. B. sollen bereits nach einem Jahr reich gewesen sein. — Tom (16)

B
Ich singe bereits seit drei Jahren in einer Band und träume schon seit langem davon, irgendwann einmal als berühmter Popstar auf der Bühne zu stehen. Natürlich würde ich von meiner Gage eine Weltreise machen und dazu alle meine besten Freunde einladen. Allein schon aus dem Grund finde ich die Vorstellung, Popstar zu werden, verlockend. Aber natürlich habe ich einfach auch Spaß daran, Musik zu machen. — Max (16)

C
Ich meine, es kann nichts Schöneres geben, als Popstar zu werden. Die Boygroup „Brother Act" z. B. kannte vor kurzem noch niemand. Seitdem aber ihr letzter Song zu Beginn des Jahres ein Hit wurde, ist sie in der Musikszene in aller Munde. Die Gruppe wird überall eingeladen und ist bei den Fans sehr beliebt. Da auch ich Musik mag und gern auf Reisen bin, wäre ein Leben als Popstar für mich das Größte. — Alice (15)

D
Als Popstar hat man viele gesellschaftliche Vorteile. Man ist überall bekannt und auf jeder Party ein gern gesehener Gast. Die Zeitungen berichten doch fast täglich davon, welche Stars wieder an welchen Events teilgenommen haben. — Nadine (15)

1
a) Welche Vorteile eines Popstar-Daseins sprechen die Jugendlichen an?
b) Welche Begründung überzeugt euch am meisten? Sprecht darüber.
c) Untersucht den Aufbau der Begründungen A bis D. Die Info hilft euch.

2
a) Diskutiert zu zweit oder zu dritt über eine der folgenden Behauptungen:

1. Als Popstar hat man viele Freunde.
2. Das Leben eines Popstars ist gefährlich.
3. Popstar zu sein ist sehr anstrengend.
4. „Popstar" ist kein Beruf mit Zukunft.

b) Formuliert zwei Behauptungen zu vollständigen Argumenten aus.
c) Überprüft eure Argumente in Partnerarbeit. Diskutiert, ob sie euch überzeugen.

INFO

Aufbau eines Arguments
Ein Argument besteht aus einer Behauptung und einer ausführlichen Begründung. Die Begründung kann unterschiedlich aussehen:
Behauptung:
Popstars haben kaum ein Privatleben.
A Begründung mit konkretem Beispiel:
Das hat man erst kürzlich wieder bei den „No Angels" gesehen: Auf ihrem letzten Konzert in München konnten sie nicht ein einziges Mal das Hotel verlassen, da sie ständig von Fans belagert wurden. Ein Fotograf ist sogar auf einen Balkon geklettert und hat die Stars von dort aus in ihrem Hotelzimmer fotografiert.
B Allgemein gehaltene Begründung:
Überall warten Fans und Fotografen auf sie. So können manche Stars ohne Bodyguards, die sie gegen aufdringliche Menschen schützen, gar nicht mehr das Haus verlassen.

Erörtern

Die Schattenseiten des Showgeschäfts

Immer mehr Jugendliche träumen heutzutage davon, aus einem Casting als Sieger hervorzugehen. Ich meine allerdings, dass häufig vergessen wird, dass ein Popstar-Dasein auch Nachteile mit sich bringt. So sollte bedacht werden, dass diese Medienstars kaum noch Freizeit kennen. Sie hetzen von einem Auftritt,
5 einer Autogrammstunde oder auch einem Interview zum nächsten Termin und haben für sich selbst kaum noch Zeit. Viele Stars haben aus diesem Grunde mehrere Wohnorte, um überhaupt einmal in den eigenen vier Wänden ein paar Stunden verbringen zu können.
Weiterhin kann ein Leben als Popstar auch gesundheitliche Probleme mit sich
10 bringen. Erst kürzlich wurde wieder berichtet, dass die Sängerin Mariah Carey einen Nervenzusammenbruch erlitten hat und nun kürzertreten muss.
Zu wenig Schlaf und Dauerstress, was für diesen Beruf typisch ist, machen sich irgendwann bemerkbar.
Neben diesem gesundheitlichen Aspekt ist schließlich nicht zu vergessen,
15 dass das Leben als Popstar kein finanziell sicherer Job ist. Wenn man nicht gerade sehr erfolgreich ist, gerät man schnell wieder in Vergessenheit und die Gagen gehen somit auch zurück. So mancher Popstar, der mit ein oder zwei Liedern einst berühmt geworden ist, lebt heutzutage von der Sozialhilfe.
Aus all diesen Gründen weiß ich genau, dass ich niemals Popstar werden möchte.
20 Dies gilt auch dann, wenn ich noch so toll singen und tanzen könnte.

Uta (16 Jahre)

1 a) Welche Meinung vertritt die Jugendliche?
b) Welche Gefahren des Popstar-Daseins spricht sie an? Nennt sie.

2 a) Wie viele Argumente werden hier aufgeführt?
b) Überprüft, ob sie mit oder ohne konkrete Beispiele begründet wurden.

3 Untersucht, wie die einzelnen Argumente miteinander verknüpft sind. Unterstreicht dazu auf einer Folie die Verknüpfungswörter.

4 Möchtet ihr ein Popstar sein? Schreibt einen Text, in dem ihr eure Meinung wiedergebt. Verknüpft eure Argumente miteinander. Der Tipp hilft euch dabei.

> **TIPP**
> **So kannst du Argumente miteinander verknüpfen:**
> Dein Text wirkt flüssiger, wenn du die einzelnen Argumente durch kurze Überleitungen miteinander in Beziehung setzt.
> Du kannst hierzu folgende Formulierungen benützen:
> weiterhin, hinzu kommt, sowohl ... als auch, darüber hinaus, zu bedenken ist auch, nicht nur ..., sondern auch, auch, aber auch, ebenso, ferner, neben ..., außerdem.

9.2 Sachverhalte und Probleme aus dem eigenen Erfahrungsbereich erörtern

Die eingliedrige Erörterung

Was spricht dafür, eine einheitliche Schulkleidung zu tragen?

4 Untersucht, wie die einzelnen Argumente miteinander verknüpft sind.

1 Lest die Erörterung auf der Seite 59. Sprecht darüber, ob euch die Ansicht des Schülers überzeugt.

2
a) Seht euch den Aufbau der Erörterung an. Lest dazu die Info.
b) Überprüft, ob ihr die drei Teile einer Erörterung im Schülertext wiederfindet. Markiert die einzelnen Teile auf einer Folie oder auf der Copy 9.
c) Nennt formale und inhaltliche Gesichtspunkte, an denen ihr die einzelnen Teile erkennt.

3
a) Wie viele Argumente werden im Hauptteil der Erörterung aufgeführt? Benennt die einzelnen Argumente mit Zeilenangaben.
b) Ist für euch persönlich auch das zuletzt genannte Argument das wichtigste? Sprecht darüber.

INFO

Aufbau einer Erörterung
Die Erörterung ist ein Aufsatz, in dem du dich argumentativ mit einem Thema auseinandersetzt.
Eine Erörterung besteht aus drei Teilen:

1. Einleitung
Sie führt den Leser in das Thema ein. Dies kann z. B. durch die knappe Darstellung eines persönliches Erlebnisses oder eines aktuellen Ereignisses erfolgen. Am Schluss der Einleitung wird das Thema in Form einer Frage oder als Aussagesatz wiederholt.

2. Hauptteil
In diesem Teil werden die einzelnen Argumente aufgeführt und sinnvoll miteinander verbunden. Der Aufbau der einzelnen Argumente kann unterschiedlich sein. Allerdings sind immer eine Behauptung und eine Begründung erkennbar. Am überzeugendsten wirkt die Erörterung, wenn das stärkste Argument am Schluss steht.

3. Schluss
Nach einer Überleitung folgt eine begründete Stellungnahme.

Erörtern

Was spricht dafür, eine einheitliche Schulkleidung zu tragen?

Im letzten Sommer habe ich meinen Brieffreund Ben besucht, der in London lebt. An zwei Tagen hatte ich die Gelegenheit, Ben in die High-School zu begleiten. Zunächst war ich überrascht. Denn während sich in Deutschland jeder Schüler tagtäglich unterschiedlich
5 anzieht, tragen die Jugendlichen in England eine Schuluniform. Dies führte bei mir zu der Überlegung: Was spricht eigentlich dafür, eine einheitliche Schulkleidung zu tragen?

Zunächst bringt das Tragen der gleichen Schulkleidung eine Zeitersparnis mit sich. Die Jugendlichen müssen morgens nicht
10 lange überlegen, was sie anziehen möchten und ob bestimmte Kleidungsstücke zusammenpassen, sondern sie greifen automatisch zu ihrem Einheitsdress. So ist die Kleiderwahl eine Sache von Sekunden, wie ich selbst miterleben konnte.
Des Weiteren wird durch das Tragen einer einheitlichen Schul-
15 kleidung auch das Zusammengehörigkeitsgefühl der Schüler untereinander gestärkt. So haben amerikanische Untersuchungen bewiesen, dass sich bei Jugendlichen, die in einem Einheitslook zur Schule kommen, allmählich eine neue Einstellung zu Mitschülern und zu ihrer Schule aufbaute. Die Schüler fühlen sich stärker mit-
20 einander verbunden und bringen einander mehr Respekt entgegen. Vor allem aber wird durch das Tragen einer einheitlichen Schulkleidung die Ausgrenzung einzelner Schüler eingeschränkt. Da die Jugendlichen aufgrund ihrer Kleidung nicht voneinander zu unterscheiden sind, können einzelne nicht als arm abgewertet
25 werden. Auf diese Weise ist es Schülern z. B. auch nicht möglich, durch teure Markenkleidung hervorzustechen und sich in den Vordergrund zu spielen.

Aus dem Vorangegangenen wird deutlich, dass sehr unterschiedliche Gründe dazu führen, dass in manchen Ländern Jugendliche eine
30 Schuluniform tragen. Da man jedoch nur dann optimale Leistungen erzielt, wenn die Gesamtatmosphäre stimmt, bin ich persönlich der Meinung, dass jeder Schüler die Kleidungsstücke auswählen sollte, in denen er sich am wohlsten fühlt. Daher bin ich froh, dass ich stets selbst entscheiden kann, was ich anziehen möchte.

Erörtern

Das Thema erschließen

> Aus welchen Gründen sollten bereits junge Menschen über einen Computer verfügen?

1 a) Schreibt dieses Thema ab.
b) Unterstreicht Begriffe, die für das Verständnis der Frage wichtig sind. Lest dazu den Tipp.
c) Vergleicht in Partnerarbeit eure Ergebnisse und begründet eure Unterstreichungen.

2 Unterstreicht bei den folgenden Themen die Schlüsselbegriffe. Schreibt dazu die Fragen ab.

1. Welche Schwierigkeiten können auftreten, wenn Schüler die Schule ohne Abschluss verlassen?
2. Aus welchen Gründen besuchen viele Menschen ein Fitness-Studio?
3. Welche Nachteile ergeben sich durch das Piercen?
4. Aus welchen Gründen rauchen junge Menschen?

3 In den folgenden Beispielen wurden zum gleichen Thema unterschiedliche Schlüsselbegriffe unterstrichen.
a) Worin liegen die Unterschiede?
b) In welchem Fall läuft der Schüler Gefahr, das Thema zu verfehlen? Begründet eure Ansichten.

A <u>Warum</u> sind <u>junge Menschen</u> häufig in <u>Verkehrsunfälle</u> verwickelt?

B <u>Warum</u> sind <u>junge Menschen</u> häufig in <u>Verkehrsunfälle</u> verwickelt?

4 a) Untersucht die folgenden Fragen: Durch welche Wörter wird das Thema eingeschränkt? Unterstreicht diese Wörter auf einer Folie.
b) Nennt bei jeder Frage Gesichtspunkte, die aufgrund der Einschränkung in der Erörterung nicht angesprochen werden sollen.

1. Warum verbringen junge Menschen so viel Zeit vor dem Fernseher?

2. Welche Nachteile bringt es, wenn Jugendliche in ihrer Freizeit jobben?

3. Warum sollten Schüler kein überhöhtes Taschengeld bekommen?

4. Was spricht dafür, bereits mit 16 Jahren einen Autoführerschein zu erwerben?

5. Warum ist Campingurlaub bei vielen Jugendlichen so beliebt?

> **TIPP**
> **So erschließt du ein Thema:**
> Ein Thema zu erschließen ist wichtig, um die Themastellung richtig zu verstehen. So gehst du am besten vor:
> 1. Lies dir das Thema mehrmals durch.
> 2. Unterstreiche Begriffe, die das Thema inhaltlich festlegen (Schlüsselbegriffe).
> 3. Achte auf Begriffe, die das Thema inhaltlich einschränken. Beispiel: Welche Nachteile bringt es, wenn Jugendliche <u>in den Ferien</u> jobben?

Erörtern

Eine **Stoffsammlung** anlegen und ordnen

Gründe für den Besuch eines Fitness-Studios

- überflüssige Pfunde abtrainieren
- von anderen wegen sportlicher Figur bewundert werden
- neue Leute kennen lernen
- mehr Anerkennung durch sportliches Aussehen
- Stärkung von Ausdauer und Kondition
- weniger Kreislaufbeschwerden
- schnell neue Kontakte knüpfen
- gut für die Gesundheit
- …

> Aus welchen Gründen besuchen viele Menschen ein Fitness-Studio?

1
a) Erschließt das Thema oben.
b) An der Tafel stehen schon einige Gedanken zu dem Thema. Ergänzt weitere Gesichtspunkte.
c) Welche der aufgeführten Gedanken gehören zusammen? Kennzeichnet sie durch gemeinsame Farben oder Zeichen.
d) Streicht die Punkte, die sich überschneiden oder die eurer Meinung nach nicht dazugehören.
e) Welche genannten Vorteile lassen sich dem Oberbegriff „Gesundheitliche Vorteile" zuordnen?
f) Nummeriert eure gesammelten Punkte nach ihrer Wichtigkeit. Beginnt mit dem unwichtigsten.

> Warum träumen viele junge Menschen davon, ein Model zu werden?

2
a) Erschließt das Thema.
b) Legt zu dem Thema eine Stoffsammlung an.
c) Ordnet eure Gedanken nach ihrer Wichtigkeit.
d) Vergleicht eure Ergebnisse.

TIPP

So sammelst und ordnest du deine Gedanken in einer Stoffsammlung:
1. Schreibe alle Gedanken zum Thema stichwortartig auf.
2. Überlege dir, welche der aufgeführten Gedanken inhaltlich zusammengehören. Kennzeichne sie durch farbiges Unterstreichen oder durch ein Zeichen am Rand.
3. Streiche die Punkte, die sich überschneiden oder nicht zum Thema gehören.
4. Suche für zusammengehörende Gedanken passende Oberbegriffe.
5. Ordne deine Stichwörter von den weniger wichtigen zu den wichtigsten Gedanken. Der wichtigste Aspekt soll in deiner Erörterung am Schluss stehen, um den Leser von deinen Überlegungen nachhaltig zu überzeugen.

9.2 Sachverhalte und Probleme aus dem eigenen Erfahrungsbereich erörtern

Eine **Gliederung** anlegen

1 Die Gliederung rechts bezieht sich auf die Stoffsammlung auf Seite 61.
  a) Erklärt, was mit den einzelnen Punkten (A., B., C.), gemeint ist. Lest dazu den Tipp.
  b) Sprecht über den Aufbau des Hauptteils:
  – Welchen Oberbegriff aus der Stoffsammlung erkennt ihr wieder?
  – Welche Unterpunkte wurden ihm zugeordnet?
  – Woran ist diese Ober- und Unterordnung zu erkennen?
  c) Warum ist es sinnvoll, in der Gliederung die Angaben zu der Einleitung und zu dem Schluss erst zu ergänzen, wenn ihr den Entwurf der Erörterung aufgeschrieben habt?

2 Entwerft zu der Erörterung auf Seite 59 eine Gliederung.

A. Am letzten Wochenende besuchte ich ein Fitness-Studio.

B. Warum besuchen viele Menschen ein Fitness-Studio?

  1. Kennenlernen von neuen Leuten

  2. Mehr Anerkennung durch sportliches Aussehen

  3. Gesundheitliche Aspekte
     a) Stärkung von Ausdauer und Kondition
     b) Gewichtsreduzierung
     c) Kreislaufbeschwerden vorbeugen

C. Ich persönlich lehne den Besuch eines Fitness-Studios ab.

TIPP

So legst du eine Gliederung an:
Die Gliederung dient dazu, deine Gedanken in eine geordnete Reihenfolge zu bringen. Sie muss für dich und den Leser verständlich sein. Sie besteht aus drei Teilen: Einleitung (A), Hauptteil (B), Schluss (C). Der Hauptteil B ist noch weiter unterteilt.
Beachte die folgenden Hinweise:
1. Fasse Einleitung und Schluss jeweils in einem vollständigen oder verkürzten Satz zusammen.
2. In der Stoffsammlung hast du schon die Abfolge der Gedanken für den Hauptteil geklärt. Schreibe sie in der vorgesehenen Reihenfolge stichwortartig auf. Wenn dies große Schwierigkeiten bereitet, darfst du auch ganze Sätze verwenden.
3. Jeder Gliederungspunkt beginnt mit der Großschreibung.
4. Beachte die richtige Verwendung der Buchstaben und Ziffern.

3 Zu dem Thema „Warum träumen viele junge Menschen davon, ein Model zu werden?" habt ihr auf der vorigen Seite in der Aufgabe 2 eine Stoffsammlung angelegt.
Schreibt zu diesem Thema eine Gliederung. Lasst dabei die Angaben zu den Gliederungspunkten A. und C. noch weg.

Die Einleitung einer Erörterung

1 a) Welche Einleitungsformen werden in den Beispielen A bis C verwendet? Lest dazu den Tipp.
b) Wie leiten die Einleitungen zum Hauptteil über?

2 Schreibt selbst eine Einleitung zu einem der folgenden Themen:

1. Was spricht dagegen, dass Jugendliche bereits mit 16 Jahren ein Auto fahren dürfen?
2. Warum sind Hausaufgaben sinnvoll?
3. Aus welchen Gründen leben viele Jugendliche auch nach der Schulzeit noch einige Jahre bei ihren Eltern?

3 a) Schreibt zu dem Thema „Warum träumen viele junge Menschen davon, ein Model zu werden?" eine Einleitung.
b) Fasst eure Einleitungsgedanken für die Gliederung zusammen.
c) Formuliert anschließend den Hauptteil eurer Erörterung.

A
Am letzten Wochenende nahm ich die Einladung einer Freundin an, sie in ein Fitness-Studio zu begleiten. Da ich zuvor noch nie eine solche Einrichtung betreten hatte, war ich sehr überrascht, dass selbst bei herrlichstem Sommerwetter hier so viele Menschen den Nachmittag verbringen. Angesichts dieser Tatsache stellt sich für mich die Frage: Warum besuchen so viele Menschen ein Fitness-Studio?

B
In Neunkirchen hat am letzten Wochenende ein Fitness-Studio eröffnet. Wie die Zeitung berichtete, war der Andrang sehr groß. Inzwischen wird befürchtet, dass die neuen Räume für die vielen Sportbegeisterten nicht ausreichen. Angesichts der großen Nachfrage muss man sich überlegen, warum so viele Menschen ein Fitness-Studio besuchen.

C
Unter einem Fitness-Studio versteht man eine Sportstätte, in der man sich auf sehr verschiedene Weisen sportlich betätigen kann. Neben zahlreichen Trainingsgeräten hat man meistens auch die Möglichkeit, verschiedene Kurse wie Aerobic, Gymnastik oder Spinning zu besuchen. Es gibt sehr unterschiedliche Gründe dafür, warum Menschen solche Sporteinrichtungen aufsuchen.

TIPP

So schreibst du eine Einleitung:
1. In der Einleitung wird der Leser in das Thema eingeführt. Folgende Ausgangspunkte eignen sich dafür:
   – ein persönliches Erlebnis,
   – ein aktuelles Ereignis,
   – ein Zitat (Sprichwort, Redensart),
   – eine Begriffserklärung,
   – ein historischer Rückblick,
   – eine statistische Aussage.
2. Führe zielstrebig und sachlich zum Thema hin.
3. Greife noch keine Argumente aus dem Hauptteil auf.
4. Nenne am Ende der Einleitung das Thema in Form eines Frage- oder eines Aussagesatzes.

Der Schluss einer Erörterung

A
Die vorangegangenen Überlegungen machen deutlich, dass es verschiedene Gründe gibt, warum Menschen ein Fitness-Studio aufsuchen.
Für die Zukunft hoffe ich, dass der Boom solcher Einrichtungen weiterhin anhält. In vielen Studios sind die Sportangebote bereits deutlich erweitert worden.
Sobald ich mich in der Ausbildung befinde und mein eigenes Geld verdiene, werde ich daher mit Sicherheit in einem solchen Studio Mitglied werden.

B
Es gibt die unterschiedlichsten Gründe dafür, warum viele Menschen Fitness-Studios besuchen. Für mich kommt diese Form von sportlicher Betätigung allerdings nicht in Frage. Die hohen Mitgliedsbeiträge kann ich als Schüler oder als Auszubildender einfach nicht aufbringen. Man sollte daher auch sinnvolle Alternativen nicht aus dem Auge verlieren: So bietet meiner Meinung nach der Sport in einem Verein genauso gute Möglichkeiten, sich körperlich fit zu halten und neue Leute kennen zu lernen.

1
a) Vergleicht die Schlussbeispiele oben. Wo beginnt in den beiden Texten jeweils die persönliche Stellungnahme?
b) Welche Möglichkeit der persönlichen Stellungnahme wird gewählt? Lest dazu den Tipp.

2 Schreibt den Schluss zu eurer Erörterung „Warum träumen viele junge Menschen davon, ein Model zu werden?"

3 Fasst für die Gliederung den wesentlichen Gedanken eurer Stellungnahme zusammen.

TIPP

So schreibst du den Schluss zu deiner Erörterung:
1. Leite durch einen zusammenfassenden Satz zur Stellungnahme über.
2. Verfasse eine eigene Stellungnahme zum Thema.
   Dafür gibt es folgende Möglichkeiten:
   – das wichtigste Argument aufgreifen und daran die persönliche Meinung verdeutlichen,
   – einen Ausblick auf die Zukunft geben,
   – einen persönlichen Wunsch oder eine persönliche Befürchtung aussprechen,
   – ein gegensätzliches Argument ausführen, wenn es der persönlichen Meinung entspricht.

Folgende Formulierungen können dir helfen:
– Auf der anderen Seite ...
– Daher komme ich zum Schluss, ...
– Abschließend möchte ich betonen, ...
– Ich persönlich bin der Ansicht, ...
– Aus meiner Sicht ...
– Wir wollen hoffen, ...
– Ich befürchte jedoch, ...
– Ich nehme an, dass in Zukunft ...

3. Schreibe im Schlussteil keine neuen Argumente.

Erörtern

Die zweigliedrige Erörterung

> Warum träumen viele Menschen davon, ein Model zu werden?

> Welche Vor- und Nachteile hat es, als Model zu arbeiten?

1 a) Bei beiden Themen oben geht es um den Beruf des Models. Worin seht ihr den Unterschied in der Fragestellung?
b) Erklärt anhand der beiden Beispiele die Begriffe *eingliedriges* und *zweigliedriges Thema*. Lest dazu die Info.

2 a) Welche der Erörterungsthemen unten sind eingliedrig, welche zweigliedrig?
b) Welche Schlüsselbegriffe weisen eindeutig auf eine Zweigliedrigkeit hin?

1. Aus welchen Gründen besuchen viele Menschen ein Fitness-Studio? Welche Nachteile sind damit verbunden?
2. Warum kaufen junge Leute so gern Markenartikel?
3. Warum sind Haustiere so beliebt?
4. Welche Vor- und Nachteile hat es, wenn Jugendliche nach der Schule jobben?
5. Welche Vorzüge hat es, wenn Jugendliche bereits während der Schulzeit ein Berufspraktikum absolvieren?
6. Aus welchen Gründen werden Noten vergeben?
7. Warum ziehen es viele Jugendliche vor, allein in den Urlaub zu fahren? Welche Gefahren sind damit verbunden?

INFO

Eingliedrige und zweigliedrige Erörterungsthemen
Bei einer <u>eingliedrigen Erörterung</u> soll nur eine Seite eines Themas diskutiert werden, z. B. nur die Vorteile oder nur die Nachteile einer Thematik.
Bei einer <u>zweigliedrigen Erörterung</u> werden dagegen zwei Seiten einer Thematik dargestellt (z. B. die Vor- und die Nachteile). Oft ist die Zweigliedrigkeit durch bestimmte Schlüsselbegriffe in der Aufgabenstellung deutlich zu erkennen, z. B.
– *Vor- und Nachteile,*
– *Beliebtheit und Probleme,*
– *Für und Wider,*
– *positive und negative Aspekte,*
– *Nutzen und Schaden,*
– *Ursachen und Folgen,*
– *spricht dafür – dagegen.*

9.2 Sachverhalte und Probleme aus dem eigenen Erfahrungsbereich erörtern

Gliederung einer zweigliedrigen Erörterung

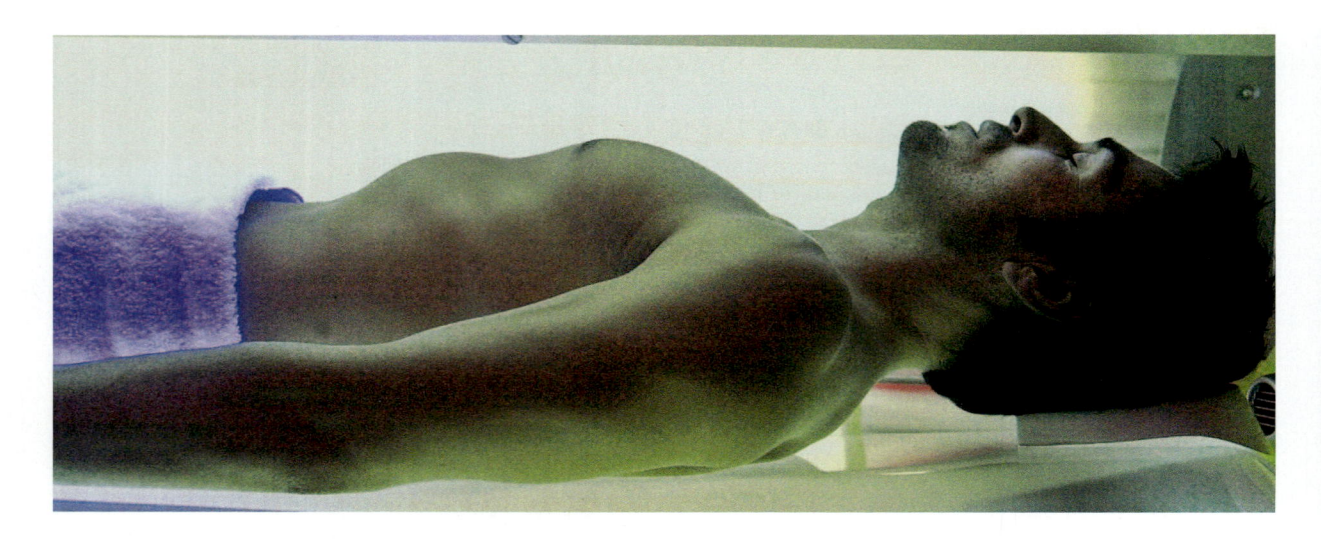

Erörtern

> Aus welchen Gründen gehen
> viele Menschen in Sonnenstudios?
> Welche Gefahren sind damit verbunden?

1 a) Welche Schlüsselbegriffe zeigen, dass das Thema eine zweigliedrige Erörterung erfordert?
b) Seht euch die Gliederung rechts an und vergleicht sie mit der Gliederung auf Seite 62.
c) Nennt die wichtigsten Unterschiede.

2 Erarbeitet selbst eine Gliederung zu einem der folgenden Themen. Legt euch dazu für beide Seiten des Themas je eine Stoffsammlung an. Die Anzahl der Argumente sollte sechs nicht übersteigen.

1. Welche Vor- und Nachteile hat es, wenn Jugendliche nachmittags jobben?
2. Was spricht dafür, einen Tanzkurs zu besuchen, was dagegen?
3. Aus welchen Gründen zünden viele Menschen zu Silvester Feuerwerkskörper? Was spricht dagegen?

A. Persönlicher Besuch eines Sonnenstudios

B. Aus welchen Gründen gehen Menschen in Sonnenstudios? Welche Gefahren sind damit verbunden?
  I. Gründe für den Besuch eines Sonnenstudios
    1. Hoffnung auf mehr Anerkennung durch gebräuntes Aussehen
    2. Relaxen während des Bräunungsvorgangs
  II. Gefahren des Besuchs von Sonnenstudios
    1. Hohe Kosten für kurzen Bräunungsvorgang
    2. Gesundheitliche Gefahren
      a) Infektionsgefahr durch schlechte hygienische Verhältnisse
      b) Schnellere Alterung der Haut
      c) Krebsgefahr durch zu hohe Strahlenbelastung

C. Ablehnung des Besuchs eines Sonnenstudios

Erörtern

Besonderheiten
der zweigliedrigen Erörterung

A
Erst kürzlich las ich einen Artikel über Sonnenstudios. Demnach hat sich die Anzahl solcher Bräunungseinrichtungen in den letzten Jahren erheblich erhöht. Deswegen erörtere ich die Vor- und Nachteile, die mit dem Besuch eines Sonnenstudios verbunden sind.

B
In den letzten Jahren war es deutlich zu beobachten: Sonnenstudios werden immer beliebter. Neben aller Begeisterung sind in den Medien allerdings auch andere Stimmen zu hören, die vor dem Besuch solcher Einrichtungen warnen. Welche Vorzüge hat daher der Besuch von Sonnenstudios und vor welchen Gefahren muss man sich vorsehen?

1 a) Vergleicht die beiden Einleitungen. Worin unterscheiden sie sich?
b) Welche Einleitung ist besser gelungen? Begründet eure Meinung.

2 Verfasst zu dem von euch ausgewählten Thema (siehe Aufgabe 2 auf der Seite 66) eine Einleitung. Beachtet dabei den ersten Abschnitt des Tipps.

3 a) Sprecht über den folgenden Ausschnitt aus einer Erörterung. Wozu dient er?
b) Formuliert den Hauptteil eurer Erörterung. Achtet dabei auf einen überleitenden Satz. Der zweite Absatz im Tipp hilft euch dabei.
c) Vervollständigt eure Erörterung durch eure Stellungnahme.

> Bisher habe ich verschiedene Gründe dafür erörtert, warum Menschen Sonnenstudios aufsuchen.
> Im Folgenden soll auf mögliche Gefahren, die mit solchen Besuchen verbunden sein können, eingegangen werden.

TIPP

Darauf musst du bei einer zweigliedrigen Erörterung achten:
1. Sprich in der Einleitung beide Seiten des Themas (z. B. Vor- und Nachteile) gleichermaßen an.
2. Formuliere einen Überleitungssatz, um eine Verbindung von einem Teil des Hauptteils zum anderen herzustellen:
   – Nachdem ich ... erörtert habe, wende ich mich nun ... zu.
   – Im Vorangegangenen wurden ... dargelegt. Im Folgenden sollen nun ... erörtert werden.
   – Wurden bisher ... aufgezeigt, so sollen im weiteren Verlauf dieser Arbeit auch ... zur Sprache kommen.
   – Nachdem nun auf ... hingewiesen worden ist, sollte man allerdings auch ... beachten.

Erörtern

TIPP

So schreibst du eine Erörterung:

Vorbereitung:
1. Sieh dir die Aufgabenstellung sorgfältig an.
2. Suche nach Schlüsselbegriffen, die die verschiedenen Inhalte des Themas wiedergeben.
3. Prüfe, ob das Thema durch bestimmte Begriffe inhaltlich eingeschränkt wird.
4. Finde heraus, ob es sich um eine eingliedrige oder zweigliedrige Aufgabenstellung handelt.

Stoffsammlung:
1. Lege eine Stoffsammlung an. Notiere hierzu alle Stichpunkte, die dir spontan zum Thema einfallen.
2. Ordne deine Stoffsammlung. Kennzeichne zusammengehörende Gedanken durch gleiche Farben oder Zeichen.
3. Suche für zusammengehörende Gedanken Oberbegriffe.
4. Streiche Überflüssiges (z. B. Wiederholungen, Überschneidungen).
5. Bringe deine Gedanken in eine Reihenfolge vom weniger Wichtigen zum Wichtigsten. Es sollten insgesamt nicht mehr als sechs Argumente aufgeführt werden. Dies gilt auch für die zweigliedrige Erörterung.

Gliederung:
1. Lege deine Gliederung an: Einleitung (*A.*), Hauptteil (*B.*) und Schluss (*C.*).
2. Einleitung und Schluss werden, nachdem du diese beiden Teile geschrieben hast, jeweils in einem Satz zusammengefasst.
3. Achte darauf, dass der Hauptteil B bei der zweigliedrigen Erörterung aus zwei Teilen besteht.
4. Alle Gliederungsteile beginnen mit der Großschreibung.

Einleitung:
1. Entwirf die Einleitung (persönliches Erlebnis, aktuelles Ereignis, Zitat, Begriffserklärung, historischer Rückblick, statistisches Zahlenmaterial).
2. Sprich in einer zweigliedrigen Erörterung beide Seiten des Themas an.
3. Führe zielstrebig und sachlich zum Thema hin. Greife noch keine Argumente aus dem Hauptteil auf.
4. Nenne am Ende der Einleitung das Thema in Form einer Frage oder eines Aussagesatzes.

Hauptteil:
1. Führe den Hauptteil aus.
2. Denke daran, dass ein Argument immer aus einer Behauptung und einer Begründung bestehen sollte.
3. Verknüpfe die einzelnen Argumente sinnvoll miteinander (z. B. *weiterhin, darüber hinaus, auch, aber auch, sowohl ... als auch, nicht nur ..., sondern auch, ebenso, ferner, hinzu kommt, zu bedenken ist auch, außerdem, neben ...*).
4. Beginne jedes Argument mit einer neuen Zeile.
5. Formuliere bei zweigliedrigen Erörterungen einen überleitenden Satz vom ersten zum zweiten Teil.

Schluss:
1. Leite durch einen zusammenfassenden Satz zu deiner Stellungnahme über.
2. Gib deine eigene Stellungnahme zum Thema wieder (z. B. durch Benennung des für dich wichtigsten Argumentes, durch einen Ausblick auf die Zukunft oder durch die Darstellung der Gegenseite). Begründe deine Meinung ausführlich.
3. Führe keine neuen Argumente ein.

Überarbeitung:
Überarbeite deine Erörterung:
– Überprüfe den Inhalt: Stimmt dein Text mit der Gliederung überein?
– Überarbeite den Text sprachlich.
– Überprüfe die Rechtschreibung und die Zeichensetzung.

Erörterungen überarbeiten

Erörterungen selbstständig überarbeiten

Mit diesem Übungszirkel könnt ihr das Überarbeiten von Erörterungen trainieren. Diese Stationenkarten sowie die Lösungen sind als Kopiervorlagen im Lehrer- und Materialband abgedruckt (Copy 10). Die einzelnen Stationen können in beliebiger Reihenfolge bearbeitet werden.
Die Themafrage aller hier abgedruckten Schülertexte lautet:

> Welche Vor- und Nachteile hat es, wenn Schüler nachmittags jobben?

Station 1 — Die Gliederung

Diese Gliederung weist fünf formale Mängel auf. Überarbeite die Gliederung.

A. Seit einem halben Jahr jobbe ich an drei Nachmittagen in der Woche.

B Welche Vor- und Nachteile hat es, wenn Schüler nachmittags jobben?
   I. Vorteile des Jobbens
      1. Finanzielle Aspekte
         a) Aufbesserung des Taschengeldes
         b) Geringere finanzielle Abhängigkeit von den Eltern
      2. Gute Möglichkeit zur Vorbereitung auf einen späteren Beruf
   II. Nachteile des Jobbens
      1. Weniger Freizeit
      2. Vernachlässigung der Schule

C. (Schluss) Ich befürworte, dass Schüler nachmittags jobben.

Station 2 — Die Einleitung I

Begründe schriftlich, warum bei diesem Text die Einleitung nicht zum Thema passt.

In den letzten Sommerferien habe ich für zwei Wochen in einer Eisdiele gearbeitet. Ich war nicht der einzige Schüler, denn aus meiner Klasse waren dort noch zwei weitere Jugendliche beschäftigt. Nach den zwei Wochen bot mir mein Chef an, mich in den nächsten großen Ferien wieder zu beschäftigen. Meine Eltern sind jedoch von meiner Ferientätigkeit weniger begeistert. Sie äußern hierzu verschiedenste Einwände. Im Folgenden soll daher die Frage erörtert werden, welche Vor- und Nachteile es hat, wenn Schüler nachmittags jobben.

Station 3 — Die Einleitung II

Überarbeite die Mängel dieser Einleitung.

Seit einem halben Jahr jobbe ich nachmittags in einem Supermarkt. Da ich hierdurch mein Taschengeld deutlich aufbessern kann, habe ich inzwischen mein Arbeitspensum von zwei Nachmittagen auf drei erhöht. In meinem Bekanntenkreis wurde mein Arbeitseinsatz überwiegend positiv aufgenommen, lediglich meine Eltern äußern gelegentlich Kritik wegen der angeblich fehlenden Zeit zum Lernen.
Insgesamt gesehen bringt es sowohl Vor- als auch Nachteile mit sich, wenn Schüler nachmittags jobben.

Erörterungen überarbeiten

Station 4 — Argumente untersuchen

Bei zwei Argumenten sind die Begründungen unzureichend. Überarbeite sie.

1. Nicht zu vergessen ist auch, dass das Jobben am Nachmittag als eine sinnvolle Freizeitbeschäftigung angesehen werden kann. Es gibt weitaus Schlimmeres.
2. Ein Nachteil von Schülerjobs besteht darin, dass den Jugendlichen dadurch weniger Freizeit zur Verfügung steht. So können sich Schüler, die fast jeden Nachmittag arbeiten, kaum vom Schulalltag erholen und entspannen. Sportliche Aktivitäten sind kaum noch möglich.
3. Allerdings muss auch bedacht werden, dass ständiges Jobben zu Lasten der schulischen Leistungen führen kann. Hierfür kenne ich zahlreiche Beispiele.

Station 5 — Argumente verknüpfen

Überprüfe, wie die einzelnen Argumente miteinander verknüpft sind. Suche hierfür sinnvolle Alternativen und schreibe diese auf.

Ein Vorteil des Jobbens besteht darin, dass Schüler auf diese Weise ihr Taschengeld aufbessern können. Durch ihre Nebenbeschäftigung können sie sich mitunter auch einmal etwas außer der Reihe (z. B. CDs oder Eintrittskarten für Konzerte) leisten. Ein weiterer Vorteil besteht außerdem darin, dass Schüler durch Jobs am Nachmittag von ihren Eltern unabhängiger sind.
Meine Freundin z. B. hat ihr Geld für einen Computer gespart. So musste sie nicht darauf hoffen, dass ihre Eltern ihr ein solches Gerät zu Weihnachten schenken.
Ein weiterer Vorteil zeigt sich schließlich auch darin, dass das Jobben eine gute Möglichkeit ist, um erste Berufserfahrungen zu sammeln. In der Regel bekommt man dadurch eine Vorstellung davon, was einen bestimmten Beruf ausmacht.

Station 6 — Der Schluss

Dieser Schluss enthält Fehler. Verbessere sie.

Aus dem Vorangegangenen ist deutlich geworden, dass es sowohl Vorteile als auch Nachteile dafür gibt, dass Jugendliche nachmittags jobben. Ein bisher unerwähnter Vorteil von Schülerjobs besteht übrigens auch darin, dass man auf diese Weise neue Leute kennen lernen und somit seinen Bekanntenkreis vergrößern kann. Da man oft mit Personen zusammenarbeitet, die ähnliche Arbeiten verrichten, ergeben sich automatisch Gesprächsstoffe. Selbst sehr schüchterne Menschen bekommen die Gelegenheit, Kontakte zu knüpfen.
Was mich persönlich betrifft, so bin ich der Meinung, dass es sinnvoll ist, wenn Schüler nachmittags jobben.

Station 7 — Ausdruck, Stil, Form

Überarbeite die umgangssprachlichen Ausdrücke, die Wiederholungen und die unvollständigen Sätze.

Schließlich sollte man auch beachten, dass das Jobben bei so manchem Schüler total das Selbstbewusstsein steigert. Die Schüler erhalten Anerkennung für ihre Leistungen, sodass selbst Schüler, die in der Schule die vollen Versager sind, echt das Gefühl haben, was wert zu sein.
Nun die Nachteile. Also: Zunächst sollten wir auf ein gesundheitliches Risiko eingehen. Z. B. kürzlich im Fernsehen. Dort wurde von einem Fünfzehnjährigen berichtet, dass er durch viel zu schweres Schleppen von Getränkekisten ein Rückenleiden erlitten habe.

Erörterungen überarbeiten

Erörterungen gemeinsam überarbeiten

1 a) Erörterungen kann man gemeinsam in der Klasse besprechen und überarbeiten. Lest dazu den Tipp.
b) Sprecht über die unterschiedlichen Beobachtungsaufgaben der einzelnen Gruppen.

TIPP

So überarbeitet ihr Erörterungen gemeinsam:

1. Teilt die Klasse in vier Gruppen auf: Einleitungsexperten, Hauptteilexperten, Schlussexperten und Sprachexperten. Bei zweigliedrigen Erörterungen ist es sinnvoll, zwei Expertengruppen für die beiden Teilbereiche des Hauptteils zu bilden.
2. Die Gruppenkarten (siehe Seite 72 und Copy 11) werden verteilt. Jeder Schüler erhält eine Karte seiner Gruppe.
3. Jede Gruppe bekommt Kopien derselben Erörterung (mit Zeilenzähler). Die Gruppen prüfen die Erörterung nur hinsichtlich ihrer Fragestellungen und machen sich Notizen.
4. Nach dem Durchlesen beraten die Mitglieder einer Gruppe intern über ihre Beobachtungen.
5. In der gemeinsamen Aussprache geben die Gruppen zu den vorgegebenen Beobachtungskriterien ihre Eindrücke wieder und machen Verbesserungsvorschläge.
6. Der Autor bzw. die Autorin entscheidet, wie der Text überarbeitet wird.

Erörterungen überarbeiten

Gruppenkarte 1: Einleitungsexperten

1. Welche Form der Einleitung wurde gewählt?
   - persönliches Erlebnis ○
   - aktuelles Ereignis ○
   - ein Zitat ○
   - Begriffserklärung ○
   - historischer Rückblick ○
   - statistische Aussage ○
2. Enthält die Einleitung
   a) unnötige Abschweifungen?
   ja ○   nein ○ _____
   b) eine Vorwegnahme von Argumenten?
   ja ○   nein ○ _____
3. Wie endet die Einleitung?
   Frage ○   Aussagesatz ○
4. Bei einer zweigliedrigen Erörterung:
   Werden beide Seiten des Themas gleichermaßen angesprochen?
   ja ○   nein ○

Gruppenkarte 2: Hauptteilexperten

1. Wie viele Argumente erkennst du? Lege eine Strichliste an. _____
2. Werden die einzelnen Argumente ausführlich begründet?
   ja ○   nein ○
   Wenn nicht: Welches Argument enthält keine Begründung?
   _____
3. Sind die Argumente verständlich und logisch aufgebaut?
   ja ○   nein ○
   Bei *nein*: welches nicht?
   _____
4. Bei einer zweigliedrigen Erörterung: Ist ein überleitender Satz vorhanden?
   ja ○   nein ○

Gruppenkarte 3: Schlussexperten

1. Wie beginnt der Schluss?
   - mit einer kurzen Zusammenfassung vorangegangener Argumente ○
   - direkt mit der persönlichen Meinung ○
2. Welche Form des Schlusses wird gewählt (Benennung des wichtigsten Aspektes, Ausblick auf die Zukunft, Darstellung der Gegenseite ...)?
   _____
3. Wird die eigene Meinung ausführlich begründet?
   ja ○   nein ○
4. Werden folgende Fehler vermieden?
   a) Wiederholen eines Arguments
   ja ○   nein ○
   b) Stellungnahme zu knapp
   ja ○   nein ○
   c) Abschweifen vom Thema
   ja ○   nein ○

Gruppenkarte 4: Sprachexperten

1. Werden folgende Fehler vermieden (bei *nein*, fehlerhafte Beispiele stichwortartig notieren):
   a) unvollständige Sätze?
   ja ○   nein ○ _____
   b) Ausdrucksfehler (z. B. Umgangssprache)?
   ja ○   nein ○ _____
   c) Grammatikfehler (z. B. Kasusfehler ...)?
   ja ○   nein ○ _____
   d) häufige Wortwiederholungen?
   ja ○   nein ○ _____
2. Wurden die einzelnen Argumente sinnvoll miteinander verknüpft?
   ja ○   nein ○ _____
3. Sonstige Fehler:
   _____
   _____
   _____

Die Kurzgeschichte

Kurzgeschichten erschließen

Im Spiegel
Margret Steenfatt

„Du kannst nichts", sagten sie, „du machst nichts", „aus dir wird nichts". Nichts. Nichts. Nichts. Was war das für ein NICHTS, von dem sie redeten und vor dem sie offensichtlich Angst hatten, fragte sich Achim, unter Decke und Kissen vergraben.
Mit lautem Knall schlug die Tür hinter ihnen zu. Achim schob sich halb aus dem Bett. Fünf nach eins. Wieder mal zu spät. Er starrte gegen die Zimmerdecke. – Weiß. Nichts. Ein unbeschriebenes Blatt Papier, ein ungemaltes Bild, eine tonlose Melodie, ein ungesagtes Wort, ungelebtes Leben. Eine halbe Körperdrehung nach rechts, ein Fingerdruck auf den Einschaltknopf seiner Anlage. Manchmal brachte Musik ihn hoch.
Er robbte zur Wand, zu dem großen Spiegel, der beim Fenster aufgestellt war, kniete sich davor und betrachtete sich: lang, knochig, graue Augen im blassen Gesicht, hellbraune Haare, glanzlos. „Dead Kennedys" sangen: „Weil sie dich verplant haben, kannst du nichts anderes tun als aussteigen und nachdenken."
Achim wandte sich ab, erhob sich, ging zum Fenster und schaute hinaus. Straßen, Häuser, Läden, Autos, Passanten, immer dasselbe. Zurück zum Spiegel, näher heran, so nahe, dass er glaubte, das Glas zwischen sich und seinem Spiegelbild durchdringen zu können. Er legte seine Handflächen gegen sein Gesicht im Spiegel, ließ seine Finger sanft über Wangen, Augen, Stirn und Schläfen kreisen, streichelte, fühlte nichts als Glätte und Kälte.
Ihm fiel ein, dass in dem Holzkasten, wo er seinen Kram aufbewahrte, noch Schminke herumliegen musste. Er fasste unters Bett, wühlte in den Sachen im Kasten herum und zog die Pappschachtel heraus, in der sich einige zerdrückte Tuben fanden. Von der schwarzen Farbe war noch ein Rest vorhanden. Achim baute sich vor dem Spiegel auf und malte zwei dicke Striche auf das Glas, genau dahin, wo sich seine Augenbrauen im Spiegel zeigten. Weiß besaß er reichlich. Er drückte eine Tube aus, fing die weiche ölige Masse in seinen Händen auf, verteilte sie auf dem Spiegel über Kinn, Wangen und Nase und begann, sie langsam und sorgfältig zu verstreichen. Dabei durfte er sich nicht bewegen, sonst verschob sich seine Malerei. Schwarz und Weiß sehen gut aus, dachte er, fehlt noch Blau. Achim grinste seinem Bild zu, holte sich das Blau aus dem Kasten und färbte noch die Spiegelstellen über Stirn und Augenlidern.
Eine Weile verharrte er vor dem bunten Gesicht, dann rückte er ein Stück zur Seite, und wie ein Spuk tauchte sein farbloses Gesicht im Spiegel wieder auf, daneben eine aufgemalte Spiegelmaske.
Er trat einen Schritt zurück, holte mit dem Arm weit aus und ließ seine Faust in die Spiegelscheibe krachen. Glasteile fielen hinunter, Splitter verletzten ihn, seine Hand fing an zu bluten. Warm rann ihm das Blut über den Arm und tröpfelte zu Boden. Achim legte seinen Mund auf die Wunden und leckte das Blut ab. Dabei wurde sein Gesicht rot verschmiert.
Der Spiegel war kaputt. Achim suchte sein Zeug zusammen und kleidete sich an. Er wollte runtergehen und irgendwo seine Leute treffen.

---

1 a) Wer sind „sie", die Achim Vorwürfe machen?
  b) Welche Befürchtungen haben sie?

2 a) In dieser Geschichte werden zwei Spiegelbilder von Achim beschrieben.
Vergleicht die entsprechenden Textstellen.
  b) Warum verändert Achim sein Spiegelbild?

3 Achim zerschlägt am Ende den Spiegel.
Schreibt in Form eines inneren Monologs die Gedanken auf, die Achim zuvor durch den Kopf gehen:
*Ich bin ein Nichts, haben sie zu mir gesagt!
Stimmt das wirklich? Bin ich ein Nichts?
Ich sehe mich im Spiegel ...*

Die Kurzgeschichte

San Salvador
Peter Bichsel

Er hatte sich eine Füllfeder gekauft.
Nachdem er mehrmals seine Unterschrift, dann seine Initialen, seine Adresse, einige Wellenlinien, dann die Adresse seiner Eltern auf ein Blatt gezeichnet hatte, nahm er einen neuen Bogen, faltete ihn sorgfältig und schrieb: „Mir ist es hier zu kalt", dann „ich gehe nach Südamerika", dann hielt er inne, schraubte die Kappe auf die Feder, betrachtete den Bogen und sah, wie die Tinte eintrocknete und dunkel wurde (in der Papeterie* garantierte man, dass sie schwarz werde), dann nahm er seine Feder erneut zur Hand und setzte noch großzügig seinen Namen Paul darunter.
Dann saß er da.
Später räumte er die Zeitungen vom Tisch, überflog dabei die Kinoinserate, dachte an irgendetwas, schob den Aschenbecher beiseite, zerriss den Zettel mit den Wellenlinien, entleerte seine Feder und füllte sie wieder. Für die Kinovorstellung war es jetzt zu spät.
Die Probe des Kirchenchores dauert bis neun Uhr, um halb zehn würde Hildegard zurück sein. Er wartete auf Hildegard. Zu alledem Musik aus dem Radio. Jetzt drehte er das Radio ab.
Auf dem Tisch, mitten auf dem Tisch, lag nun der gefaltete Bogen, darauf stand in blauschwarzer Schrift sein Name Paul.
„Mir ist es hier zu kalt", stand auch darauf.
Nun würde also Hildegard heimkommen, um halb zehn. Es war jetzt neun Uhr. Sie läse seine Mitteilung, erschräke dabei, glaubte wohl das mit Südamerika nicht, würde dennoch die Hemden im Kasten zählen, etwas müsste ja geschehen sein. Sie würde in den „Löwen" telefonieren.
Der „Löwe" ist mittwochs geschlossen.
Sie würde lächeln und verzweifeln und sich damit abfinden, vielleicht.
Sie würde sich mehrmals die Haare aus dem Gesicht streichen, mit dem Ringfinger der linken Hand beidseitig der Schläfe entlangfahren, dann den Mantel aufknöpfen.
Dann saß er da, überlegte, wem er einen Brief schreiben könnte, las die Gebrauchsanweisung für den Füller noch einmal – leicht nach rechts drehen – las auch den französischen Text, verglich den englischen mit dem deutschen, sah wieder seinen Zettel, dachte an Palmen, dachte an Hildegard. Saß da.
Um halb zehn kam Hildegard und fragte: „Schlafen die Kinder?"
Sie strich die Haare aus dem Gesicht.

* Schreibwarenhandlung

---

4 Welchen Eindruck macht der Mann auf euch?

5 a) Was erfahrt ihr über die Lebensumstände (z. B. Namen, Familie, Wohnung) des Mannes?
b) Was macht der Mann an diesem Abend? Nennt einige Handlungen.
c) Was geht in dem Mann vor, als er den Satz liest „Mir ist es hier zu kalt"? Lest die Zeilen 28 bis 41.
d) Wie endet die Geschichte?
e) Warum verändert er möglicherweise sein Leben nicht? Stellt Vermutungen an.

6 Nennt sprachliche Mittel, mit denen die Eintönigkeit seines Lebens beschrieben wird?

7 Die Überschrift „San Salvador" hat für den Inhalt der Kurzgeschichte eine besondere Bedeutung. Lest dazu die Info und erklärt die Überschrift.

> **INFO**
>
> **San Salvador**
> San Salvador ist eine Insel der Bahamas. Am 12.10.1492 landete Christoph Kolumbus auf dieser Insel, als er Amerika entdeckte, und gab ihr den Namen „San Salvador". Das Wort „Salvador" stammt aus dem Lateinischen und bedeutet so viel wie „Retter" oder „Erlöser".

Die Kurzgeschichte

Merkmale der Kurzgeschichte

1 a) Wählt in Partnerarbeit eine der in diesem Sprachbuch vorliegenden Kurzgeschichten aus:
Ayse, Seite 40,
Der Befund, Seite 46,
Im Spiegel, Seite 73,
San Salvador, Seite 74,
Augenblicke, Seite 76.

b) Weist nach, welche Merkmale der Kurzgeschichte auf den von euch ausgewählten Text zutreffen. Lest dazu die Info.

2 Prüft, ob auch der Text rechts eine Kurzgeschichte ist. Begründet eure Entscheidung.

INFO

Merkmale der Kurzgeschichte
Die folgenden Merkmale kennzeichnen eine Kurzgeschichte. Nicht immer entspricht ein Text allen Kriterien in gleicher Weise.
1. Die Handlung setzt unvermittelt ein. Es fehlen einleitende Angaben zu Ort, Zeit und Personen der Erzählung.
2. Gegenstand der Kurzgeschichte sind Alltagspersonen in Alltagssituationen.
3. Die Hauptperson ist einem Problem oder einer kritischen Situation ausgesetzt.
4. Oft nimmt die Handlung eine unerwartete Wendung.
5. Der Schluss ist offen. Der Leser soll über den Fortgang der Handlung selbst nachdenken.
6. Die Darstellung der Handlung ist kurz gefasst und auf das Wesentliche beschränkt.
7. Häufig werden folgende sprachliche Mittel verwendet:
   – Wiederholungen, Aufzählungen,
   – Umgangssprache, Jugendsprache,
   – mehrere kurze Sätze, die aufeinanderfolgen,
   – unvollständige Sätze (Ellipsen).

Er weiß Bescheid
Henry Kayser

Ich war gerade in meinem Zimmer angelangt, als ich zu meinem nicht geringen Schrecken feststellen musste, dass ich einen Hundertmarkschein verloren hatte. Hundertmarkscheine sind bei mir nicht eben häufig, und so traf mich der Verlust schwer.

Doch dann tröstete mich ein Gedanke. Als ich mich unten beim Portier in das Gästebuch eintrug, da hatte ich den Schein noch. Das wusste ich genau, weil ich in der Brieftasche nach meinem Pass gesucht hatte. Also konnte ich das Geld nur hier im Hotel verloren haben, und da bestand ja wohl die Möglichkeit, dass es gefunden worden war.

Sofort rief ich den Portier an. Der freundliche Mann erklärte sich auch auf der Stelle bereit, alle Gäste und Angestellten des Hauses von meinem Verlust zu unterrichten. Nun war mir entschieden leichter ums Herz und ich harrte einigermaßen gefasst der Dinge, die da kommen sollten oder nicht kommen würden.

Sie kamen in Gestalt eines Hotelpagen. „Sie sind der Herr, der einen Hundertmarkschein verloren hat?", fragte er mich. Ich nickte hoffnungsvoll.

„Dann ist es ja gut", sagte der junge Mann, „ich habe ihn nämlich auf der Treppe gefunden. Hier ist das Geld." Mit diesen Worten hielt er mir fünf Zwanzigmarkscheine hin.

Bei diesem Anblick zerplatzten meine Hoffnungen wie Seifenblasen. „Das ist nicht mein Geld", schüttelte ich traurig den Kopf. „Ich habe einen Hunderter verloren, keine fünf Zwanziger."

„Ich weiß", erwiderte der Page. „Sie können deswegen ganz beruhigt sein. Ich habe ja auch einen Hundertmarkschein gefunden. Nur habe ich ihn mir gleich wechseln lassen."

„Aber warum denn das?", fragte ich verwundert.

Er schaute mich fest an: „Ja", meinte er, „das hat seinen Grund. Neulich habe ich nämlich schon einmal einen Hunderter gefunden, den ein Gast verloren hatte. Und als ich den Schein dann ablieferte, da hatte der Herr kein Wechselgeld."

9.4 Die Kurzgeschichte als Textsorte beschreiben

Die Kurzgeschichte

Aus unterschiedlichen Perspektiven erzählen

Augenblicke
Walter Helmut Fritz

Kaum stand sie vor dem Spiegel im Badezimmer, um sich herzurichten, als ihre Mutter aus dem Zimmer nebenan zu ihr hereinkam, unter dem Vorwand, sie wolle sich nur die Hände waschen.

Also doch! Wie immer, wie *fast* immer.

Elsas Mund krampfte sich zusammen. Ihre Finger spannten sich. Ihre Augen wurden schmal. Ruhig bleiben!

Sie hatte darauf gewartet, dass ihre Mutter auch dieses Mal hereinkommen würde, voller Behutsamkeit, mit jener scheinbaren Zurückhaltung, die durch ihre Aufdringlichkeit die Nerven freilegt. Sie hatte – behext, entsetzt, gepeinigt – darauf gewartet, weil sie sich davor fürchtete.

„Komm, ich mach dir Platz", sagte sie zu ihrer Mutter und lächelte ihr zu. „Nein, bleib nur hier, ich bin gleich so weit", antwortete die Mutter und lächelte.

„Aber es ist doch so eng", sagte Elsa und ging rasch hinaus, über den Flur, in ihr Zimmer. Sie behielt einige Augenblicke länger als nötig die Klinke in der Hand, wie um die Tür mit Gewalt zurückzuhalten. Sie ging auf und ab, von der Tür zum Fenster, vom Fenster zur Tür. Vorsichtig öffnete ihre Mutter.

„Ich bin schon fertig", sagte sie. Elsa tat, als ob ihr inzwischen etwas anderes eingefallen wäre, und machte sich an ihrem Tisch zu schaffen.

„Du kannst weitermachen", sagte die Mutter.

„Ja, gleich."

Die Mutter nahm die Verzweiflung ihrer Tochter nicht einmal als Ungeduld wahr.

Wenig später verließ Elsa das Haus, ohne ihrer Mutter Adieu zu sagen.

Mit der Tram fuhr sie in die Stadt, in die Gegend der Post. Dort sollte es eine Wohnungsvermittlung geben, hatte sie einmal gehört. Sie hätte zu Hause im Telefonbuch eine Adresse nachsehen können. Sie hatte nicht daran gedacht, als sie die Treppen heruntergeeilt war.

In einem Geschäft für Haushaltsgegenstände fragte sie, ob es in der Nähe nicht eine Wohnungsvermittlung gäbe. Man bedauerte. Sie fragte in der Apotheke, bekam eine ungenaue Auskunft. Vielleicht im nächsten Haus. Dort läutete sie. Schilder einer Abendzeitung, einer Reisegesellschaft, einer Kohlenfirma. Sie läutete umsonst.

Es war später Nachmittag, Samstag, zweiundzwanzigster Dezember.

Sie sah in eine Bar hinein. Sie sah den Menschen nach, die vorbeigingen. Sie trieb mit. Sie betrachtete Kinoreklamen.

Sie ging Stunden umher. Sie würde erst spät zurückkehren. Ihre Mutter würde zu Bett gegangen sein. Sie würde nicht mehr gute Nacht zu sagen brauchen.

Sie würde sich, gleich nach Weihnachten, eine Wohnung nehmen. Sie war zwanzig Jahre alt und verdiente. Kein einziges Mal würde sie sich mehr beherrschen können, wenn ihre Mutter zu ihr ins Bad kommen würde, wenn sie sich schminkte. Kein einziges Mal.

Ihre Mutter lebte seit dem Tod ihres Mannes allein. Oft empfand sie Langeweile. Sie wollte mit ihrer Tochter sprechen. Weil sich die Gelegenheit selten ergab (Elsa schützte Arbeit vor), suchte sie sie auf dem Flur zu erreichen oder wenn sie im Bad zu tun hatte. Sie liebte Elsa. Sie verwöhnte sie. Aber sie, Elsa, würde kein einziges Mal mehr ruhig bleiben können, wenn sie wieder zu ihr ins Bad käme. Elsa floh.

Über der Straße künstliche, blau, rot, gelb erleuchtete Sterne. Sie spürte Zuneigung zu den vielen Leuten, zwischen denen sie ging.

Als sie kurz vor Mitternacht zurückkehrte, war es still in der Wohnung. Sie ging in ihr Zimmer und es blieb still. Sie dachte daran, dass ihre Mutter alt und oft krank war. Sie kauerte sich in ihren Sessel und sie hätte unartikuliert schreien mögen, in der Nacht mit ihrer entsetzlichen Gelassenheit.

Die Kurzgeschichte

1 a) Gebt den Inhalt der Kurzgeschichte wieder.
b) Welche Gründe gibt es für Elsa, sich eine neue Wohnung zu suchen?
c) Warum hätte Elsa am Ende der Geschichte „schreien mögen"?

2 a) Was erfahrt ihr aus dem Text über die Mutter? Sucht Textstellen.
b) Wie kann man ihr Verhalten erklären?

3 Die Kurzgeschichte ist aus der Sicht von Elsa geschrieben. Was aber könnte ihre Mutter gedacht und gefühlt haben?
a) Im Text unten sind Lücken vorgesehen. Ergänzt sie (in eurem Heft oder in der Copy 12) mit Gedanken und Empfindungen aus der Sicht der Mutter.
b) Schreibt in die letzte Lücke eure Vorstellungen, was die Mutter bis zum Abend gemacht hat.

Kaum stand sie vor dem Spiegel im Badezimmer, um sich herzurichten, als ihre Mutter aus dem Zimmer nebenan zu ihr hereinkam, unter dem Vorwand, sie wolle sich nur die Hände waschen. Also doch! Wie immer, wie fast immer.
Elsas Mund krampfte sich zusammen. Ihre Finger spannten sich. Ihre Augen wurden schmal. Ruhig bleiben!

> Die Mutter blickte gelangweilt zum Fenster hinaus. Ein trüber Dezembertag. Es war zwei Tage vor Weihnachten. Wie sie es wohl dieses Jahr feiern würden? „Ich muss endlich Elsa fragen", dachte sie. War da nicht die Badezimmertür gegangen? Ihre Tochter machte sich wohl fertig, um auszugehen. Wenn sie sie jetzt nicht erwischte, dann wäre nur noch ein Tag bis Heilig Abend und besondere Vorbereitungen überhaupt nicht mehr möglich. So lief sie leise die Treppe hinauf und öffnete vorsichtig die Badezimmertür.

Sie hatte darauf gewartet, dass ihre Mutter auch dieses Mal hereinkommen würde, voller Behutsamkeit, mit jener scheinbaren Zurückhaltung, die durch ihre Aufdringlichkeit die Nerven freilegt. Sie hatte – behext, entsetzt, gepeinigt – darauf gewartet, weil sie sich davor fürchtete.

> **?**

„Komm, ich mach dir Platz", sagte sie zu ihrer Mutter und lächelte ihr zu. „Nein, bleib nur hier, ich bin gleich so weit", antwortete die Mutter und lächelte.
„Aber es ist doch so eng", sagte Elsa und ging rasch hinaus, über den Flur, in ihr Zimmer. Sie behielt einige Augenblicke länger als nötig die Klinke in der Hand, wie um die Tür mit Gewalt zurückzuhalten. Sie ging auf und ab, von der Tür zum Fenster, vom Fenster zur Tür.

> **?**

Vorsichtig öffnete ihre Mutter. „Ich bin schon fertig", sagte sie. Elsa tat, als ob ihr inzwischen etwas anderes eingefallen wäre, und machte sich an ihrem Tisch zu schaffen.
„Du kannst weitermachen", sagte die Mutter.
„Ja, gleich."
Die Mutter nahm die Verzweiflung ihrer Tochter nicht einmal als Ungeduld wahr.
Wenig später verließ Elsa das Haus, ohne ihrer Mutter Adieu zu sagen.

> **?**

9.2 Kreativ mit Texten umgehen, z. B. aus verschiedenen Perspektiven erzählen

Literarische Kurzformen

Belehrende Texte

Die blaue Amsel
Franz Hohler

Amseln sind schwarz. Normalerweise.
Eines Tages aber saß auf einer Fernsehantenne eine blaue Amsel. Sie kam von weit her, aus einer Gegend, in der die Amseln blau waren. Ein schwarzer Amselmann verliebte sich in sie und bat sie, seine Frau zu werden. Zusammen bauten sie ein Nest und die blaue Amsel begann, ihre Eier auszubrüten, während ihr der Amselmann abwechselnd zu fressen brachte oder für sie die schönsten Lieder sang.

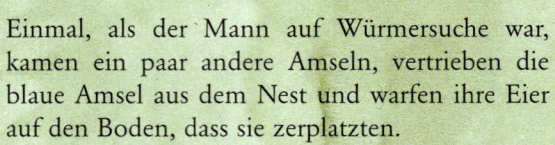

Einmal, als der Mann auf Würmersuche war, kamen ein paar andere Amseln, vertrieben die blaue Amsel aus dem Nest und warfen ihre Eier auf den Boden, dass sie zerplatzten.
„Wieso habt ihr das getan?", fragte der Amselmann verzweifelt, als er zurückkam.
„Weil wir Amseln schwarz sind", sagten die anderen nur, blickten zur blauen Amsel und wetzten ihre gelben Schnäbel.

1
a) Welche der folgenden Aussagen passt am besten zu dem Text oben? Begründet eure Meinung und vergleicht eure Ergebnisse.
b) Bei den Aussagen unten handelt es sich um *Aphorismen*. Lest dazu die Info.

2
a) Lest die folgenden Aphorismen.
b) Erklärt die Aussagen mit Hilfe eines Beispiels aus eurem Erfahrungsbereich.
c) Schreibt zu einem dieser Aphorismen eine passende Beispielgeschichte.

Derjenige, der gegen Ausländer ist, stellt sich gegen die ganze restliche Welt.
*Stefan Radulian (*1979)*

Anders zu sein erzeugt Hass.
Henri Stendhal (1783–1842)

Das Nest wäre mir schon recht, aber der Vogel gefällt mir nicht.
Schwäbische Spruchweisheit

Wer gewaltsam triumphiert, hat seinen Feind nur halb bezwungen.
John Milton (1608–1674)

Das Leben der Menschen ist wie das der Vögel. Wenn der große Tag kommt, muss jeder alleine fliegen.
Unbekannter Verfasser

Die jungen Leute leiden weniger unter ihren Fehlern als unter der Weisheit der Alten.
Luc Marquis de Vauvenargues (1715–1747)

Die Jugend besitzt die Intoleranz, ihr Leben nach eigenen Wünschen zu gestalten.
Sabine Nestmann (Lebensdaten unbekannt)

Die Jugend soll ihre eigenen Wege gehen, aber ein paar Wegweiser können nicht schaden.
Pearl Sydensticker Buck (1892–1973)

Die Jugend verachtet die Folgen: Darauf beruht ihre Stärke.
Martin Kessel (1901–1990)

INFO

Was ist ein Aphorismus?
Ein Aphorismus ist eine knappe und geistreiche Darstellung eines Gedankens oder einer Lebensweisheit.

Literarische Kurzformen

Gut und Böse
Andreas Hohn

Die Hölle war völlig überfüllt und dennoch stand eine lange Warteschlange am Eingang. Schließlich musste der Teufel verkünden, dass nur noch ein Platz frei sei, nur ein ganz schlimmer Mörder könne diesen Platz noch bekommen.
Er befragte der Reihe nach die Leute, aber kein Vergehen schien ihm schwer genug für den letzten Platz in der Hölle. Schließlich befragte er einen etwas abseits stehenden Mann.
„Und Sie?"
„Ich bin ein guter Mensch. Ich bin nur aus Versehen hier", gab dieser zur Antwort. „Ich glaubte, die Leute stehen in der Schlange, um Zigarren zu kaufen."
„Jeder Mensch stellt etwas Böses an", sagte der Teufel tief überzeugt.
„Nein, ich habe immer nur zugesehen – aber ich habe mich ferngehalten. Ich habe mich nie eingemischt, wenn sie einander erschlagen und verfolgt haben. Ich habe nie den Mund aufgemacht, wenn sie Flüchtlinge in ihr Land zurückgeschickt haben oder Kinder verhungert sind. Ich allein widerstand dem Bösen und tat nichts."
„Sind Sie sicher, dass Sie nie etwas getan haben?", gab der Teufel ein letztes Mal zu bedenken.
„Ja, sogar wenn es vor meiner Haustür geschah."
„Mit Ihnen bin ich zufrieden, Sie sind mein Mann. Der Platz gehört Ihnen."
Und als der Teufel den „guten Menschen" einließ, soll er sich zur Seite gedrückt haben, um nicht mit ihm in Berührung zu kommen.

Der Mann auf der Insel
Franz Hohler

Es war einmal ein Mann, der lebte auf einer Insel. Eines Tages merkte er, dass die Insel zu zittern begann.
„Sollte ich vielleicht etwas tun?", dachte er.
Aber als die Insel zu zittern aufhörte, beschloss er abzuwarten.
Wenig später fiel ein Stück seiner Insel ins Meer. Der Mann war beunruhigt.
„Sollte ich vielleicht etwas tun?", dachte er. Aber als die Insel zu zittern aufhörte, beschloss er abzuwarten. Er konnte auch ohne das versunkene Stück weiterleben.
Kurz danach fiel ein zweites Stück seiner Insel ins Meer. Der Mann erschrak.
„Sollte ich vielleicht etwas tun?", dachte er. Aber als nichts weiter passierte, beschloss er abzuwarten.
„Bis jetzt", sagte er sich „ist ja auch alles gut gegangen."
Es dauerte nicht lange, da versank die ganze Insel im Meer und mit ihr der Mann, der sie bewohnt hatte.
„Vielleicht hätte ich doch etwas tun sollen", war sein letzter Gedanke, bevor er ertrank.

3
a) Lest die beiden Texte.
b) Wählt einen Text aus und fasst den Inhalt dieses Textes knapp zusammen.
c) Verallgemeinert eure Inhaltszusammenfassung zu einem Aphorismus. Lest dazu den Tipp.

TIPP

Wie formuliere ich einen Aphorismus?
1. Formuliere deine Aussage kurz und prägnant.
2. Verwende eines der folgenden stilistischen Mittel:
   – Vergleich:
   Alternde Menschen sind wie Museen: Nicht auf die Fassade kommt es an, sondern auf die Schätze im Inneren. Jeanne Moreau
   – Gegensatz:
   Nach einem Jahr kennt man einen Menschen zu kurz, um ihn zu verstehen, und zu lang, um ohne ihn leben zu können. Jana Wagner

9.4 Sich mit weiteren Beispielen literarischer Kurzformen beschäftigen

Journalistische Textsorten

Journalistische Texte vergleichen

1
a) Lest die beiden Texte auf dieser Seite.
b) Sprecht über eure eigenen Erfahrungen mit Heimfahrtproblemen.
c) Warum gehören die beiden Texte zusammen?
d) Um welche Textsorten handelt es sich?
e) Welche Aufgabe hat der Text rechts?

Nachtbus auch in der Region
Augsburg. Die Stadt Augsburg und die Nachbargemeinden Stadtbergen, Friedberg und Neusäß haben ein deutlich verbessertes Nachtbus-Angebot entwickelt.
Seite 35

Viele fahren auf den Nachtbus ab

Zwölf Prozent mehr junge Fahrgäste in einem Jahr – Neue Angebote für die Region

Von Eva Maria Knab

Immer mehr junge Szene-Gänger nehmen den Nachtbus. Laut Wirtschaftsreferent Johannes Hintersberger wurden 2001 rund 57 000 Fahrgäste gezählt. Das sind zwölf Prozent mehr als im Vorjahr. Das Angebot wird jetzt finanziell auf neue Beine gestellt und auf die Region ausgeweitet. Neben der Stadt Augsburg beteiligen sich erstmals die Nachbarn Stadtbergen, Friedberg und Neusäß an den jährlichen Kosten bis 200 000 Euro. Gestern wurde der Vertrag unterzeichnet.

Die Augsburger Nachtbusse haben seit Jahren einen ständig wachsenden Zulauf. Wie Stadtentwicklungs-Amtsleiter Dr. Heinrich Münzenrieder vorrechnete, lag im Februar 2002 die Zahl der Fahrgäste pro Nacht statistisch bei fast 700. Vor drei Jahren waren es weniger als die Hälfte, nämlich 321 Fahrgäste pro Nacht. Bekanntlich sind die Nachtbusse bisher an Wochenenden im Stundentakt im Einsatz: freitags/samstags und samstags/sonntags jeweils um 1.00 Uhr, 2.00 Uhr und 3.00 Uhr. Auf fünf Linien fahren insgesamt zehn Erdgas-Busse der Stadtwerke im Auftrag der Stadt. Zwar müssen Nachtschwärmer ein zwei Euro teures Sonderticket im Nachtbus lösen (bei Zeitkarten ermäßigt ein Euro). Trotzdem beträgt das Betriebskosten-Defizit jährlich noch bis zu 200 000 Euro.

Der Nachtbus liegt im Trend.

Defizit wird jetzt geteilt
Der Augsburger Stadtrat hat kürzlich zugestimmt, den Löwenanteil dieses Zuschusses zu übernehmen. Erstmals tragen jetzt aber auch die drei Nachbarn Stadtbergen, Friedberg und Neusäß einen Teil der Kosten – zusammengerechnet 25 000 Euro.

Ausweitung ins Umland wird vorbereitet
Vorbereitet wird jetzt auch eine Ausweitung der Linien ins Umland. Sie soll spätestens am 1. Juli in Kraft treten. Für die Zukunft gibt es weitere Überlegungen. Laut Hintersberger läuft eine Prüfung, ob auch donnerstags Nachtbusse fahren können, denn das Ausgehverhalten junger Leute hat sich geändert. Ergebnisse über Kosten und Bedarf sollen bis Herbst vorliegen. Eine weitere Ausdehnung in die Region sei denkbar.

Journalistische Textsorten

KOMMENTIERT

Eine runde Sache

Oft wird sie beschworen: Die Zusammenarbeit von Stadt und Umlandgemeinden. In der Praxis gibt es viel zu wenig Initiativen in der Region. Beim Nachtbus hat es nun geklappt. Die finanziellen
5   Lasten werden gemeinsam getragen, das Angebot wird punktuell verbessert. Respekt: Das haben Referent Hintersberger, Amtsleiter Münzenrieder und die drei Bürgermeister gut hinbekommen. Weitere Schritte wären wünschenswert, um auf aktu-
10 elle Lebensgewohnheiten junger Menschen angemessen zu reagieren. Die Nachtbus-Lösung sollte Anregung für weitere Gemeinschaftsprojekte sein.

Eva Maria Knab

2 a) Vergleicht diesen Text mit den Texten auf der vorhergehenden Seite. Wodurch unterscheidet er sich?
b) Welche Informationen greift die Autorin auf?
c) Nennt die Textstellen, in denen die Meinung der Verfasserin deutlich wird.
d) Vergleicht eure Ergebnisse.
e) Was bringt die Autorin mit der Überschrift zum Ausdruck?

3 Den Text oben nennt man *Kommentar*.
a) Formuliert selbst, was ein Kommentar ist.
b) Vergleicht eure Ergebnisse mit der Info auf Seite 87.

4 a) Welche Meinung habt ihr zu dem Inhalt des Artikels auf Seite 80? Sammelt Gesichtspunkte.
b) Schreibt einen Kommentar, in dem ihr die Einrichtung des Nachtbusses aus eurer Sicht beurteilt. Lest dazu den Tipp.

TIPP

So schreibst du einen Kommentar:
1. Der Leser muss wissen, auf welchen Sachverhalt sich dein Kommentar bezieht.
   Fasse daher die wichtigsten Informationen zusammen, die zum Verständnis deiner Stellungnahme wichtig sind.
2. Lege deine eigene Meinung dar und begründe sie. Verwende dabei Formulierungen, die deutlich machen, welche Meinung du vertrittst:
   Leider ist bei diesem Beispiel ...
   Ich meine dagegen ...
   Viel wichtiger wäre mir ...
   Man sollte nicht vergessen ...
   Besonderen Wert sollte man ...
3. Zum Abschluss des Kommentars kannst du einen Wunsch oder ein Ausblick auf ähnliche Vorhaben formulieren:
   Ich wünsche mir vielmehr ...

Meldung – Kommentar – Bild

Barrichello schenkt Schumacher den Sieg

Spielberg. Doppelerfolg für Ferrari beim Großen Preis von Österreich in Spielberg. Michael Schumacher feierte in Spielberg seinen ersten Erfolg. Ein
5 unfreiwilliges Geschenk seines Teamgefährten Rubens Barrichello. Der Brasilianer musste den Weltmeister, der Teamorder gehorchend, auf den letzten Metern überholen lassen.
10 Für Schumacher war es der fünfte Sieg im sechsten Rennen, mit dem er seine Führung in der WM-Gesamtwertung auf 54 Punkte ausbaute.

Ein Schumacher-Sieg mit fadem Beigeschmack. Rubens Barrichello (rechts) ließ den Weltmeister überholen.

1 a) Lest die Meldung.
Welche Informationen liefert der Text?
b) Was sagt das Bild aus?
c) Erklärt den Sachverhalt mit eigenen Worten.

2 a) Lest den Kommentar auf der folgenden Seite. Welche Meinung kommt zum Ausdruck?
b) Was meint der Verfasser des Kommentars mit dem Bild von den Marionetten?
c) Sucht weitere abwertende Textstellen und unterstreicht sie.
Verwendet dazu eine Folie oder die Copy 13.
d) Vergleicht eure Ergebnisse.

3 Es gibt in dem Text auf Seite 83 auch Formulierungen, in denen die Kritik nicht so deutlich wird.
a) Lest dazu den folgenden Ausschnitt (Zeile 4–10). Achtet dabei auf die markierten Wörter.

> Gestern kritzelte Ferrari-Teamchef Jean Todt, Spitzname „Napoleon", eine Nachricht auf einen Zettel und schob ihn zu Ross Brawn hinüber. Der Technikchef, der die Funkverbindung zu den Fahrern hält, gab offensichtlich den Befehl an Rubens Barrichello weiter, und der Adjutant erfüllte seine Rolle pflichtgemäß.

b) Warum sind auch diese Textstellen abwertend? Begründet eure Meinung.
c) Sucht ähnliche Stellen und sprecht darüber.

KOMMENTIERT

Die Marionetten von Ferrari

Milan Sako

Wir haben es zwar bereits geahnt, doch seit dem Rennen in Spielberg ist es gewiss: Die Fahrer sitzen am Steuer, doch die Teambosse an den Kommandoständen steuern die Autos. Gestern kritzelte Ferrari-Teamchef Jean Todt, Spitzname „Napoleon", eine Nachricht auf einen Zettel und schob ihn zu Ross Brawn hinüber. Der Technikchef, der die Funkverbindung zu den Fahrern hält, gab offensichtlich den Befehl an Rubens Barrichello weiter, und der Adjutant erfüllte seine Rolle pflichtgemäß. Der Brasilianer ließ Schumacher passieren. Bei der Siegesfeier pfiffen sich die Fans auf der Haupttribüne die Finger wund. Verständlich, wer zahlt schon gerne bis zu 500 Euro für das Ticket, um dann Schmierentheater präsentiert zu bekommen. Bereits vor einem Jahr, ebenfalls in Spielberg, musste Barrichello seinen Chef überholen lassen, damit Schumacher noch Zweiter hinter Coulthard wurde und der Schotte in der WM-Wertung nicht zu dicht aufrückte. Damals war die Rückholaktion nachvollziehbar. Das WM-Rennen war noch eng, und Ferrari, das geschätzte 250 Millionen Dollar pro Saison investiert, wollte die Konkurrenz nicht aufholen lassen.

Doch in der Saison 2002 fahren die Roten in einer eigenen Liga, und Michael Schumacher weist bereits nach sechs Rennen doppelt so viele Punkte auf wie sein härtester Verfolger Juan Pablo Montoya auf. Die Scuderia* hätte Größe zeigen und den sportlichen Sieger Barrichello gewinnen lassen können. Auch der viermalige Weltmeister hätte sich über die Anweisungen aus der Ferrari-Box hinwegsetzen und seinen Wasserträger die Früchte seiner Arbeit ernten lassen können. Stattdessen spielten die Ferrari-Marionetten auch noch Kasperl-Theater bei der Siegerehrung und der Brasilianer durfte auf dem höchsten Treppchen stehen.

Der Sport ist in Spielberg auf der Strecke geblieben. Kritiker bemängeln schon lange, dass die Formel 1 weniger Sport denn Show ist. Die Inszenierung in Österreich dürfte als eine der schlechtesten in die Renngeschichte eingehen, denn nach der erbärmlichen Vorstellung gab es ausschließlich Verlierer.

*Scuderia = italienisch für Mannschaft, Team

4 Auch Karikaturen kommentieren. Beschreibt, wie der Zeichner die Ereignisse im Rennsport darstellt.

5 Sucht in Tageszeitungen nach Beispielen für Kommentare und bringt sie mit.

Die Kolumne

1 Im Bild oben findet ihr Beispiele der gleichen Kolumne. An welchen äußeren Merkmalen erkennt man diese Kolumne auf den ersten Blick?

2 a) Von welchem Erlebnis erzählt Till Raether in seiner Kolumne *Mein Auftritt als Kinderschreck*?
b) Welche Eigenschaften spricht Till Raether dem älteren Jungen zu?
Sucht die entsprechende Textstelle.
c) Sucht die Textstelle, in der diese Schlüsselbegriffe schon vorher auftauchen.
d) Erklärt den letzten Satz der Kolumne mit eigenen Worten.

3 a) Sucht selbst in Zeitungen und Zeitschriften nach Kolumnen. Lest dazu die Info auf Seite 87.
b) Warum werden Kolumnen gerne gelesen? Sprecht darüber.

4 Fasst zusammen, wodurch sich die Kolumne vom Kommentar unterscheidet und was beide Textsorten gemeinsam haben.

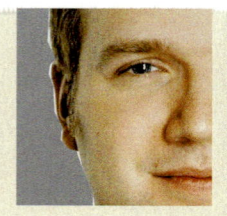

Till Raethers
Bekenntnisse

Mein Auftritt als Kinderschreck

Ich war auf dem Weg zum Ausgang des großen Schuhkaufhauses. Mein Besuch dort war erfolglos, nebenbei bemerkt. Frauen, die von Schuhen schwärmen, sollten einmal einen Blick in den Botten-Bereich für „Herren" werfen und sich vorstellen, sie müssten diese ledrige Tristesse mit sich herumschleppen. Derlei Nebensächlichkeiten gingen mir durch den Kopf, als Folgendes geschah. Es hat nichts mit Schuhen zu tun, sondern mit Zivilcourage und Solidarität. Zwischen dem Schuhkaufhaus und der Freiheit des Samstagvormittags lag eine große Drehtür. Eine mit Kabinen für mehrere Leute. Eine, die sich von allein dreht, es sei denn, man drückt, dann bleibt sie stehen. Eine große, empfindliche, pädagogische Drehtür, in deren Kabine man mit Fremden allein ist. In meinem Fall drei kleine Kinder, vielleicht fünf Jahre alt, und ein älterer Junge in Trainingsanzug, Basketballschuhen und mit zurückgegelten Haaren, vielleicht zwölf Jahre alt. Als die fünfjährigen Kinder die sensible Drehtür durch wildes Drücken zum Stehen brachten, schimpfte ich mit scherzhaft übertriebener Erwachsenenstimme: „Verdammte Kinder!" Nicht besonders lustig, aber mir war danach. Die Kinder ignorierten mich, aber der ältere Junge sagte laut: „Das sind kleine Kinder!" „Na und", grummelte ich, denn nun kam ich aus meiner parodistisch angelegten Nummer nicht mehr heraus, „die können sich trotzdem benehmen." – „Nein, die können auch mal Fehler machen!", sagte er höflich, aber mit unverhohlenem Abscheu in der Stimme. Die Drehtür entließ uns ins Freie. „Du hast ja völlig recht, ich habe nur Spaß gemacht", sagte ich lahm. Zivilcourage, Solidarität? Leere Worte, die wir verwenden, wenn wir sagen, diese Qualitäten müsste man jetzt mal „zeigen". Falls nichts dazwischenkommt. Und dann treffe ich plötzlich jemanden, der sich mutig und solidarisch verhält, obwohl für ihn nichts dabei herausspringt. Ich habe beschlossen, fest zu glauben, dass viele Zwölfjährige so sind und dass dieses Land in zwanzig, dreißig Jahren deshalb ein besserer Ort sein wird.

Welche Textsorte?

Allein unter Männern

"Computer – das ist doch nichts für Mädchen!" Dieser uralte Spruch ist immer noch nicht verstummt. Regina, Kati, Steffi und Yasmin wollen ihn ein für allemal widerlegen. Barbara Leinfelder über die IT-Girls im Fabrikschloss.

Was ist der kürzeste Witz? „Ein Mädchen am Computer." – Für Gags wie diesen haben die Stipendiatinnen der Augsburger IT-Akademie nur ein müdes Lächeln übrig. Denn sie sind Profis am
5 PC – oder zumindest auf dem besten Weg dorthin. Yasmin (23), Steffi (21), Kati (23) und Regina (19) absolvieren eine zweijährige Ausbildung zu Internet- und Software-Spezialisten: E-Business-Developer, Internet-Application-Developer, Sys-
10 tem-Administrator oder Sales-Representative dürfen sie sich dann nennen.
Viel Holz für Mädchen, die noch bis vor kurzem keinen allzu großen Bezug zu der Branche hatten, wie Regina lachend erzählt. „Bevor ich hierher
15 kam, konnte ich gerade mal im Internet surfen." Hierher, damit meint sie das riesige, frisch renovierte Backsteingebäude aus dem 19. Jahrhundert, Fabrikschloss genannt. Früher haben hier Webmeister wertvolle Garne zu begehrten Stoffen ver-
20 sponnen. Jetzt sitzen in den Seminarräumen so genannte Webmaster und arbeiten an ganz anderen Netzen: Internet, Intranet und Kommunikation. „IT" heißt das Zauberwort, es steht für „information technology", also für alles, was mit PC,
25 Vernetzung, Handy und so weiter zu tun hat; „it" kann aber auch „es" heißen. Die „IT-Girls" haben „es" geschafft, nämlich die Aufnahmeprüfung in heiß umkämpfte Studiengänge bestanden und damit schon fast einen sicheren Job in der Tasche.

Tendenz Zukunft
30 Das ist das Prinzip: Hightech-Firmen, die mit der Akademie zusammenarbeiten, suchen sich in einem Auswahlverfahren ihre Kandidatinnen aus. Die lernen dann während des ersten Ausbildungs-
35 jahres die Grundlagen für ihre spätere Arbeit. Im zweiten Jahr müssen die „Stippis" dann auch in der Praxis ran – das heißt, sie absolvieren ein „training on the job" in ihrer Firma. Diese sponsert dafür die Ausbildungskosten mittels eines monat-
40 lichen Unterhaltsdarlehen von rund 770,– Euro. Im Gegenzug müssen die Stipendiaten der jeweiligen Firma mindestens drei Jahre zur Verfügung stehen. Nach der Ausbildung bekommen die Absolventen so automatisch einen Arbeitsplatz.
45 Und der ist – trotz der Abstürze mancher IT-Firmen in den vergangenen Monaten – relativ krisensicher. „Eine feine Sache", findet Yasmin. Sie ist eigentlich gelernte Speditionskauffrau, hat sich dann aber spontan auf eine Zeitungsanzeige hin bei der
50 Akademie beworben: „Ich fand es einfach interessant, sozusagen Tendenz Zukunft." Das war auch der Punkt, weshalb Steffi sich für die Ausbildung entschieden hat: „Ich wollte Tontechnikerin werden, aber beim Arbeitsamt wurde mir gesagt, dass
55 die Berufsaussichten da herzlich schlecht sind." Jetzt ist sie Stipendiatin bei einer Computerfirma – und hat den Schritt nicht bereut.

Ihr künftiger Job sieht so aus: „Ich mache das, was später auf den Internetseiten steht, also Konzept und Design." Kati wird für dieselbe Firma als E-Business-Developer Internetportale einrichten, um dort Kunden und Händler zusammenzubringen. Regina sorgt als Administrator im Rechenzentrum einer großen Versicherung dafür, dass die Datenbank läuft.
Yasmin schließlich kümmert sich als Internet-Sales-Representative für eine Handelsfirma um Vertrieb und Marketing im Internet. Klingt alles sehr speziell. Große Vorkenntnisse mussten die Mädchen gar nicht mitbringen. „Keine von uns war vorher der tolle Computerchecker", gesteht Kati.

Frauen sind gefragt
Mutig waren sie alle, denn unter knapp 100 Stipendiaten sind sie die einzigen Frauen. „Mein Vater hat mich gefragt, was ich denn mit so einem Männerberuf will", stöhnt Regina. Steffis Papa dagegen war begeistert: „Endlich jemand in der Familie, der sich wie ich mit Technik beschäftigt." Außerdem muss sie alle Fehlermeldungen, die auf dem Familien-PC auflaufen, für ihren Vater beheben: „Da ist er richtig stolz auf mich."
Frauen sind in der Branche begehrt. Viele Firmen fragen sogar ausdrücklich um Bewerberinnen nach. Und das nicht etwa, weil der Personalchef auch mal was Hübsches zum Anschauen im Büro haben will. Gefragt sind vielmehr die „softskills" der Frauen. Yasmin erklärt, was dahintersteckt: „Frauen können besser zuhören, auf Probleme eingehen. Sie trauen sich auch mal, Fehler zuzugeben. Und wenn sie etwas nicht genau wissen, dann fragen sie eben nach." Männer dagegen würden sich lieber hinter Halbwissen verstecken – aus Angst, sich etwas zu vergeben. „Auch wenn sie damit Fehler produzieren", so Yasmin.
Weiterer positiver Nebeneffekt für die Chefs: Männer benehmen sich besser, wenn Frauen zum Team gehören. Dass sie den ganzen Tag „allein unter Männern" sind, das ist für die Mädels mittlerweile normal. Kati: „Ich mache mir da keine Gedanken." Ihr Freund dafür umso mehr: „Der findet das nicht so toll", sagt sie. „Manchmal fragt er schon schnippisch nach: ‚Und, wie wars heute mit deinen Jungs?' Dabei sind das einfach nur nette Kumpels."
Die wie sie sehr fleißig sein müssen, denn es wird viel verlangt. Regina: „Als die ersten Prüfungen ins Haus standen, hab ich jeden Tag bis zehn Uhr abends gelernt."
Auch sonst hat sich einiges geändert. So hätte sich wohl keines von den IT-Girls träumen lassen, dass es einmal am Frühstückstisch mit seinem Freund über PC-Probleme reden würde. „Das machen wir jetzt ständig", sagt Regina. „Aber allmählich dreht sich da was", sagt sie mit einem verschmitzten Lächeln: „Früher hat er mir alles erklärt. Jetzt ist es oft andersrum."

1
a) Lest den Text und sprecht in der Klasse darüber.
b) Um welche Textsorte handelt es sich hier? Lest dazu die Info auf Seite 87.
c) Belegt eure Meinung mit Textstellen.

2 Überlegt, für welche Zeitschriften (Jugendzeitschrift, Frauenzeitschrift, Wirtschaftsmagazin, Elternzeitschrift) dieser Beitrag geeignet wäre und begründet eure Meinung.

Journalistische Textsorten

A Informierende Texte

Meldung

Die Meldung ist die Kurzform der Nachricht. Sie enthält nur die wichtigsten Informationen (Wer? Wo? Was? Wann?). Sie steht häufig auf der ersten Seite und weist meistens auf einen ausführlichen Bericht im Innenteil der Zeitung hin.

Bericht

Der Bericht ist die ausführliche Form der Nachricht. Er liefert eine detaillierte und sachliche Darstellung eines Sachverhalts. Merkmale:

1. Die Überschrift (häufig mit Unterüberschrift) informiert sachlich.
2. Ein halbfett gedruckter Vorspann fasst die wichtigsten Informationen (W-Fragen) zusammen.
3. Im Hauptteil erfolgt eine ausführliche Darstellung der Nachricht mit Erklärung der Zusammenhänge und Hintergründe.
4. Die Darstellung ist sachlich, wertende Äußerungen durch den Berichterstatter fehlen.
5. Aussagen von Personen werden in direkter und indirekter Rede wiedergegeben.
6. Häufig steht zum Text ein erklärendes Bild.

Reportage

Die Reportage ist das Ergebnis vielfältiger Nachforschungen (= Recherchen). Die Reportage will nicht nur informieren, sondern auch durch die lebendige Art der Darstellung den Leser in besonderer Weise ansprechen. Merkmale:

1. Die Überschrift ist so formuliert, dass sie die Neugier des Lesers weckt.
2. Häufig informiert ein halbfett gedruckter Vorspann über den Inhalt der Reportage.
3. Der Anfang lässt den Leser oft ein Geschehen miterleben.
4. Sachlich-informierende Textstellen wechseln mit persönlich-schildernden Darstellungen.
5. Dadurch ergibt sich oft ein Wechsel von Zeitstufen (z. B. Präteritum für Rückblick).
6. Häufig werden Aussagen von Personen in wörtlicher Rede wiedergegeben.
7. Oft findet man wertende Meinungsäußerungen des Autors.
8. Illustrierende oder erklärende Bilder unterstützen die Aussagen des Textes.
9. Der Name der Autorin/ des Autors wird angegeben.

B Kommentierende Texte

Kommentar

Der Kommentar liefert eine Meinung zu einem Sachverhalt. Diese kann zustimmend oder ablehnend sein. Merkmale:

1. Häufig wird er in Verbindung mit einem Bericht oder einer Meldung geschrieben.
2. In vielen Zeitungen erscheinen die Kommentare an einer bestimmten Stelle (z. B. Kommentare zu politischen Ereignissen).
3. Kürzere Kommentare beziehen sich oft auf einen Artikel auf der gleichen Seite.
4. Die Autorin, der Autor wird namentlich genannt.
5. In der Regel haben Kommentare keine Bilder.

Kolumne

Die Kolumne ist eine Sonderform des Kommentars. Merkmale:

1. In vielen Zeitungen, aber auch Zeitschriften erscheinen regelmäßig Kolumnen, meistens an der gleichen Stelle.
2. Die Kolumne ist durch eine besondere optische Aufmachung zu erkennen, die immer gleich ist. Das kann ein Bild, eine Zeichnung des Verfassers oder auch eine gleich bleibende Überschrift sein.
3. Vielfach wird eine Kolumne immer von demselben Verfasser geschrieben, der auch namentlich genannt wird. Manchmal erscheint die Kolumne auch unter einem Pseudonym (= Deckname).
4. Kolumnen befassen sich häufig mit Alltagserfahrungen und mit Situationen, die vielen Menschen vertraut sind.

Zeitungs- und Fernsehnachrichten

Welches Medium wählt ihr wann?

	Fernsehen	Radio	Internet	Videotext	Tageszeitung
1. Wie wird das Wetter in den nächsten Tagen?	○	○	○	○	○
2. In welchen Kinos läuft der neue Actionfilm an?	○	○	○	○	○
3. Wie hat der Ortsverein am Wochenende gespielt?	○	○	○	○	○
4. Wann wird die neue Disko am Wohnort eröffnet?	○	○	○	○	○
5. Wie lauten die aktuellen Lottozahlen?	○	○	○	○	○
6. Wie lauten die Halbzeitergebnisse in der Fußballbundesliga?	○	○	○	○	○
7. Wann wird die neue Umgehungsstraße eröffnet?	○	○	○	○	○
8. Wie sieht die Lage in einem Katastrophengebiet (Hochwasser, Sturm) aus?	○	○	○	○	○
9. Wie ist der Stand der neuesten Hochrechnung der Bundes- oder Landtagswahl?	○	○	○	○	○
10. Wie war das Konzert der „No Angels"?	○	○	○	○	○
11. Wer ist die Nummer 1 in den Charts?	○	○	○	○	○
12. Gibt es einen Stau auf der A3?	○	○	○	○	○

1 Wo informiert ihr euch, um Antworten auf diese Fragen zu erhalten?

a) Lest die Fragen. Verändert Fragen so, dass sie auch für euch aktuell sind (ersetzt z. B. in Frage 10 den Namen der Band). Benutzt dazu eine Folie oder Copy 14.

b) Kreuzt – jeder für sich – die Möglichkeiten an, die ihr bevorzugt.

Zeitungs- und Fernsehnachrichten

2 Wertet eure Antworten an der Tafel aus. Tragt die Anzahl der Nennungen in die entsprechende Spalte an der Tafel ein.

3 Untersucht eure Ergebnisse:
a) Stellt für jede Frage fest:
Welche Informationsquelle erhält die meisten Nennungen, welche die wenigsten? Kennzeichnet diese Zahlen mit unterschiedlichen Farben.
b) Bei welchen Fragen seid ihr unterschiedlicher Meinung?
c) Welches Medium wurde von euch insgesamt am häufigsten/am seltensten gewählt?
Wertet dazu in der Tabelle die Summenzeile aus.

4 Welche Erklärungen findet ihr für eure Ergebnisse?
a) Schaut euch dazu zunächst die Summenzeile an. Sucht nach einer Begründung, warum ein Medium insgesamt stark bevorzugt und ein anderes möglicherweise kaum genutzt wird.
b) Sucht nach Erklärungen für die Ergebnisse in den Zeilen.
c) Welches Medium eignet sich am besten, wenn ihr schnell aktuelle Informationen aus eurer Region wünscht?
Schaut euch dazu die Ergebnisse eurer Untersuchung zu den Fragen 2, 3, 4 und 7 an.

5 War das Ergebnis in eurer Klasse Zufall?
Ihr könnt mit dem Fragebogen von Seite 88 in der Pause auch Schüler aus anderen Klassen befragen und die Ergebnisse wie in Aufgabe 3 auswerten.

6 Vielleicht gelten eure Ergebnisse ja nur für Schülerinnen und Schüler.
Befragt mit dem Fragebogen Erwachsene an eurem Wohnort und vergleicht diese Ergebnisse mit euren eigenen.

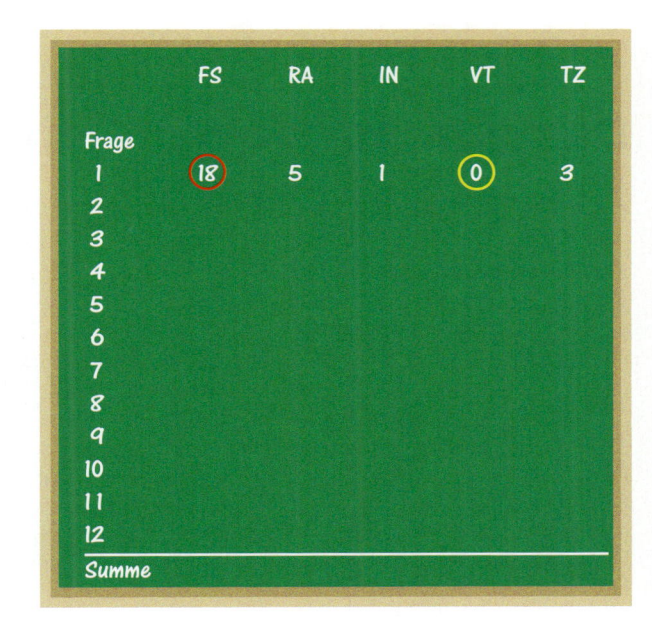

Frage	FS	RA	IN	VT	TZ
1	18	5	1	0	3
2					
3					
4					
5					
6					
7					
8					
9					
10					
11					
12					
Summe					

9.4 Zeitungsartikel und TV-Sendungen als Informationsquelle untersuchen

Das gleiche Ereignis in zwei Medien

Das Symbol der Einheit ließ die Hüllen fallen

Zum zwölften Jahrestag der Wiedervereinigung bekam Berlin das Brandenburger Tor zurück

Von unserem Redaktionsmitglied Martin Ferber

Berlin

Solch einen Striptease hatte die Hauptstadt noch nie erlebt. Der Reißverschluss: 21 Meter lang und 60 Zentimeter breit. Die Hülle: größer als ein Fußballfeld. Und der Strip-Star: 211 Jahre alt, 21 Meter hoch, 65,6 Meter breit und 11 Meter tief. Rund eine Million Menschen, die sich am Donnerstagabend auf dem Pariser Platz, auf dem Boulevard Unter den Linden und auf der Straße des 17. Juni versammelt hatten, waren live dabei, als am Brandenburger Tor im Herzen Berlins in einer spektakulären Inszenierung die Hüllen fielen.

Pünktlich um 20.49 Uhr schwebte der Münchner Extremsportler, Stuntman, Filmemacher, Regisseur und Modedesigner Willy Bogner, der mit einem Seil an einem Heliumballon hing, an der Ostseite des Brandenburger Tores langsam in die Höhe. Oben angekommen, kletterte er auf die Attika. Der Ballon flog derweil weiter und nahm dabei das Stofftuch mit, das die berühmte Quadriga verhüllte. Gleichzeitig seilte sich Bogner vom Tor ab und zog dabei den überdimensionalen Reißverschluss auf, der die Plane zusammenhielt.

Atemlose Stille herrschte, als die beiden Stoffhälften langsam zur Seite fielen. Zum Vorschein kam, in gleißend helles Licht getaucht, zuerst Lila und Blau, dann Grün, schließlich in Sandsteingelb das Nationaldenkmal der Deutschen, das Symbol der deutschen Teilung wie der deutschen Wiedervereinigung schlechthin, das 22 Monate versteckt hinter Gerüsten und einer gewaltigen Werbeplane aufwändig saniert worden war. Als die Hüllen am Boden lagen, brandete begeisterter Beifall auf.

Erstmals seit dem Tag der Wiedervereinigung am 3. Oktober 1990 fand das zentrale Fest wieder in der Hauptstadt statt. Und wie vor zwölf Jahren, als um Punkt Mitternacht vor dem Brandenburger Tor ein großes Feuerwerk den Himmel erleuchtete, stand das klassizistische Bauwerk auch dieses Mal im Mittelpunkt des Interesses. Rund 3,9 Millionen Euro hatte die Sanierung gekostet, 56.900 Arbeitsstunden verbrachten die Restauratoren und Stuckateure damit, es gründlich zu reinigen, statisch zu sichern und rund 14.600 Steinteile auszubessern. Jetzt ist es porentief rein und schöner denn je. Mit Lasertechnik ist die dicke Schicht aus Staub, Ruß und organischem Material entfernt worden.

Prominenteste Zeugen des Festes waren der frühere Präsi-

Willy Bogner zieht den Reißverschluss auf.

dent der USA, Bill Clinton, Bundespräsident Johannes Rau mit Frau Christina, Bundeskanzler Gerhard Schröder und Frau Doris Schröder-Köpf, Bundestagspräsident Wolfgang Thierse, der letzte DDR-Ministerpräsident Lothar de Maizière und Berlins Regierender Bürgermeister Klaus Wowereit. Dieser dankte Clinton für die Unterstützung Amerikas bei der Vereinigung Deutschlands. Clinton revanchierte sich, als er auf Deutsch sagte: „Das Tor war ein Symbol der Teilung. Heute ist es ein echtes Symbol der Einheit." Und auf Englisch führte er hinzu: „Möge es immer so bleiben." Damit sprach er allen aus dem Herzen.

Während Clinton, Schröder, Thierse und Wowereit als Erste durch das Tor schritten, um sich danach im noblen Hotel „Adlon" zu einem edlen Diner zu treffen, feierte das Millionenpublikum bis tief in die Nacht eine Freiluft-Party. Willy Bogner, bei der Enthüllung noch ziemlich aufgeregt, zeigte sich hinterher überglücklich: „Was für ein Moment. Ich werde ihn mein Leben lang nicht vergessen", strahlte er.

Zeitungs- und Fernsehnachrichten

Nachrichtensprecher:
Die Hauptstadt hat ihr Wahrzeichen wieder. Nach fast zweijähriger Sanierung wurde das Brandenburger Tor heute Abend im Rahmen einer Show für die Öffentlichkeit wieder zugänglich.

Sprecher aus dem Off:
Bereits am Nachmittag konnten Berliner und Touristen die neue Pracht des Bauwerks bestaunen und durch das Tor spazieren. Für fast 4 Millionen Euro war es generalüberholt worden und rechtzeitig zum Tag der Deutschen Einheit fertig geworden.

Sprecher aus dem Off:
Um 20.45 Uhr enthüllte der Münchner Modeschöpfer Willy Bogner das Denkmal aus der Luft. Er setzte damit den Höhepunkt eines Festes vor mehr als 1 Million Gäste, darunter auch der frühere amerikanische Präsident Clinton. Gewaltiger Beifall brandete auf, als die Hüllen des Symbols der Deutschen Einheit fielen.

Tagesthemen vom 4. Oktober 2002, 22:30 Uhr (fiktiv)

1 Mit welchem Ereignis beschäftigen sich beide Meldungen?

2 a) Fernsehnachrichten und Zeitungen verwenden verschiedene Mittel, um Informationen zu präsentieren. Lest dazu die Info.
b) Stellt fest, welche dieser Mittel in den beiden Medien oben verwendet werden.

INFO

Präsentationsmittel in Medien
1. Gedruckter Text
2. Grafik (zumeist optisch aufbereitetes Zahlenmaterial wie Säulendiagramm usw.)
3. Bild (zumeist Fotografie)
4. Film
5. Sichtbarer Sprecher
6. Sprecher aus dem Off (unsichtbarer Sprecher)
7. O-Ton (Originalton vom Schauplatz eines Ereignisses)

Medien und ihre Wirkung

1 Eine Meldung über das gleiche Ereignis kann durch die Art der in den Medien verwendeten Präsentationsmittel sehr unterschiedlich wirken. Welche Unterschiede stellt ihr fest, wenn ihr eine Meldung über die Zeitung bzw. über das Fernsehen erfahrt? Sprecht darüber.

2 Verwendet den Arbeitsbogen unten, um die unterschiedlichen Wirkungen der Medien einzuschätzen.
a) Lest den Arbeitsbogen. Was soll mit seiner Hilfe verglichen werden?
b) Wendet den Arbeitsbogen in Partnerarbeit auf die beiden Beispiele (Seite 90–91) an.
c) Sprecht über eure Einschätzungen.
d) In welchen Punkten wollt ihr den Arbeitsbogen verändern?

	in der Fernsehmeldung größer als in der Zeitungsmeldung	in beiden gleich	in der Zeitungsmeldung größer als in der Fernsehmeldung
Umfang der Information			
– durch gesprochenen/ geschriebenen Text	○	○	○
– durch Bild(er)	○	○	○
Aktualität	○	○	○
– …	○	○	○
Wirkung der Meldungen			
– Lebendigkeit	○	○	○
– Glaubwürdigkeit	○	○	○
– Anschaulichkeit	○	○	○
– Verständlichkeit	○	○	○
– …			

Selbst gewählte Meldungen vergleichen

1 Wählt gemeinsam eine Zeitungs- und eine Fernsehmeldung zu einem aktuellen Ereignis aus. Untersucht in Partnerarbeit beide Meldungen mit eurem Arbeitsbogen.

2 Wertet die gefundenen Ergebnisse an der Tafel aus. Die Zahlen geben an, wie viele Paare sich für eine der Antwortmöglichkeiten entschieden haben.

	in der Fernsehmeldung größer als in der Zeitungsmeldung	in beiden gleich	in der Zeitungsmeldung größer als in der Fernsehmeldung
Umfang der Information			
durch gesprochenen/ geschriebenen Text	2	2	12
durch Bild(er)	8	4	2

3 a) Welche der folgenden Aussagen treffen auf eure Untersuchungsergebnisse zu? Begründet eure Einschätzung.

1. Unsere Fernsehmeldung war aktueller.
2. Unsere Zeitungsmeldung war leichter zu verstehen.
3. Unsere Fernsehmeldung hat genauer informiert.
4. Unsere Zeitungsmeldung war glaubwürdiger.

b) Welche weiteren Aussagen könnt ihr aufgrund eurer Untersuchung machen?

4 Stellt in einer Tabelle eure Meinungen über Stärken und Schwächen von Zeitungs- und Fernsehmeldungen gegenüber.

	Zeitung	Fernsehen
Stärken		
Schwächen		

Vorabendserien und Soaps

Etwas für uns?

Unter Uns
(RTL, Montag bis Freitag, 17.30 Uhr)
Jan ist glücklich, dass Moni immer mehr Zeit mit ihm verbringt. Die verliebt sich jedoch ausgerechnet in David. David genießt es, Jan damit zu demütigen. Doch bald wird der Spieß umgedreht...
Stefan will Eva endlich vergessen und nur noch für Helena da sein. Seine Gefühle überwältigen ihn aber immer wieder. Als er Eva alleine im Fahrstuhl trifft, kann er ihr nicht mehr widerstehen ...
Mit einem Strauß roter Rosen und einer weißen Limousine „entführt" Malte Pauline zu einem romantischen Tag. Doch lange schweben sie nicht im Glück: Er kann Pauline nicht länger geheim halten, dass er Geldprobleme hat.

GZSZ
(RTL, Montag bis Freitag, 19.40 Uhr)
Leon ist enttäuscht, als er erfährt, dass Cora wegen ihres Jobs für längere Zeit verreisen muss. Er wirft ihr vor, auf ihn keine Rücksicht zu nehmen.
Clemens und Tim müssen sich verabschieden. Clemens hat zum Abschied noch eine Überraschung für seinen Sohn. Er lädt ihn zu einer Tour im Wasserflugzeug ein. Im Flieger hat Tim eine große Bitte an Clemens ...
Julia möchte aus dem Krankenhaus entlassen werden. Ihre Mutter erlaubt ihr, in die WG zu ziehen. Sandra verspricht aufzupassen, dass Julia sich an die ärztlichen Anweisungen hält. Aber gleich nach Julias Ankunft in der WG gibt es schon die ersten Probleme.

Marienhof
(Das Erste, Montag bis Freitag, 18.25 Uhr)
Sandra darf das Krankenhaus verlassen und zu Hause auf das Baby warten. Carlos gibt sich alle Mühe, Sandra zu verwöhnen, aber sie möchte lieber alleine sein. Carlos ist vor den Kopf gestoßen und versteht nicht, was er nun falsch gemacht hat. Verzweifelt holt er sich bei Töppers und Stefano Rat ...
Michi ist bis über beide Ohren in Gina verliebt. Und auch Gina öffnet sich ihm von Tag zu Tag mehr. Als Elena den beiden eine leidenschaftliche Szene macht, ist Gina von Michis Gefühlen ihr gegenüber endgültig überzeugt.
Annika will nach Griechenland. Der Ärger mit Dino wächst ihr einfach über den Kopf. Aber auch Dino hält es nicht mehr länger aus und plant, nach Italien abzuhauen. Marlon setzt alles daran, das Liebespaar wieder zusammenzubringen.

Verbotene Liebe
(Das Erste, Montag bis Freitag, 17.55 Uhr)
Oliver kann Charlie endlich beweisen, dass Lukas sie nur ausgenutzt hat. Dankbar will sie Oliver helfen, sein Leben in den Griff zu bekommen. Als er als Steward auf einem Kreuzfahrtschiff anheuert, versucht sie mit allen Mitteln, ihn davon abzuhalten. Wird Oliver dennoch abreisen?
Henning hat mit Marie geschlafen und fühlt sich nun zwischen ihr und Cecile hin- und hergerissen. Schließlich gesteht Henning den Seitensprung und bläst die Hochzeit ab. Die enttäuschte Cecile verliert den Verstand und geht auf Marie los ...
Andi hat sich ernsthaft in Franziska verliebt. Aber alle Versuche, ihr Herz zu gewinnen, schlagen fehl. Als Alexa ihm Mut macht, plant Andi eine Überraschung: Er lässt ein Plakat mit Franziskas Bild und einer Liebeserklärung anbringen. Doch über Nacht hat jemand das Foto „verziert" ...

Vorabendserien und Soaps

1
a) Lest die Texte auf der linken Seite.
b) Welche dieser Sendungen kennt ihr?
c) Wie bezeichnet man dieser Art von Fernsehsendungen?
d) Viele Vorabendserien sind Soaps. Lest dazu die Info.
e) Welche weiteren Sendungen dieser Art kennt ihr?

2 Macht eine Umfrage in der Klasse. Legt dazu an der Tafel eine Liste nach folgendem Muster an. Ergänzt Sendungen, die in dieser Liste nicht erfasst wurden.

Wie viele Schüler sehen diese Sendungen?

	immer ♂ ♀	gelegentlich ♂ ♀	nie ♂ ♀
Unter uns	ⅢⅠ Ⅱ	Ⅲ	Ⅱ
Marienhof			
GZSZ			
Verbotene Liebe			
...			

3 Wertet das Ergebnis aus:
a) Welche Sendung wird von den meisten Schülern der Klasse gesehen?
b) Welche Unterschiede in den Sehgewohnheiten gibt es zwischen Jungen und Mädchen?
c) Nennt Gründe, warum ihr euch diese Sendungen anseht oder nicht anseht.

INFO

Was sind Soaps?
Eine Vorabendserie wird regelmäßig zwischen 17.00 Uhr und 20.00 Uhr ausgestrahlt, entweder an jedem Werktag oder wöchentlich immer am gleichen Tag. Sie hat eine fortlaufende Handlung.
Zu diesen Vorabendserien gehören die Daily Soaps, die sich aus den Soap Operas (Seifenopern) entwickelten. Diese Serien entstanden in den USA. Dabei handelte es sich ursprünglich um unterhaltsame Hör- oder Fernsehspiele für eine vorwiegend weibliche Zielgruppe. Diese Sendungen wurden von Waschmittelunternehmen (soap firms) finanziert, deren Produkte in den Werbeeinblendungen gezeigt wurden.
Im Mittelpunkt der Handlungen standen Ereignisse aus dem alltäglichen Leben einer Familie. Die Handlung folgte oft gängigen Klischeevorstellungen.
Nach 1990 entwickelten sich daraus die Daily Soaps, die mit einer täglich neuen Episode meist jugendliche Zuschauer in ihren Bann ziehen. Inzwischen gibt es bereits Fanclubs, Fanartikel und Fanzeitschriften.

Vorabendserien auf dem Prüfstand

1
a) Einigt euch auf eine Serie, die ihr in der Klasse genauer untersuchen wollt.
b) Bildet fünf Gruppen. Jede Gruppe sieht sich im Laufe einer Woche eine Sendung dieser Serie an und bearbeitet die Aufgaben rechts auf dem Untersuchungsplan (Copy 15).
c) Sprecht über den Untersuchungsplan.
d) Besprecht in der Gruppe folgende Fragen:
– Wie teilt ihr die Beobachtungsaufgaben am besten auf? Denkt daran, dass in jeder Sendung verschiedene Handlungen schnell hintereinander folgen.
– Wie macht ihr euch Notizen?
– Welche organisatorischen Fragen müsst ihr klären?

2 Wie wollt ihr die Ergebnisse der Gruppenarbeit auswerten? Eine Möglickeit besteht darin, die einzelnen Ergebnisse auf einer Wandzeitung zu präsentieren. Schaut euch dazu das Muster unten rechts an und überlegt, ob ihr es übernehmen wollt.

3 Wertet eure Gruppenergebnisse aus.
a) Welche Themen kamen in der von euch untersuchten Woche am häufigsten vor? Sucht Gründe dafür.
b) Welche Songs wurden häufig gespielt?
c) Welche Zielgruppe spricht eure Daily Soap an? Lest dazu die Info. Begründet eure Meinung.

4 Warum sind die Daily Soaps so beliebt? Sprecht in der Klasse darüber und bezieht eure Ergebnisse in die Begründung ein.

Untersuchungsplan

Daily Soap ....
in der Woche vom .... bis ....
Sendung vom ....

1. Fertigt im Heft eine Inhaltszusammenfassung eurer Sendung an. Ihr könnt euch an den Beispielen auf Seite 94 orientieren.
2. Stellt fest, welche Themen angesprochen werden. Ergänzt die Strichliste, wenn nötig. Themen in unserer Sendung:
   - Drogen
   - Liebe
   - Mode
   - Musik
   - Konflikt zwischen Eltern und Jugendlichen
   - Trennung
   - Umweltschutz
   … …
3. Wie wird erreicht, dass sich der Zuschauer auch die nächste Folge ansieht? Beschreibt kurz die Schluss-Szene.
4. Notiert stichpunktartig die Produkte, die in den Werbeblöcken vorkommen.
5. Schreibt die Titel von Songs auf, die gespielt werden.
6. Gibt es zu dieser Serie Fan-Artikel? Wenn ja, welche?

INFO

Was versteht man unter einer Zielgruppe?
Der Begriff „Zielgruppe" stammt aus der Werbung und bezeichnet den Personenkreis, den man mit einer bestimmten Werbeaktion erreichen will.

GUTE ZEITEN – SCHLECHTE ZEITEN

	Montag	Dienstag	Mittwoch
1. Inhalt	☆	☆	☆
2. Themen	☆	☆	☆
3. Schluss	☆	☆	☆
4. Produkte	☆	☆	☆
5. Songs	☆	☆	☆
6. Zielgruppe	☆	☆	☆
7. Fan-Artikel	☆	☆	☆

Vorabendserien und Soaps

Sind Soaps Vorbilder?

Soap-Stars werden zu Geschwistern
Junge Mädchen unkritisch

Duisburg (ap).
Junge Mädchen beobachten das Serienleben ihrer Seifenoper-Helden aus „Unter uns" und „Verbotene Liebe" wie den Alltag älterer Geschwister. Dabei übernehmen sie Modetrends, Musikstile und Verhaltensweisen besonders unkritisch, wie eine Studie des Rhein-Ruhr-Instituts für Sozialforschung und Politikberatung unter 150 Jugendlichen ergab.

1
a) Worum geht es in dem Artikel?
b) Was wird in dem Text kritisiert?

2
a) Könnt ihr der Kritik aus eigener Erfahrung zustimmen? Diskutiert in der Klasse darüber.
b) Sucht Beispiele, die die Aussagen im Text begründen oder widerlegen.

3 Untersucht an eurer Schule, inwieweit Daily Soaps gesehen werden und welche Auswirkungen auf das Kaufverhalten beobachtbar sind.
Ihr könnt dazu den Fragebogen (Copy 16) rechts verwenden.
Es bleibt euch überlassen, ob ihr weitere Fragen ergänzt oder vorhandene streicht.

4 Wertet eure Fragebögen aus und klärt, ob sich tatsächlich Jugendliche von den Sendungen in irgendeiner Weise beeinflussen lassen.

5 Entwickelt ein Wandplakat, auf dem ihr die Ergebnisse eurer Gruppenarbeit (siehe Seite 96) und die wichtigsten Erkenntnisse aus eurer Befragung interessant und ansprechend darstellt. Besorgt euch dazu auch Bildmaterial aus Illustrierten und Programmzeitschriften.

Fragebogen zu Daily Soaps

Die befragte Person ist männlich ○ weiblich ○
und besucht die Jahrgangsstufe ......☆......

1. Schaust du Daily Soaps?
   ja ○   nein ○
2. Wenn ja, welche?
   ....☆........☆........☆......
3. Wie oft schaust du sie an?
   immer ○   gelegentlich ○   selten ○
4. Besitzt du Gegenstände mit dem Logo einer Daily Soap?
   ja ○   nein ○
5. Wenn ja, welche?
   ....☆........☆........☆......
6. Hast du in der Sendung Kleidungsstücke, Frisuren, Kosmetik-Produkte oder andere Dinge gesehen, die du gerne haben möchtest?
   ja ○   nein ○
7. Wenn ja, was?
   ....☆........☆........☆......
8. Welche Figur aus einer Daily Soap gefällt dir am besten?
   Name der Figur: ....☆........☆........☆......
   Aus welcher Serie? ....☆........☆........☆......

9.4 Merkmale einer Vorabendserie untersuchen und bewerten

Romantik

Was ist romantisch?

Ich finde es romantisch, die Sonne untergehen zu sehen.

Es ist romantisch, bei Kerzenlicht Musik zu hören.

Ich finde es romantisch, wenn ...

1 a) Tragt Situationen zusammen, die ihr romantisch findet, und schreibt sie an die Tafel.
b) Sprecht darüber, warum ihr diese Situationen als romantisch bezeichnet.

2 a) Bei welchem Bild auf der rechten Seite würdet ihr sagen: „Das finde ich romantisch"?
b) Da die Einschätzungen dazu unterschiedlich sein können, führt zu jedem Bild eine Abstimmung durch.

3 Welche Empfindungen und Gefühle lösen Situationen oder Bilder aus, die ihr als romantisch bezeichnet?
Sammelt eure Vorstellungen in einem Cluster.

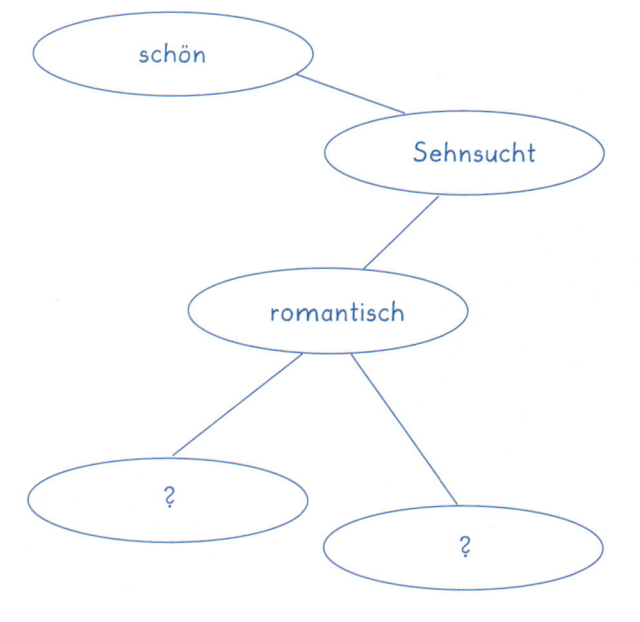

	Romantisch?	
	ja	nein
Bild A	☆	☆
Bild B	☆	☆
Bild C	☆	☆
...		

Cluster: schön — Sehnsucht — romantisch — ? — ?

9.4 Einblick in die Literaturgeschichte gewinnen / Romantik

Romantik

A

Ludwig Meidner, Apokalyptische Landschaft (1913)

B

4 Schreibt – jeder für sich – auf, was für euch romantisch ist.

C

D *Caspar David Friedrich, Morgen (um 1821)*

9.4 Einblick in die Literaturgeschichte gewinnen / Romantik

Gedichte
der Romantik

Gedichte können Bilder erzeugen. Erlebt, welche Bilder ein Gedicht in euren Köpfen entstehen lässt. Begebt euch dazu auf eine Traumreise: Dunkelt euer Klassenzimmer ab. Nehmt eine bequeme Haltung ein, indem ihr den Kopf auf die Bank oder euch mit dem Körper auf den Boden legt. Seid ganz leise, schließt die Augen und atmet ruhig. Lasst euch den Text und das Gedicht rechts von eurem Lehrer langsam und mit längeren Pausen vorlesen. Konzentriert euch auf den Text und achtet auf die Bilder, die in eurem Kopf entstehen.

1 a) Beschreibt die Bilder, die das Gedicht in euren Köpfen erzeugt hat.
b) Sprecht über die Empfindungen, die sie bei euch ausgelöst haben.

2 Wie erlebt der Betrachter im Gedicht seine Umgebung? Empfindet er sie als angenehm oder als unangenehm? Begründet eure Einschätzung mit Textstellen.

3 a) Bereitet in Gruppen das Gedicht für einen Vortrag vor.
b) Sucht nach einem Musikstück, das zu dem Gedicht passt. Wie könnte diese Musik den Vortrag unterstützen?

Traumreise ...
Du stehst von deinem Platz auf und gehst aus dem Klassenzimmer hinaus. Du verlässt auch das Schulhaus. Du stehst vor dem Schulhaus und stellst fest, dass sich das Haus inmitten der Natur befindet. Die Sonne ist bereits untergegangen und der am dunklen Himmel stehende Mond spendet Licht. Du drehst dich. Alles sieht so aus, wie es in dem folgenden Gedicht beschrieben wird:

Mondnacht
Joseph Freiherr von Eichendorff

Es war, als hätt der Himmel
Die Erde still geküsst,
Dass sie im Blütenschimmer
Von ihm nun träumen müsst.

5 **Die Luft ging durch die Felder,**
Die Ähren wogten sacht,
Es rauschten leis die Wälder,
So sternklar war die Nacht.

Und meine Seele spannte
10 **Weit ihre Flügel aus,**
Flog durch die stillen Lande,
Als flöge sie nach Haus.

Was genau kannst du sehen?
Wie wirkt die Umgebung auf dich?
Wie fühlst du dich?
Frierst du oder ist dir warm?

Verabschiede dich langsam von diesem Ort und gehe wieder in das Schulgebäude hinein. Begib dich in dein Klassenzimmer und setze oder lege dich auf deinen Platz. Mache die Augen wieder auf. Dehne und strecke dich, finde dich langsam wieder auf deinem Platz ein und mache dir noch einmal bewusst, welche Bilder in deinem Kopf entstanden sind.

Romantik

Abendständchen
Clemens Brentano

Hör, es klagt die Flöte wieder,
Und die kühlen Brunnen rauschen,
_____ wehn die _____ nieder –
Stille, stille, lass uns lauschen!

Holdes[1] Bitten, mild[2] Verlangen,
Wie es süß zum Herzen spricht!
Durch die Nacht, die mich umfangen,
Blickt zu mir der _____ Licht.

[1] *anmutig, lieblich*
[2] *sanft*

Wortbausteine: leise, Blätter, Sterne, Töne, flatternd, golden, Kerzen

4 Beschreibt die Stimmung, die in diesem Gedicht erzeugt wird.

5 a) In dem Gedicht sind drei Lücken. Wählt aus den Beispielen rechts oben passende Wörter aus und setzt sie ein. Ihr könnt auch ein Wort mehrfach gebrauchen. Schreibt eure Lösung in euer Heft.
b) Vergleicht und begründet eure Lösungen.

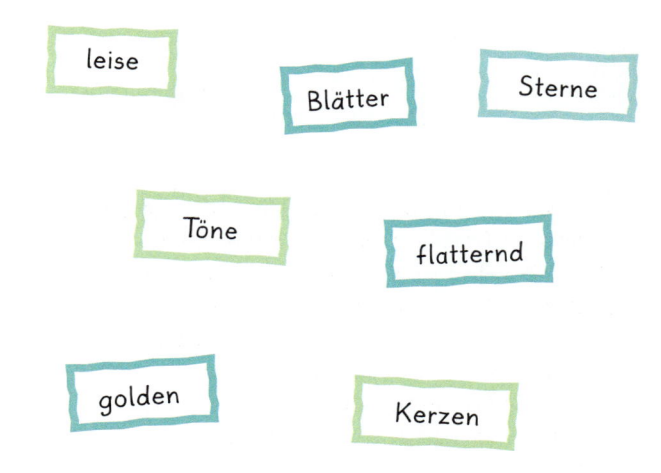

6 a) Lest den Originaltext auf Seite 107.
b) Warum ist die Zusammenstellung der im Original verwendeten Wörter ungewöhnlich?
c) Versucht mit eigenen Worten den Sinn der dritten Zeile und der letzten beiden Zeilen wiederzugeben.
d) Diese ungewöhnliche Wortzusammenstellung ist typisch für die Romantik. Sucht dazu die erklärenden Hinweise in der Info auf Seite 107.

Clemens Brentano

Der Dichter wurde am 9. September 1778 als Sohn einer wohlhabenden Frankfurter Kaufmannsfamilie geboren.
Nach der Schulzeit besuchte er verschiedene Universitäten, schloss jedoch seine Studien nicht ab. Mit dem Tod seiner Eltern fiel ihm ein beträchtliches Erbe zu, das ihn während seines weiteren Lebens finanziell unabhängig machte.

Unter dem Einfluss anderer frühromantischer Schriftsteller begann er als freischaffender Dichter zu arbeiten und veröffentlichte seit 1800 erste Werke. Berühmt wurde vor allem „Des Knaben Wunderhorn", eine Sammlung von Volksliedern und Gedichten, die er zusammen mit Achim von Arnim bearbeitet und herausgegeben hatte.
Nach einer Lebens- und Glaubenskrise kam es zu einer einschneidenden Wende im Leben Brentanos. Er wandte sich dem katholischen Glauben zu und sagte sich von seinen bisherigen literarischen Arbeiten los. Stattdessen verfasste er vor allem religiös geprägte Literatur.
Erst in den letzten Jahren seines Lebens beschäftigte er sich wieder mit der weltlichen Dichtung. Am 28. Juli 1842 starb Brentano in Aschaffenburg.

Caspar David Friedrich, Zwei Männer in Betrachtung des Mondes (1819/1820)

Nachtzauber *Joseph von Eichendorff*

Hörst du nicht die Quellen gehen
Zwischen Stein und Blumen weit
Nach den stillen Waldesseen,
Wo die Marmorbilder stehen
5 In der schönen Einsamkeit?
Von den Bergen sacht hernieder,
Weckend die uralten Lieder,
Steigt die wunderbare Nacht,
Und die Gründe glänzen wieder,
10 Wie du's oft im Traum gedacht.

Kennst die Blume du, entsprossen
In dem mondbeglänzten Grund?
Aus der Knospe, halb erschlossen,
Junge Glieder blühend sprossen,
15 Weiße Arme, roter Mund,
Und die Nachtigallen schlagen,
Und rings hebt es an zu klagen,
Ach, vor Liebe todeswund,
Von versunknen schönen Tagen –
20 Komm, o komm zum stillen Grund!

7 Wie wird die Natur in dem Gedicht beschrieben? Belegt eure Aussagen mit Stellen aus dem Text.

8 Vergleicht damit die Darstellung der Natur auf dem Bild oben. Welche Gemeinsamkeiten könnt ihr feststellen?

9 Schreibt zu einer Strophe ein Gegengedicht mit dem Titel „Tageshetze":
*Siehst du nicht die Leute gehen
auf den Straßen grau und weit ...*

10 Verfasst zu dem Bild einen Dialog, den die beiden abgebildeten Personen halten könnten.

Romantik

Frühlingsfahrt
Joseph Freiherr von Eichendorff

Es zogen zwei rüst'ge Gesellen
Zum ersten Mal von Haus,
So jubelnd recht in die hellen,
Klingenden, singenden Wellen
5 Des vollen Frühlings hinaus.

Die strebten nach hohen Dingen,
Die wollten, trotz Lust und Schmerz,
Was Recht's in der Welt vollbringen,
Und wem sie vorübergingen,
10 Dem lachten Sinn und Herz. –

Der erste, der fand ein Liebchen,
Die Schwieger[1] kauft' Hof und Haus;
Der wiegte gar bald ein Bübchen,
Und sah aus heimlichem Stübchen
15 Behaglich ins Feld hinaus.

Dem zweiten sangen und logen
Die tausend Stimmen im Grund,
Verlockend' Sirenen[2], und zogen
Ihn in der buhlenden[3] Wogen
20 Farbig klingenden Schlund.

Und wie er auftaucht vom Schlunde,
Da war er müde und alt,
Sein Schifflein, das lag im Grunde,
So still war's rings in der Runde,
25 Und über die Wasser weht's kalt.

Es singen und klingen die Wellen
Des Frühlings wohl über mir;
Und seh ich so kecke Gesellen,
Die Tränen im Auge mir schwellen –
30 Ach Gott, führ' uns liebreich zu Dir!

[1] *Schwiegermutter*
[2] *verführerische Frauen*
[3] *heftig um jemand werben*

11 Die Überschrift lässt ein Frühlingsgedicht erwarten. Worum aber geht es in diesem Gedicht?

12 a) Vergleicht die Personen auf den Fotografien mit den Personen im Gedicht. Welche passen zusammen? Begründet eure Meinung.
b) Stellt in Partnerarbeit für eine der beiden Personen den Lebensweg in einer Collage aus Zeitschriftenbildern dar.
c) Welcher der beiden Lebenswege spricht euch mehr an? Begründet eure Meinung.

13 Eichendorff verwendet in der ersten und in der letzten Strophe den Begriff *Wellen des Frühlings*. Was könnte damit gemeint sein? Macht Vorschläge und sprecht darüber.

14 Stellt mit Hilfe der Info auf Seite 107 fest, warum der Inhalt des Gedichtes typisch für die Romantik ist.

Erzählungen der Romantik

Aus dem Leben eines Taugenichts
Joseph Freiherr von Eichendorff

Das Rad an meines Vaters Mühle brauste und rauschte schon wieder recht lustig, der Schnee tröpfelte emsig vom Dache, die Sperlinge zwitscherten und tummelten sich dazwischen; ich saß auf der
5 Türschwelle und wischte mir den Schlaf aus den Augen; mir war so recht wohl in dem warmen Sonnenscheine. Da trat der Vater aus dem Hause; er hatte schon seit Tagesanbruch in der Mühle rumort und die Schlafmütze schief auf dem Kopfe, der
10 sagte zu mir: „Du Taugenichts! Da sonnst du dich schon wieder und dehnst und reckst dir die Knochen müde und lässt mich alle Arbeit allein tun. Ich kann dich hier nicht länger füttern. Der Frühling ist vor der Tür, geh auch einmal hinaus in die Welt
15 und erwirb dir selber dein Brot." – „Nun", sagte ich, „wenn ich ein Taugenichts bin, so ists gut, so will ich in die Welt gehen und mein Glück machen." Und eigentlich war mir das recht lieb, denn es war mir kurz vorher selber eingefallen, auf Reisen zu gehen,
20 da ich die Goldammer, welche im Herbst und Winter immer betrübt an unserm Fenster sang: „Bauer, miet mich, Bauer, miet mich!" nun in der schönen Frühlingszeit wieder ganz stolz und lustig vom Baume rufen hörte: „Bauer, behalt deinen
25 Dienst!"
Ich ging also in das Haus hinein und holte meine Geige, die ich recht artig spielte, von der Wand, mein Vater gab mir noch einige Groschen Geld mit auf den Weg, und so schlenderte ich durch das lange
30 Dorf hinaus. Ich hatte recht meine heimliche Freude, als ich da alle meine alten Bekannten und Kameraden rechts und links, wie gestern und vorgestern und immerdar, zur Arbeit hinausziehen, graben und pflügen sah, während ich so in die freie
35 Welt hinausstrich. Ich rief den armen Leuten nach allen Seiten stolz und zufrieden Adjes zu, aber es kümmerte sich eben keiner sehr darum. Mir war es wie ein ewiger Sonntag im Gemüte. Und als ich endlich ins freie Feld hinauskam, da nahm ich
40 meine liebe Geige vor und spielte und sang, auf der Landstraße fortgehend:

Wem Gott will rechte Gunst erweisen,
Den schickt er in die weite Welt,
Dem will er seine Wunder weisen
45 In Berg und Wald und Strom und Feld.

Die Trägen, die zu Hause liegen,
Erquicket nicht das Morgenrot,
Sie wissen nur vom Kinderwiegen,
Von Sorgen, Last und Not um Brot.

50 Die Bächlein von den Bergen springen,
Die Lerchen schwirren hoch vor Lust,
Was sollt ich nicht mit ihnen singen
Aus voller Kehl und frischer Brust?

Den lieben Gott lass ich nur walten;
60 Der Bächlein, Lerchen, Wald und Feld
Und Erd und Himmel will erhalten,
Hat auch mein Sach aufs best bestellt!

Romantik

1 In diesem Anfang der Erzählung wird die Hauptperson, der Taugenichts, vorgestellt.
   a) Wie kommt sie zu diesem Namen?
   b) Was ist dieser Person wichtig, was unwichtig?

2 a) Taugenichts wird vom Vater aus dem Haus gewiesen. In welcher Stimmung verlässt er sein Zuhause? Belegt eure Einschätzung mit Textstellen.
   b) Woran lässt sich erkennen, dass dieser Textauszug unwirkliche, fast märchenhafte Ereignisse wiedergibt?

3 Beantwortet die folgenden Fragen in Stichworten. Notiert auch Belegstellen aus dem Text. Vergleicht anschließend eure Ergebnisse.
   a) Kennt ihr das Gedicht dieser Textstelle? In welcher Form ist es euch bereits begegnet?
   b) In dem Gedicht drückt sich eine bestimmte Lebenseinstellung aus. Beschreibt sie.
   c) Welche Parallelen erkennt ihr zu dem Gedicht *Frühlingsfahrt* auf Seite 103?
   d) Welche Merkmale der Romantik finden sich in diesem Ausschnitt der Erzählung?
   Lest dazu die Info auf Seite 107.

4 „Aus dem Leben eines Taugenichts von heute" Schreibt den Anfang der Erzählung vom Taugenichts so um, dass er in die heutige Zeit passt.

5 Hat Eichendorff selbst ein Leben geführt, das sich mit dem Leben des Taugenichts vergleichen lässt? Lest dazu die Info und die Zusammenfassung oben.

Aus dem Leben eines Taugenichts – kurz gefasst

Nachdem der Taugenichts sein Zuhause verlassen hat, geht er ohne festes Ziel auf Wanderschaft. Zuerst führt ihn der Weg auf ein Schloss in der Nähe Wiens, wo er Gärtnerbursche und Zolleinnehmer wird und sich in Aurelie verliebt, die er für eine Gräfin hält. Da sie ihm nicht erreichbar scheint, macht er sich auf den Weg nach Italien. Auf seiner Reise erlebt er ein Durcheinander von Verwechslungen und Liebesverwicklungen. Dabei begegnet er einigen undurchsichtigen Personen und gerät in Rom in einen Kreis von Adligen und Künstlern. Das Durcheinander und die Sehnsucht nach der Angebeteten veranlassen ihn, sich wieder auf den Weg zu dem Schloss in der Heimat zu begeben. Dort wird er bei seiner Ankunft schon erwartet. Er erfährt, dass seine ganze Reise beobachtet worden ist und dass die Frau seines Herzens gar nicht dem Adel angehört. Somit steht einer Hochzeit mit ihr nichts mehr im Wege.

Joseph Freiherr von Eichendorff

Der Dichter wurde 1788 bei Ratibor in Oberschlesien geboren. Nach dem Besuch des katholischen Gymnasiums in Breslau studierte er Jura. Nachdem er an den Befreiungskriegen gegen Napoleon teilgenommen hatte, trat er als Referendar in den preußischen Staatsdienst. Diese Beamtentätigkeit war schlecht bezahlt und reichte kaum aus, seine schnell wachsende Familie zu ernähren.

Er wurde katholischer Kirchen- und Schulrat in Danzig und Oberpräsidialrat in Königsberg. Nach dem Umzug mit der Familie nach Berlin war er in verschiedenen Ministerien beschäftigt, bis er in Pension ging. Eichendorff lebte in all den Jahrzehnten seiner Beamtentätigkeit und danach bis zu seinem Tod im Jahre 1857 zurückgezogen im Kreis der Familie und wurde von der Öffentlichkeit kaum wahrgenommen.

Kritik an der Romantik

Das Fräulein stand am Meere
Heinrich Heine

Das Fräulein stand am Meere
Und seufzte lang und bang,
Es rührte sie so sehre
Der Sonnenuntergang.

Mein Fräulein! Sein Sie munter,
Das ist ein altes Stück;
Hier vorne geht sie unter
Und kehrt von hinten zurück.

Leise zieht durch mein Gemüt
Heinrich Heine

Leise zieht durch mein Gemüt
Liebliches Geläute.
Klinge, kleines Frühlingslied,
Kling hinaus ins Weite.

Kling hinaus, bis an das Haus,
Wo die Blumen sprießen.
Wenn du eine Rose schaust,
Sag, ich lass sie grüßen.

1 Welches der beiden Gedichte ist typisch für die Romantik? Begründet eure Entscheidung.

2 a) Wodurch unterscheidet sich das andere Gedicht von romantischen Gedichten? Nennt Textstellen.
b) Welche veränderte Einstellung gegenüber der Romantik zeigt sich in diesem Gedicht?

3 a) Heine lebte in einer Zeit gesellschaftlicher Umbrüche. Lest im Kasten unten nach, welche Auswirkungen diese auf sein Leben und sein Werk hatten.
b) Informiert euch im Fach Geschichte über die politischen Zustände in Deutschland, die Heine zu seiner Kritik veranlassten.

Heinrich Heine

Eigentlich hieß Heine mit Vornamen Harry. Er wurde am 13. Dezember 1797 als Sohn wohlhabender jüdischer Eltern in Düsseldorf geboren. Trotz seines sprachlichen Talents und seiner schnellen Auffassungsgabe erzielte er in der Schule nur durchschnittliche Leistungen und verließ das Gymnasium ohne Abschluss. Das anschließend aufgenommene Jurastudium dagegen schloss er mit Examen und Doktortitel ab, obwohl seine eigentliche Neigung dem Studium der Literatur galt. In seiner Studienzeit konnte Heine mit veröffentlichten Gedichten erste schriftstellerische Erfolge erzielen. Im Jahr 1825 trat er vom jüdischen Glauben zum Christentum über und nahm den Vornamen Heinrich an. Da er als Jurist erfolglos war, entschloss sich Heine, hauptberuflich als Schriftsteller zu arbeiten. Die in seinen Werken enthaltene Kritik an den politischen Zuständen in Deutschland führte dazu, dass Heines schriftstellerische Arbeit von der staatlichen Zensur behindert und seine Werke sogar verboten wurden. Aufgrund der politischen Verhältnisse verließ er 1831 Deutschland und zog nach Paris, um dort weiterhin als kritischer Schriftsteller zu arbeiten. Eine schwere Erkrankung fesselte Heine die letzten acht Lebensjahre ans Bett. Er starb völlig verarmt, gelähmt und fast blind am 17. Februar 1856 in Paris.

Romantik

Was versteht man unter Romantik?

1 Ihr habt verschiedene Werke aus der Romantik kennen gelernt. Untersucht anhand der Texte auf den Seiten 100 bis 106 folgende Fragen:
– Welche Handlungsorte kommen vor?
– Welche Tageszeiten werden beschrieben?
– Was ist das Thema der Texte?

Text	Ort	Tageszeit	Thema
S. 100	Natur Wälder	Nacht	Naturstimmung Sehnsucht

2 a) Mit den Aufgaben 1–4 auf Seite 98 und 99 habt ihr beschrieben, was ihr unter „romantisch" versteht. Vergleicht diese Vorstellungen mit dem Begriff *Romantik*. Lest dazu die Info.
b) Welche Gemeinsamkeiten könnt ihr feststellen?
c) Welche Unterschiede sind erkennbar?

3 Verfasst einen schildernden Text im Stil der Romantik, der die Stimmung wiedergibt, die ein Mensch empfindet, der sich
– auf dem Gipfel eines Berges,
– am menschenleeren Strand eines Meeres,
– auf einer Waldlichtung
befindet.

Lösung zur Seite 101, Aufgabe 6

(auf dem Kopf gedruckt:)

Abendständchen
Clemens Brentano

Hör, es klagt die Flöte wieder,
Und die kühlen Brunnen rauschen,
Golden wehn die Töne nieder –
Stille, stille, lass uns lauschen!

Holdes Bitten, mild Verlangen,
Wie es süß zum Herzen spricht!
Durch die Nacht, die mich umfangen,
Blickt zu mir der Töne Licht.

INFO

Die Epoche der Romantik

Die Zeit der Romantik rechnet man von 1798 bis 1835. Sie ist nicht nur eine wichtige Epoche der deutschen Literatur, sondern auch der Kunst und der Musik.
Die Schriftsteller dieser Literaturepoche stellten in ihren Werken die Frage nach dem Sinn des Lebens. Diese ist nach ihrer Meinung mit dem Verstand nur schwer zu erfassen und geht über das Sichtbare hinaus. Kritisch setzten sie sich mit „Philistern" auseinander, Menschen, die ein angepasstes und langweiliges Leben führen und nicht nach dem Sinn des Lebens fragen. Die Dichter der Romantik verspotteten sie und stellten ihnen Menschen gegenüber (häufig als Wanderer dargestellt), die die Sicherheit einer bürgerlichen Existenz aufgeben, um auf einem selbstbestimmten, aber auch unsicheren und gefahrvollen Lebensweg dem tieferen Sinn des Lebens näher zu kommen.

Folgende Merkmale lassen sich in vielen literarischen Werken der Romantik erkennen:

1. Die Texte handeln von Gefühlen, Träumen, Unbewusstem, Geheimnisvollem, Zauberhaftem.
2. Sie beschreiben, wie die Natur auf den Menschen wirkt.
3. Realität und Fantasie werden oft vermischt.
4. In erzählenden Werken können auch Gedichte stehen (Vermischung unterschiedlicher literarischer Gattungen wie Lyrik und Prosa).
5. Verschiedene Sinneswahrnehmungen werden miteinander verbunden: Ein Klang wird sichtbar, eine Wahrnehmung der Augen wird hörbar, z. B. *farbig klingender Schlund*.

Poetischer Realismus

„Unterm Birnbaum" – ein Krimi

Der Tatort

Ein Skelett im Gemüsebeet
Letschin. Im Garten eines Ehepaares wurde das Skelett eines Mordopfers gefunden. Bei dem Toten handelt es sich um einen Vertreter für Getreide. Die Eheleute stehen im Verdacht, das Opfer in ihrem Gasthaus ermordet zu haben.

Soldat im Garten vergraben
Dreetz. Bei Grabungsarbeiten fand man die Überreste eines französischen Soldaten. Wahrscheinlich wurde er während der Befreiungskriege um 1806 von Einheimischen erschlagen. Man plant, an der Fundstelle ein Denkmal zu errichten.

1 Diese nachgestellten Zeitungsberichte beruhen auf tatsächlichen Ereignissen, die Fontane in seinem „Kriminalroman" *Unterm Birnbaum* eingebaut hat. Die Handlung spielt in der Zeit zwischen 1831 und 1833. Lest den Ausschnitt 1, den Beginn des Buches.

2 a) Was erfahrt ihr über Abel Hradscheck? Sammelt die Informationen in einem Steckbrief. Ergänzt Hinweise auf den Fundort.
b) Legt auch zu den noch folgenden Hauptfiguren (Ursel, Jeschke) solche Steckbriefe an.

> Abel Hradscheck
> – Gastwirt und Kaufmann (1, Z. 1–4)
> – wohnt in Tschechin
> – hat einen Knecht
> – ...

3 Das Haus und der Garten werden sehr genau beschrieben. Stellt in einer Skizze dar, wie ihr euch das Haus oder den Garten vorstellt.

1 Vor dem in dem großen und reichen Oderbruchdorfe Tschechin um Michaeli 20[1] eröffneten *Gasthaus und Materialwarengeschäft von Abel Hradscheck* (so stand auf einem über der Tür angebrachten Schild) wurden Säcke, vom Hausflur her, auf einen mit zwei mageren Schimmeln bespannten Bauerwagen geladen. Einige von den Säcken waren nicht gut gebunden oder hatten kleine Löcher und Ritzen, und so sah man denn an dem, was herausfiel, dass es Rapssäcke waren.
Auf der Straße neben dem Wagen aber stand Abel Hradscheck[2] selbst und sagte zu dem eben vom Rad her auf die Deichsel steigenden Knecht: „Und nun vorwärts, Jakob, und grüße mir Ölmüller Quaas. Und sag ihm, bis Ende der Woche müsst' ich das Öl haben, Leist in Wrietzen warte schon. Und wenn Quaas nicht da ist, so bestelle der Frau meinen Gruß und sei hübsch manierlich. Du weißt ja Bescheid. Und weißt auch, Kätzchen hält auf Komplimente."
Der als Jakob Angeredete nickte nur statt aller Antwort, setzte sich auf den vordersten Rapssack und trieb beide Schimmel mit einem schläfrigen „Hüh" an, wenn überhaupt von Antreiben die Rede sein konnte. Und nun klapperte der Wagen nach rechts hin den Fahrweg hinunter, erst auf das Bauer Orthsche Gehöft samt seiner Windmühle (womit das Dorf nach der Frankfurter Seite hin abschloss) und dann auf die weiter draußen am Oderbruch-Damm gelegene Ölmühle zu. Hradscheck sah dem Wagen nach, bis er verschwunden war, und trat nun erst in den Hausflur zurück. Dieser war breit und tief und teilte sich in zwei Hälften, die durch ein paar Holzsäulen und zwei dazwischen ausgespannte Hängematten voneinander getrennt waren. Nur in der Mitte hatte man einen Durchgang gelassen. An dem Vorflur lag nach rechts hin das Wohnzimmer, zu dem eine Stufe hinaufführte, nach links hin aber der Laden, in den man durch ein großes, fast die halbe Wand einnehmendes Schiebefenster hineinsehen konnte. Früher war hier die Verkaufsstelle gewesen, bis

sich die zum Vornehmtun geneigte Frau Hradscheck das Herumtrampeln auf ihrem Flur verboten und auf Durchbruch einer richtigen
45 Ladentür, also von der Straße her, gedrungen hatte. Seitdem zeigte dieser Vorflur eine gewisse Herrschaftlichkeit, während der nach dem Garten hinausführende Hinterflur ganz dem Geschäft gehörte. Säcke, Zitronen- und Apfelsinenkisten
50 standen hier an der einen Wand entlang, während an der andern übereinandergeschichtete Fässer lagen, Ölfässer, deren stattliche Reihe nur durch eine zum Keller hinunterführende Falltür unterbrochen war. Ein sorglich vorgelegter Keil hielt
55 nach rechts und links hin die Fässer in Ordnung, sodass die untere Reihe durch den Druck der oben aufliegenden nicht ins Rollen kommen konnte.
So war der Flur. Hradscheck selbst aber, der eben die schmale, zwischen den Kisten und Ölfässern
60 freigelassene Gasse passierte, schloss, halb ärgerlich, halb lachend, die trotz seines Verbotes mal wieder offen stehende Falltür und sagte: „Dieser Junge, der Ede. Wann wird er seine fünf Sinne beisammen haben!"
65 Und damit trat er vom Flur her in den Garten.
Hier war es schon herbstlich, nur noch Astern und Reseda blühten zwischen den Buchsbaumrabatten, und eine Hummel umsummte den Stamm eines alten Birnbaums, der mitten im Garten hart
70 neben dem breiten Mittelsteige stand. Ein paar Möhrenbeete, die sich, samt einem schmalen, mit Kartoffeln besetzten Ackerstreifen, an eben dieser Stelle durch eine Spargelanlage hinzogen, waren schon wieder umgegraben, eine frische Luft ging,
75 und eine schwarzgelbe, der nebenan wohnenden Witwe Jeschke zugehörige Katze schlich, mutmaßlich auf der Sperlingssuche, durch die schon hoch in Samen stehenden Spargelbeete.
Hradscheck aber hatte dessen nicht Acht. Er ging
80 vielmehr rechnend und wägend zwischen den Rabatten hin und kam erst zu Betrachtung und Bewusstsein, als er, am Ende des Gartens angekommen, sich umsah und nun die Rückseite seines Hauses vor sich hatte. Da lag es, sauber und
85 freundlich, links die sich von der Straße her bis in den Garten hineinziehende Kegelbahn, rechts der Hof samt dem Küchenhaus, das er erst neuerdings an den Laden angebaut hatte. Der kaum vom Winde bewegte Rauch stieg sonnenbeschienen auf und gab ein Bild von Glück und Frieden. Und das
90 alles war sein! Aber wie lange noch? Er sann ängstlich nach und fuhr aus seinem Sinnen erst auf, als er, ein paar Schritte von sich entfernt, eine große, durch ihre Schwere und Reife sich von selbst ablösende Malvasierbirne[3] mit eigentümlich dumpfem
95 Ton aufklatschen hörte. Denn sie war nicht auf den harten Mittelsteig, sondern auf eins der umgegrabenen Möhrenbeete gefallen. Hradscheck ging darauf zu, bückte sich und hatte die Birne kaum aufgehoben, als er sich von der Seite her angerufen
100 hörte: „Dag, Hradscheck. Joa, et wahrd nu Tied. De Malvesieren kümmen all von sülwst."
Er wandte sich bei diesem Anruf und sah, dass seine Nachbarin, die Jeschke, deren kleines, etwas zurückgebautes Haus den Blick auf seinen Garten hatte,
105 von drüben her über den Himbeerzaun kuckte.
„Ja, Mutter Jeschke, 's wird Zeit", sagte Hradscheck. „Aber wer soll die Birnen abnehmen? Freilich, wenn Ihre Line hier wäre, die könnte helfen. Aber man hat ja keinen Menschen und muss alles selbst
110 machen."
„Na. Se hebben joa doch den Jungen, den Ede."
„Ja, den hab' ich. Aber der pflückt bloß für sich."
„Dat sall woll sien", lachte die Alte. „Een in't Töppken, een in't Kröppken."
115 Und damit humpelte sie wieder nach ihrem Hause zurück, während auch Hradscheck wieder vom Garten her in den Flur trat.

[1] 29. September, Fest des Erzengels Michael
[2] *von tschechisch hrác „kleiner Spieler"*
[3] *süße Birnensorte*

Poetischer Realismus

Das Motiv

2 Hier sah er jetzt nachdenklich auf die Stelle, wo vor einer halben Stunde noch die Rapssäcke gestanden hatten, und in seinem Auge lag etwas, als wünsch' er, sie stünden noch am selben Fleck oder es wären neue statt ihrer aus dem Boden gewachsen. [...]
Hradscheck legte die Birne vor sich hin und blätterte das Kontobuch durch, das aufgeschlagen auf dem Pulte lag. Um ihn her war alles still, und nur aus der halb offen stehenden Hinterstube vernahm er den Schlag einer Schwarzwälder Uhr.
Es war fast, als ob das Ticktack ihn störe, wenigstens ging er auf die Tür zu, anscheinend, um sie zu schließen; als er indes hineinsah, nahm er überrascht wahr, dass seine Frau in der Hinterstube saß, wie gewöhnlich schwarz, aber sorglich gekleidet, ganz wie jemand, der sich auf Figurmachen und Toilettendinge versteht. Sie flocht eifrig an einem Kranz, während ein zweiter, schon fertiger, an einer Stuhllehne hing.
„Du hier, Ursel! Und Kränze! Wer hat denn Geburtstag?"
„Niemand. Es ist nicht Geburtstag. Es ist bloß Sterbetag, Sterbetag deiner Kinder. Aber du vergisst alles. Bloß dich nicht."
„Ach, Ursel, lass doch. Ich habe meinen Kopf voll Wunder. Du musst mir nicht Vorwürfe machen. Und dann die Kinder. Nun ja, sie sind tot, aber ich kann nicht trauern und klagen, dass sie's sind. Umgekehrt, es ist ein Glück."
„Ich verstehe dich nicht."
„Und ist nur zu gut zu verstehn. Ich weiß nicht aus noch ein und habe Sorgen über Sorgen."
„Worüber? Weil du nichts Rechtes zu tun hast und nicht weißt, wie du den Tag hinbringen sollst. Hinbringen, sag ich, denn ich will dich nicht kränken und von Zeit totschlagen sprechen. Aber sage selbst, wenn drüben die Weinstube voll ist, dann fehlt dir nichts. Ach, das verdammte Spiel, das ewige Knöcheln und Tempeln. Und wenn du noch glücklich spieltest! Ja, Hradscheck, das muss ich dir sagen, wenn du spielen willst, so spiele wenigstens glücklich. Aber ein Wirt, der *nicht* glücklich spielt, muss davonbleiben, sonst spielt er sich von Haus und Hof. Und dazu das Trinken, immer der schwere Ungar, bis in die Nacht hinein."
Er antwortete nicht, und erst nach einer Weile nahm er den Kranz, der über der Stuhllehne hing, und sagte: „Hübsch. Alles, was du machst, hat Schick. Ach, Ursel, ich wollte, du hättest bessere Tage."
Dabei trat er freundlich an sie heran und streichelte sie mit seiner weißen, fleischigen Hand. Sie ließ ihn auch gewähren und als sie, wie beschwichtigt durch seine Liebkosungen, von ihrer Arbeit aufsah, sah man, dass es ihrerzeit eine sehr schöne Frau gewesen sein musste, ja, sie war es beinah noch. Aber man sah auch, dass sie viel erlebt hatte, Glück und Unglück, Lieb und Leid, und durch allerlei schwere Schulen gegangen war. Er und sie machten ein hübsches Paar und waren gleichaltrig, Anfang vierzig, und ihre Sprech- und Verkehrsweise ließ erkennen, dass es eine Neigung gewesen sein musste, was sie vor länger oder kürzer zusammengeführt hatte.
Der herbe Zug, den sie bei Beginn des Gesprächs gezeigt hatte, wich denn auch mehr und mehr, und endlich fragte sie: „Wo drückt es wieder? Eben hast du den Raps weggeschickt, und wenn Leist das Öl hat, hast du das Geld. Er ist prompt auf die Minute."
„Ja, das ist er. Aber ich habe nichts davon, alles ist bloß Abschlag und Zins. Ich stecke tief drin und leider am tiefsten bei Leist selbst. Und dann kommt die Krakauer Geschichte, der Reisende von Olszewski-Goldschmidt und Sohn. Er kann jeden Tag da sein."

1 Lest den Ausschnitt 2, der sich direkt an den ersten Auszug anschließt.

2 Welche Sorgen plagen Hradscheck? Belegt eure Antworten mit passenden Textstellen.

Poetischer Realismus

3 **a)** Hradscheck hat Angst vor dem Besuch des Reisenden (= Außendienstmitarbeiter) der Firma „Olszewski-Goldschmidt und Sohn". Lest dazu den folgenden Brief, den Hradscheck bekommen hat.
b) Warum bereitet der anstehende Besuch Szulskis große Sorgen?

3

Krakau, den 9. November 1831.

Herrn Abel Hradscheck in Tschechin.
Oderbruch.

5   Ew. Wohlgeboren bringen wir hiermit zu ganz ergebenster Kenntnis, dass unser Reisender, Herr Szulski, wie alljährlich so auch in diesem Jahre wieder, in der letzten Novemberwoche, bei Ihnen eintreffen und Ihre weitern geneigten
10   Aufträge in Empfang nehmen wird. Zugleich aber gewärtigen wir, dass Sie, hoch geehrter Herr, bei dieser Gelegenheit Veranlassung nehmen wollen, unsre seit drei Jahren anstehende Forderung zu begleichen. Wir rechnen umso
15   bestimmter darauf, als es uns, durch die politischen Verhältnisse des Landes und den Rückschlag derselben auf unser Geschäft, unmöglich gemacht wird, einen ferneren Kredit zu bewilligen.
20   Genehmigen Sie die Versicherung unserer Ergebenheit.

Olszewski-Goldschmidt & Sohn

---

4 **a)** Lest den Ausschnitt 4.
b) Die Eheleute planen eine Straftat. Was sind ihre Motive?

5 Erweitert eure Steckbriefe um weitere Informationen.

6 Lest noch einmal die Zeitungsausschnitte auf Seite 108 durch. Welche Ereignisse hat Theodor Fontane in seinen Krimi eingebaut?

---

4 Während der Gartenarbeit entdeckt Hradscheck zufällig beim Umgraben unter seinem Birnbaum die Leiche eines französischen Soldaten. Aus Sorge vor dem Dorftratsch vergräbt er das Skelett wieder, ohne eine Meldung zu machen. Ihm kommt aber ein teuflischer Plan in den Sinn, in den er seine Frau Ursel einweiht.

„[…] Aber wenn das alles eines schönen Tages fort ist?"
„Das darf nicht sein."
„Die Gerichte fragen nicht lange."
„Das darf nicht sein, sag ich. Alles andre. Nein, 5
Hradscheck, das darfst du mir nicht antun, da nehm ich mir das Leben und geh in die Oder, gleich auf der Stelle. Was Jammer und Elend ist, das weiß ich, das hab ich erfahren. Aber gerade deshalb, gerade deshalb. Ich bin jetzt aus dem 10
Jammer heraus, Gott sei Dank, und ich will nicht wieder hinein. Du sagst, sie lachen über uns, nein, sie lachen *nicht*; aber wenn uns was passierte, dann würden sie lachen. […] Nein, nein, Hradscheck, wie ich dir schon neulich sagte, nur 15
nicht arm. Armut ist das Schlimmste, schlimmer als Tod, schlimmer als …"
Er nickte. „So denk ich auch, Ursel. Nur nicht arm. Aber komm in den Garten! Die Wände hier haben Ohren." 20
Und so gingen sie hinaus. Draußen aber nahm sie seinen Arm, hing sich, wie zärtlich, an ihn und plauderte, während sie den Mittelsteig des Gartens auf und ab schritten. Er seinerseits schwieg und überlegte, bis er mit einem Male 25
stehen blieb und, das Wort nehmend, auf die wieder zugeschüttete Stelle neben dem Birnbaum wies. Und nun wurden Ursels Augen immer größer, als er rasch und lebhaft alles, was geschehen müsse, herzuzählen und auseinan- 30
derzusetzen begann.
„Es geht nicht. Schlag es dir aus dem Sinn. Es ist nichts so fein gesponnen …"
Er aber ließ nicht ab, und endlich sah man, dass er ihren Widerstand besiegt hatte. Sie nickte, 35
schwieg und beide gingen auf das Haus zu.

Poetischer Realismus

Das perfekte Alibi?

Ich werde Szulski meine Schulden zurückzahlen, ihn dann ermorden und ausrauben. Ich bin so meine Schulden los, ohne etwas bezahlen zu müssen. Um nicht erwischt zu werden, muss ich einige Dinge beachten:
1. Ich verbreite das Gerücht, dass meine Frau Ursel eine Erbschaft gemacht habe, dann glaubt jeder, dass wir keine Geldsorgen haben.
2. Geld nehme ich aus der Feuerkasse (Beiträge für die Feuerversicherung), das werde ich Szulski geben, dann sehen die anderen keinen Grund, warum ich ihn getötet haben soll.
3. In der Mordnacht grabe ich in meinem Garten. Die Jeschke, meine Nachbarin, beobachtet mich bestimmt dabei und wird es weitererzählen.
4. Die Polizei wird bei mir im Garten nach Szulski graben lassen und den toten Franzosen finden, nicht aber Szulski. Dann wird jeder Verdacht von mir abfallen.

1 a) Lest Hradschecks Plan durch.
b) In welcher der durcheinandergemischten Ausschnitte 5–8 findet ihr die Punkte des Plans wieder?

2 a) Warum zieht Hradscheck den Verdacht absichtlich auf sich?
b) Welche Schwachstellen im Plan könnten ihm zum Verhängnis werden?

---

5 Als aber bald danach der alte Totengräber Wonnekamp mit noch zwei von seinen Leuten erschien, rückte man näher an den Birnbaum heran und begann den Schnee, der hier
5 lag, fortzuschippen. Das ging leicht genug, bis statt des Schnees die gefrorne Erde kam, wo nun die Pickaxt aushelfen musste. Der Frost indessen war nicht tief in die Erde gedrungen, und so konnte man den Spaten nicht nur bald wieder zur Hand
10 nehmen, sondern kam auch rascher vorwärts, als man anfangs gehofft hatte. Die herausgeworfenen Schollen und Lehmstücke wurden immer größer, je weicher der Boden wurde, bis mit einem Male der alte Totengräber einem der Arbeiter in den Arm fiel
15 und mit der seinem Stande zuständigen Ruhe sagte: „Nu giw mi moal; nu kümmt wat." Dabei nahm er ihm das Grabscheit ohne Weiteres aus der Hand und fing selber an zu graben. Aber ersichtlich mit großer Vorsicht. Alles drängte vor und wollte sehn.
20 Und siehe da, nicht lange, so war ein Toter aufgedeckt, der zu großem Teile noch in Kleiderresten steckte. Die Bewegung wuchs und aller Augen richteten sich auf Hradscheck, der, nach wie vor, vor sich hin sah und nur dann und wann einen scheu-
25 en Seitenblick in die Grube tat. […] [Hradscheck] verzog keine Miene, faltete die Hände wie zum Gebet und sagte dann fest und feierlich: „Ich sage, dass dieser Tote meine Unschuld bezeugen wird." Und während er so sprach, sah er zu dem alten
30 Totengräber hinüber, der den Blick auch verstand und, ohne weitere Fragen abzuwarten, geschäftsmäßig sagte: „Ja, der hier liegt, liegt hier schon lang. Ich denke zwanzig Jahre. Und der Pohlsche, der es sein soll, is noch keine zehn Wochen tot."
35 Und siehe da, kaum dass diese Worte gesprochen waren, so war ihr Inhalt auch schon bewiesen, und jeder schämte sich, so wenig kaltes Blut und so wenig Umsicht und Überlegung gehabt zu haben.

6 [Sie = Jeschke] erzählte dem Gendarmen Neues und Altes, namentlich auch das, was sie damals, in der stürmischen Novembernacht, von ihrer Küchentür aus beobachtet hatte.
5 Hradscheck habe lang dagestanden, ein flackrig Licht in der Hand. „Un wihr binoah so, as ob he wull, dat man em seihn sull." Und dann hab' er einen Spaten genommen und sei bis an den Birnbaum gegangen. Und da hab' er ein Loch
10 gegraben. An der Gartentür aber habe was gestanden wie ein Koffer oder Korb oder eine Kiste. Was? Das habe sie nicht genau sehen können. Und dann hab' er das Loch wieder zugeschüttet.

Poetischer Realismus

7 „Wer weiß? Höre, Hradscheck, ich fange wirklich an zu glauben ... Oder is es 'ne Erbschaft?"
„Is so was. Aber nicht der Rede wert."
„Und von woher denn?"
„Von meiner Frau Schwester."
„Bist doch ein Glückskind. Ewig sind ihm die gebratnen Tauben ins Maul geflogen. Und aus dem Hildesheimschen, sagst du?"
„Ja, da so rum."
„Na, da wird Reetzke drüben froh sein. Er war schon ungeduldig."
„Weiß; er wollte klagen. Die Neu-Lewiner sind immer ängstlich und Pfennigfuchser und können nicht warten. Aber er wird's nu wohl lernen und sich anders besinnen. Mehr sag ich nicht und passt sich auch nicht. Man soll den Mund nicht voll nehmen. Und was ist am Ende solch bisschen Geld?"
„Geld ist nie ein bisschen. Wie viel Nullen hat's denn?"
„Ach, Kinder, redet doch nicht von Nullen. Das Beste ist, dass es nicht viel Wirtschaft macht und dass meine Frau nicht erst nach Hildesheim braucht. Solche weite Reise, da geht ja gleich die Hälfte drauf. Oder vielleicht auch das Ganze."
„War es denn schon in dem Brief?"
„I, bewahre. Bloß die Anzeige von meinem Schwager, und dass das Geld in Berlin gehoben werden kann. Ich schicke morgen meine Frau. Sie versauert hier ohnehin."

8 Hradscheck, als er diesen Brief [von Olszewski-Goldschmidt & Co.] empfangen hatte, hatte nicht gesäumt, auch seine Frau mit dem Inhalte desselben bekannt zu machen. Diese blieb anscheinend ruhig, nur um ihre Lippen flog ein nervöses Zittern.
„Wo willst du's hernehmen, Abel? Und doch muss es geschafft werden. Und ihm eingehändigt werden ... Und zwar vor Zeugen. Willst du's borgen?"
Er schwieg.
„Bei Kunicke?"
„Nein. Geht nicht. Das sieht aus nach Verlegenheit. Und die darf es nach der Erbschaftsgeschichte nicht mehr geben. Und gibt's auch nicht. Ich glaube, dass ich's schaffe."
„Gut. Aber wie?"
„Bis zum 30. hab ich noch die Feuerkassengelder."
„Die reichen nicht."
„Nein. Aber doch beinah. Und den Rest deck ich mit einem kleinen Wechsel. Ein großer geht nicht, aber ein kleiner ist gut und eigentlich besser als bar."
Sie nickte.

3 Hradscheck setzt seinen Plan in die Tat um. Lest dazu die Inhaltszusammenfassung.

Inhaltszusammenfassung

Szulski trifft in einer stürmischen Nacht bei Hradscheck ein, um neue Geschäfte abzuschließen und Schulden einzutreiben. Er übernachtet in einem Gastzimmer in Abels Haus und wird von ihm ermordet und im Keller vergraben. Die alte Jeschke kann nicht schlafen und beobachtet, wie Hradscheck unterm Birnbaum gräbt. Am nächsten Morgen steigt Abels Frau Ursel, die sich in Szulskis großen Pelzmantel hüllt, in die Kutsche und fährt davon. Am folgenden Tag um Mittag kommt der Friedrichsauer Amtsrat zu Hradscheck und berichtet, dass ein Fuhrwerk vom Damm in die Oder gestürzt sei. Eine Ortsbesichtigung ergibt, dass es Szulskis Gespann gewesen ist, eine Leiche aber wird nicht gefunden. Im Dorf gibt es viel Gerede und die Verdachtsgründe sind derart, dass Hradscheck verhaftet wird. Alle Verdachtsmomente gegen Abel zerstreuen sich aber und er wird wieder entlassen. Hradscheck baut das Haus einen Stock höher und ist sehr unternehmungslustig. Aber Ursel wird krank. Der Bau geht gut voran und das Geschäft floriert. Seine Frau jedoch wird immer schwächer und stirbt schließlich. Hradscheck fährt nun regelmäßig nach Frankfurt/Oder und nach Berlin, besucht dort das Theater und bringt immer unterhaltsame Geschichten mit, mit denen er die Gäste in seiner Wirtsstube begeistert.

Poetischer Realismus

Fall geklärt?

1 Abel Hradscheck ist ein sehr abergläubischer Mensch und fürchtet sich vor der alten Jeschke. Lest die folgende Textstelle und begründet seine Angst.

9 War doch die Jeschke, so freundlich und zutulich sie tat, eine schlimme Nachbarschaft und quacksalberte¹ nicht bloß, sondern machte auch sympathetische Kuren², besprach
5 Blut und wusste, wer sterben würde. Sie sah dann die Nacht vorher einen Sarg vor dem Sterbehause stehn. Und es hieß auch, „sie wisse, wie man sich unsichtbar machen könne", was, als Hradscheck sie seinerzeit danach gefragt hatte,
10 halb von ihr bestritten und dann halb auch wieder zugestanden war. Sie wisse es nicht; aber *das* wisse sie, dass frisch ausgelassenes Lammtalg gut sei, versteht sich: von einem ungeborenen Lamm und als Licht über einen roten Wollfaden gezo-
15 gen; am besten aber sei Farnkrautsamen, in die Schuhe oder Stiefel geschüttet.

¹ Herstellen von Salben
² Heilungsmethoden ohne medizinische Mittel

2 Erweitert eure Steckbriefe um weitere Informationen.

3 Lest die folgende Inhaltszusammenfassung und die Ausschnitte 10 und 11.

Inhaltszusammenfassung
Mutter Jeschke glaubt nicht an Hradschecks Unschuld und setzt das Gerücht in die Welt, dass es im Keller Hradschecks spuke, auch will sie zur Tatnacht Licht in seinem Keller gesehen haben. Hradscheck unterhält sich am nächsten Tag mit der alten Jeschke über den Spuk: „Wenn man daran glaubt, dann spukt es wirklich." Die Andeutungen der Alten beunruhigen Hradscheck so, dass er beschließt, Szulski „umzubetten".

10 „Das geht so nicht weiter. Er muss weg. Aber wohin?"
Und bei diesen Worten ging Hradscheck auf und ab und überlegte.
5 „Wohin? Es heißt, er liege in der Oder. Und dahin muss er ... je eher, je lieber ... *Heute* noch. Aber ich wollte, dies Stück Arbeit wäre getan. Damals ging es, das Messer saß mir an der Kehle. Aber jetzt! Wahrhaftig, das Einbetten war
10 nicht so schlimm, als es das Umbetten ist." […]
Und zwischen den großen Ölfässern hin ging er bis an den Kellereingang, hob die Falltür auf und stieg langsam und vorsichtig die Stufen hinunter. Als er aber unten war, sah er, dass die
15 Laterne trotz der angebrachten Verblendung, viel zu viel Licht gab und nach oben hin, wie aus einem Schlot, einen hellen Schein warf. Das durfte nicht sein, und so stieg er die Treppe wieder hinauf, blieb aber in halber Höhe stehn
20 und griff bloß nach einem ihm in aller Bequemlichkeit zur Hand liegenden Brett, das hier an das nächstliegende Ölfass herangeschoben war, um die ganze Reihe der Fässer am Rollen zu verhindern. Es war nur schmal, aber
25 doch gerade breit genug, um unten das Kellerfenster zu schließen.
„Nun mag sie sich drüben die Augen auskucken. Meinetwegen. Durch ein Brett wird sie ja wohl nicht sehn können. Ein Brett ist besser
30 als Farnkrautsamen ..."
Und damit schloss er die Falltür und stieg wieder die Stufen hinunter.

Poetischer Realismus

11 Am nächsten Morgen ist Hradscheck nicht aufzufinden und man sucht ihn überall im Haus:

Ede, der noch eine Zeit lang in allen Ecken und Winkeln umhergesucht hatte, stand jetzt […] mitten auf dem Flur und wies auf ein großes Ölfass, das um ein Geringes vorgerollt war, nur zwei Fingerbreit, nur bis an den großen Eisenring, aber doch gerade weit genug, um die Falltür zu schließen.
[…]
Um diese Zeit war auch Eccelius aus der Pfarre herübergekommen, leichenblass und so von Ahnungen geängstigt, dass er, als man das Fass jetzt zurückgeschoben und die Falltür geöffnet hatte, nicht mit hinuntersteigen mochte, sondern erst in den Laden und gleich danach auf die Dorfgasse hinaustrat.

Geelhaar und Schulze Woytasch, schon von Amts wegen auf bessre Nerven gestellt, hatten inzwischen ihren Abstieg bewerkstelligt, während Kunicke, mit einem Licht in der Hand, von oben her in den Keller hineinleuchtete. Da nicht viele Stufen waren, so konnt' er das Nächste bequem sehn: unten lag Hradscheck, allem Anscheine nach tot, ein Grabscheit in der Hand, die zerbrochene Laterne daneben. Unser alter Anno-Dreizehner sah sich bei diesem Anblick seiner gewöhnlichen Gleichgültigkeit entrissen, erholte sich aber und kroch, unten angekommen, in Gemeinschaft mit Geelhaar und Woytasch auf die Stelle zu, wo hinter einem Lattenverschlage der Weinkeller war. Die Tür stand auf, etwas Erde war aufgegraben, und man sah Arm und Hand eines hier Verscharrten. Alles andre war noch verdeckt. Aber freilich, was sichtbar war, war gerade genug, um alles Geschehene klarzulegen.

4 Warum hat Hradscheck vor dem Umbetten der Leiche so sehr Angst? Begründet.

5 Der Text zeigt nicht, wie Abel zu Tode gekommen ist. Stellt Vermutungen an.

6 Lest nochmals den ersten Textauszug und vergleicht ihn mit dem Ausschnitt 10 und 11. Welcher für den Ausgang des Romans wichtige Gegenstand wird schon im Ausschnitt 1 angesprochen?

7 a) Der Text endet mit dem Eintrag des Pastors in das Kirchenbuch. Lest die Textstelle 12.
b) Was meint der Pastor mit seinem letzten Satz?
c) Auch in einer früheren Textstelle wird dieser Spruch schon zitiert. Wer ahnt, dass die Tat kein gutes Ende nehmen würde?

8 Welche Szene aus dem Werk würdet ihr für die Illustration des Titelbildes wählen? Begründet euren Vorschlag.

12 „… Der Tote, so nicht alle Zeichen trügen, wurde von der Hand Gottes getroffen, nachdem es ihm gelungen war, den schon früher gegen ihn wachgewordenen Verdacht durch eine besondere Klugheit wieder zu beschwichtigen. Er verfing sich aber schließlich in seiner List und grub sich, mit dem Grabscheit in der Hand, in demselben Augenblicke sein Grab, in dem er hoffen durfte, sein Verbrechen für immer aus der Welt geschafft zu sehn. Und bezeugte dadurch aufs Neue die Spruchweisheit: ‚Es ist nichts so fein gesponnen, 's kommt doch alles an die Sonnen.'"

Unterm Birnbaum
Theodor Fontane

Was bedeutet „poetischer Realismus"?

1 a) An mehreren Stellen im Text sprechen Personen die Mundart Plattdeutsch. Zur welcher sozialen Schicht gehören diese Personen?
b) Wie sprechen Hradschek und seine Frau?
c) Was soll dadurch deutlich werden?

2 Vergleicht den Anfang dieses Werks (Textauszug 1 auf Seite 108) mit dem Beginn der Erzählung *Aus dem Leben eines Taugenichts* auf Seite 104.
Welche Unterschiede in der Darstellung stellt ihr fest?

3 a) Den Text *Unterm Birnbaum* rechnet man dem poetischen Realismus zu. Lest dazu die Info.
b) Zeigt an Beispielen aus dem Text auf, warum *Unterm Birnbaum* ein typisches Beispiel für den Realismus ist.

4 Einige Gedichte oder Balladen Fontanes sind euch sicher bekannt. Ordnet die folgenden Titel den Textauszügen auf der rechten Seite zu. Die vollständigen Texte findet ihr in eurem Lesebuch oder im Internet unter *www.gutenberg2000.de*.

1. Die Brück' am Tay
2. Herr von Ribbeck
3. John Maynard

INFO

Poetischer Realismus

In der Epoche des poetischen Realismus (zweite Hälfte des 19. Jahrhunderts) waren die Schriftsteller bestrebt, die Wirklichkeit genau darzustellen. Ihr Hauptaugenmerk liegt dabei auf dem Bürgertum und seinen gesellschaftlichen Verhältnissen.
Werke des poetischen Realismus sind vor allem durch die folgenden Merkmale gekennzeichnet:
1. Landschaften und Personen werden anschaulich und wirklichkeitsnah dargestellt.
2. Motive und Schreibanlässe beruhen oft auf tatsächlichen Ereignissen und Begebenheiten.
3. Das Verhalten der Personen wird nicht bewertet.
4. Häufig spiegeln die Werke – wie bei Fontane – auch die enge Beziehung der Autoren zu ihrer Heimat wider.

Theodor Fontane

Theodor Fontane (geboren 1819 in Neuruppin bei Potsdam) absolvierte nach seiner Realschulzeit eine Apothekerlehre. Als Gehilfe kehrte er in die Apotheke seines Vaters zurück. Die Familie wohnte inzwischen in Letschin im Oderbruch an der Grenze zu Polen. Letschin diente auch als Vorlage für das Dorf Tschechin, in dem *Unterm Birnbaum* spielt. 1843 nahm er erste Kontakte zu einem Literaturzirkel in Berlin auf. Während der Märzrevolution 1848 beteiligte er sich an den Barrikadenkämpfen in Berlin. Seit 1849 war Fontane als Korrespondent und Berichterstatter lange Zeit in London tätig. 1860 kehrte er nach Berlin zurück und arbeitete als Redakteur und Theaterkritiker. Ab 1876 bis zu seinem Tod im Jahre 1898 war er als freier Schriftsteller in Berlin tätig. In dieser Zeit entstanden seine großen Romane, u. a. *Unterm Birnbaum*.

Poetischer Realismus

A
„Wann treffen wir drei wieder zusamm'?"
„Um die siebente Stund', am Brückendamm."
„Am Mittelpfeiler."
„Ich lösch die Flamm'."
„Ich mit."
„Ich komme vom Norden her."
„Und ich vom Süden."
„Und ich vom Meer."

B
Und die Passagiere, bunt gemengt,
Am Bugspriet stehn sie zusammengedrängt,
Am Bugspriet vorn ist noch Luft und Licht,
Am Steuer aber lagert sich's dicht,
Und ein Jammern wird laut: „Wo sind wir?
Wo?"
Und noch fünfzehn Minuten bis Buffalo.

C
Und die Jahre gingen wohl auf und ab,
Längst wölbt sich ein Birnbaum über dem Grab,
Und in der goldenen Herbsteszeit
Leuchtet's wieder weit und breit.
Und kommt ein Jung' übern Kirchhof her,
So flüstert's im Baume: „Wiste 'ne Beer?"
Und kommt ein Mädel, so flüstert's: „Lütt Dirn,
Kumm man röwer, ick gew' di 'ne Birn."

5 Auch für seine Balladen hat sich Fontane durch tatsächliche Begebenheiten anregen lassen.
a) Welchen Balladen liegen die folgenden Meldungen zu Grunde?
b) Was hat er in seinen Balladen übernommen?

Schiffsunglück im Erie-See
Am 9. August 1841, abends, kurz nach 8.00 Uhr, fing das Passagierschiff „Erie" im Eriesee Feuer. Kapitän Titus befahl dem Steuermann Luther Fuller, das Schiff auf Land zu setzen. Aber bevor das Schiff die Küste erreicht hatte, brannte die Steueranlage durch und 249 Passagiere kamen ums Leben. Fuller verließ mit schweren Verletzungen als letzter Mann das Schiff, überlebte jedoch das furchtbare Unglück. Er starb am 22. November 1900 als Trinker im Armenhaus Pennsylvania (Bezirk Erie) unter dem angenommenen Namen James Rafferty. Kapitän Titus, der ebenfalls überlebte, ließ den Steuermann allerdings unter den 249 Toten eintragen.

Eisenbahnunglück auf der Tay-Brücke
England. Während eines furchtbaren Windsturmes brach am 29.12. nachts die große Eisenbahnbrücke über den Taystrom in Schottland zusammen, im Moment, als der Zug darüberfuhr. 90 Personen, nach anderen Berichten 300, kamen dabei ums Leben; der verunglückte Zug hatte nämlich sieben Wagen, die fast alle voll waren, und er stürzte über 100 Fuß hoch ins Wasser hinunter. Alle 13 Brückenspannungen sind samt den Säulen, worauf sie standen, verschwunden. Die Öffnung der Brücke ist eine halbe englische Meile lang. Der Bau der Brücke hat seinerzeit 350 000 Pfund Sterling gekostet und sie wurde im Frühjahr 1878 auf ihre Festigkeit geprüft. Bis jetzt waren alle Versuche zur Auffindung der Leichen oder des Trains vergeblich.
Aus: Züricher Freitagszeitung, 2. Januar 1880

Ein **literarisches** Foto

Der Stechlin *(Auszug)*
Theodor Fontane

Im Norden der Grafschaft Ruppin, hart an der mecklenburgischen Grenze, zieht sich von dem Städtchen Gransee bis nach Rheinsberg hin (und noch darüber hinaus) eine mehrere Meilen lange Seenkette durch eine menschenarme, nur hie und da mit ein paar alten Dörfern, sonst aber ausschließlich mit Förstereien, Glas und Teeröfen besetzte Waldung. Einer der Seen, die diese Seenkette bilden, heißt „der Stechlin". Zwischen flachen, nur an einer einzigen Stelle steil und kaiartig ansteigenden Ufern liegt er da, rundum von alten Buchen eingefasst, deren Zweige, von ihrer eigentlichen Schwere nach unten gezogen, den See mit ihrer Spitze berühren. Hie und da wächst ein Weniges von Schilf und Binsen auf, aber kein Kahn zieht seine Furchen, kein Vogel singt, und nur selten, dass ein Habicht drüber hinfliegt und seine Schatten auf die Spiegelfläche wirft. Alles still hier. […] Das ist der Stechlin, der See Stechlin. […]
Aber nicht nur der See führt diesen Namen, auch der Wald, der ihn umschließt. Und Stechlin heißt ebenso das lang gestreckte Dorf, das sich, den Windungen des Sees folgend, um seine Südspitze herumzieht. Etwa hundert Häuser und Hütten bilden hier eine lange, schmale Gasse, die sich nur da, wo eine von Kloster Wutz her heranführende Kastanienallee die Gasse durchschneidet, platzartig erweitert. An ebendieser Stelle findet sich dann auch die ganze Herrlichkeit von Dorf Stechlin zusammen; das Pfarrhaus, die Schule, das Schulzenamt, der Krug, dieser Letztere zugleich ein Eck- und Kramladen mit einem kleinen Mohren und einer Girlande von Schwefelfäden in seinem Schaufenster. Dieser Ecke schräg gegenüber, unmittelbar hinter dem Pfarrhause, steigt der Kirchhof lehnan, auf ihm, so ziemlich in seiner Mitte, die frühmittelalterliche Feldsteinkirche mit einem aus dem vorigen Jahrhundert stammenden Dachreiter und einem zur Seite des alten Rundbogenportals angebrachten Holzarm, dran eine Glocke hängt. Neben diesem Kirchhof samt Kirche setzt sich noch die von Kloster Wutz her heranführende Kastanienallee noch eine kleine Strecke weiter fort, bis sie vor einer über einen sumpfigen Graben sich hinziehenden und von zwei riesigen Findlingsblöcken flankierten Bohlenbrücke Halt macht. Diese Brücke ist sehr primitiv. Jenseits derselben aber steigt das Herrenhaus auf, ein gelb getünchter Bau mit hohem Dach und zwei Blitzableitern. Auch dieses Herrenhaus heißt Stechlin, Schloss Stechlin.

1 a) Dieser Text ist der Anfang von Theodor Fontanes Roman *Der Stechlin*. Lest dazu die Info.
b) Wofür steht der Name Stechlin?
c) Lest den Text noch einmal genau durch und fertigt eine einfache Skizze von dem Dorf an.
d) Woran liegt es, dass ihr die Skizze anfertigen könnt?

INFO

Der Stechlin
Fontane hat seinen letzten Roman *Der Stechlin* mit fast 80 Jahren geschrieben. Im Mittelpunkt steht Dubslav von Stechlin, an dessen Beispiel die gesellschaftlichen Veränderungen des späten 19. Jahrhunderts deutlich werden. Fontane kam es in seinem Roman nicht auf eine spannende Handlung an. Vielmehr stehen Landschaftsschilderungen und lange Gespräche der Personen im Vordergrund.

Poetischer Realismus

2 Fontanes Schilderungen vom See und vom Dorf Stechlin sind anschaulich und stimmungsvoll. Spürt dieser Stimmung nach, indem ihr Textstellen zu einem Gedicht in freien Versen (also ohne Versmaß oder Reimschema) gestaltet.

a) Schreibt euch Stellen heraus, die euch besonders ansprechen.
b) Überlegt, wie ihr sie aufeinanderfolgen lassen wollt.
c) Schreibt euer Prosagedicht mit dem Computer. Probiert unterschiedliche Anordnungen und Schriften aus wie in den Beispielen.
d) Sucht zu eurem Text ein passendes Foto oder lasst euch zu einem selbst gemalten Bild anregen.

Der See

Zwischen flachen Ufern liegt er da
von alten Buchen eingefasst
hie und da
ein Weniges von Schilf und Binsen
kein Vogel singt
alles still hier

Der See

Zwischen flachen Ufern
liegt er da
von alten Buchen eingefasst
hie und da
ein Weniges von Schilf
und Binsen
kein Vogel singt
alles still hier

DER SEE

ZWISCHEN FLACHEN UFERN LIEGT ER DA
VON ALTEN BUCHEN EINGEFASST
HIE UND DA
EIN WENIGES VON SCHILF UND BINSEN
KEIN VOGEL SINGT
ALLES STILL HIER

9.4 Einblick in die Literaturgeschichte gewinnen / Poetischer Realismus

Naturalismus

„Die Weber" – ein Theaterstück des Naturalismus

Die Weber – kurz gefasst

Erster Akt: Die ausgezehrten Weber liefern in der Villa des Fabrikanten Dreißiger ihren Baumwollstoff ab und werden dafür mit einem Hungerlohn entlohnt. Pfeiffer, ein Angestellter Dreißigers und selbst ehemaliger Weber, mustert und bemängelt die Ware. Vorschussforderungen einzelner Weber kommt er nicht nach. Bäcker ist einer der wenigen, der sich gegen die Ausbeutung Dreißigers und Pfeiffers notfalls mit Gewalt wehren will.

Zweiter Akt: Das ganze Elend der Weber wird am Beispiel der Familie Baumert gezeigt, die halb verhungert zu fünft in einer schäbigen Stube haust. Jäger, ein in die Heimat zurückgekehrter Soldat, der die Not der Weber genau kennt, begeistert die Verzweifelten mit dem Weberlied. Das Lied verurteilt die Zustände und ruft zur Auflehnung gegen die bestehenden Missstände auf.

Dritter Akt: Im Wirtshaus zu Peterswaldau kommt es im dritten Akt zu hitzigen Diskussionen zwischen Webern und anderen. Auf Geheiß Dreißigers wird das Weberlied von den Behörden verboten, was die revolutionäre Stimmung unter den Webern nur noch mehr aufheizt.

Vierter Akt: Die Aufständischen stürmen die Villa Dreißigers, plündern, zerstören und vertreiben ihn und seine Familie. Anschließend ziehen die Weber weiter, um die mechanischen Webstühle ihres Konkurrenten in Langenbielau zu zerstören.

Fünfter Akt: Der 5. Akt hat die Niederschlagung des Aufstandes durch militärische Waffengewalt zum Thema. Das einrückende Militär erschießt Weber, die gerade das Weberlied singen, u. a. auch den alten Hilse, der an dem Aufstand unbeteiligt war.

1 a) Lest die Zusammenfassung oben. Sie informiert euch über den Inhalt des Schauspiels *Die Weber*.
b) Worum geht es in diesem Drama?
c) Auf welche historischen Ereignisse bezieht sich Hauptmann?
Lest dazu die Info.
d) Lest zum Begriff „Akt" im Anhang *Literarisches Grundwissen* nach.

2 a) Auf der rechten Seite findet ihr Bilder aus der Bilderreihe *Der Weberaufstand* von Käthe Kollwitz.
Lest dazu die Info auf Seite 121.
b) Ordnet dem zweiten bis fünften Akt des Schauspiels *Die Weber* je ein Bild aus dieser Reihe zu.

3 Hauptmann hatte zu den schlesischen Webern eine ganz persönliche Bindung.
Lest dazu in einer Biografie im Internet nach.

INFO

Gerhart Hauptmann – Die Weber
Gerhart Hauptmann (1862–1946) griff in seinem Schauspiel *Die Weber* (1892) den Weberaufstand von 1844 in Schlesien auf, der blutig geendet hatte. Bereits als kleiner Junge hatte ihm sein Vater von der Not und dem Elend der schlesischen Weber erzählt. Da Hauptmann selbst aus Schlesien stammte, war ihm die dortige Mundart geläufig. Auch in seinem Drama verwendete er den schlesischen Dialekt. Neben diesem Stück schrieb Hauptmann weitere bekannte Schauspiele. 1912 erhielt er den Nobelpreis für Literatur.

Naturalismus

Bild A

Bild B

Bild C

Bild D

> **INFO** 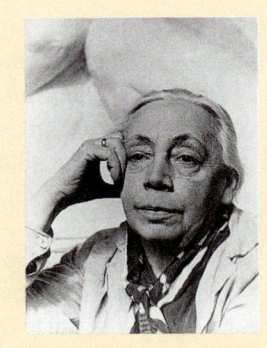
>
> **Der Weberaufstand von Käthe Kollwitz**
> Die Künstlerin Käthe Kollwitz (1867–1945) besuchte 1893 in Berlin die Uraufführung des Dramas *Die Weber* von Gerhart Hauptmann. Das Stück beeindruckte die Künstlerin so sehr, dass sie von 1893 bis 1898 an dem grafischen Werk „Ein Weberaufstand" arbeitete. Das Werk besteht aus sechs Bildern. Mit dieser Serie, die 1898 in einer Kunstausstellung in Berlin gezeigt wurde, wurde Käthe Kollwitz schlagartig bekannt.

Wie man wohnt, so lebt man

Naturalismus

Peterswaldau.
Privatzimmer des Parchentfabrikanten[1] Dreißiger.

Ein im frostigen Geschmack der ersten Hälfte unseres Jahrhunderts luxuriös ausgestatteter Raum. Die Decke, der Ofen, die Türen sind weiß; die Tapete geradlinig klein geblümt und von einem kalten, bleigrauen Ton. Dazu kommen rot überzogene Polstermöbel aus Mahagoniholz, reich geziert und geschnitzt, Schränke und Stühle von gleichem Material und wie folgt verteilt: Rechts, zwischen zwei Fenstern mit kirschroten Damastgardinen[2], steht der Schreibsekretär, ein Schrank, dessen vordere Wand sich herabklappen lässt; ihm gerade gegenüber das Sofa, unweit davon ein eiserner Geldschrank, vor dem Sofa der Tisch, Sessel und Stühle; an der Hinterwand ein Gewehrschrank. Diese sowie die anderen Wände sind durch schlechte Bilder in Goldrahmen teilweise verdeckt. Über dem Sofa hängt ein Spiegel mit stark vergoldetem Rokokorahmen[3]. Eine einfache Tür links führt in den Flur, eine offene Flügeltür der Hinterwand in einen mit dem gleichen ungemütlichen Prunk überladenen Salon. […]

[1] *Stoff-Fabrikant (Parchent = Baumwollgewebe)*
[2] *Gardinen aus schwerem, edlem Stoff*
[3] *Rahmen mit vielen Schnörkeln und Verzierungen*

1 Diese Angaben zum Bühnenbild stammen aus dem Schauspiel *Die Weber*. Wichtige Handlungsorte des Dramas sind im ersten Akt das Privatzimmer des Fabrikanten Dreißiger in seiner Villa und im zweiten Akt die Stube Ansorges, in der die Weberfamilie Baumert haust.
a) Lest die Angaben zu den beiden Bühnenbildern.
b) Beschreibt die Lebensbedingungen und das Wohnumfeld der Familie Dreißiger und der Familie Baumert mit eigenen Worten. Nennt dabei Details, die den Reichtum bzw. die Armut der beiden Familien deutlich machen.

2 Skizziert das Bühnenbild des Wohnzimmers der Familie Dreißiger auf einem Blatt Papier. Die Skizze rechts hilft euch dabei.

Naturalismus

Das Stübchen des Häuslers Wilhelm Ansorge[1] zu Kaschbach im Eulengebirge.

In einem engen, von der sehr schadhaften Diele bis zur schwarz verräucherten Balkendecke nicht sechs Fuß hohen Raum sitzen: zwei junge Mädchen, Emma und Bertha Baumert, an Webstühlen – Mutter Baumert, eine kontrakte[2] Alte, auf einem Schemel am Bett, vor sich ein Spulrad – ihr Sohn August, zwanzigjährig, idiotisch, mit kleinem Rumpf und Kopf und langen, spinnenartigen Extremitäten[3], auf einem Fußschemel, ebenfalls spulend. [...]
Ein Teil der rechten Wand mit Ofen und Ofenbank, Bettstelle und mehreren grell getuschten Heiligenbildern steht auch noch im Licht. – Auf der Ofenstange hängen Lumpen zum Trocknen, hinter dem Ofen ist altes, wertloses Gerümpel angehäuft. Auf der Ofenbank stehen einige alte Töpfe und Kochgeräte, Kartoffelschalen sind zum Dörren auf Papier gelegt. – Von den Balken herab hängen Garnsträhnen und Weifen[4], Körbchen mit Spulen stehen neben den Webstühlen. In der Hinterwand ist eine niedrige Tür ohne Schloss. Ein Bündel Weidenruten ist daneben an die Wand gelehnt. Mehrere schadhafte Viertelkörbe stehen dabei. – Das Getöse der Webstühle, das rhythmische Gewuchte der Lade, davon Erdboden und Wände erschüttert werden, das Schlurren und Schnappen des hin- und hergeschnellten Schiffchens erfüllen den Raum. Dahinein mischt sich das tiefe, gleichmäßig fortgesetzte Getön der Spulräder, das dem Summen großer Hummeln gleicht.

[1] Die Baumerts wohnen in einer Stube der Hütte, die Korbflechter Ansorge gehört.
[2] gelähmt, gekrümmt
[3] Arme und Beine
[4] Vorrichtung, auf der das Garn in Strangform gebracht wird

3 Gebt ebenfalls in einer Skizze die Wohnbedingungen der Familie Baumert wieder.
Aus der Abbildung aus einem Heimatmuseum (oben links) könnt ihr entnehmen, wie die Gerätschaften der Weber aussahen.

4 Diese Angaben zur Einrichtung der beiden Wohnräume sind ungewöhnlich ausführlich. Mit welcher Absicht hat der Autor diese beiden Bühnenbilder so genau beschrieben? Tauscht eure Vermutungen aus.

Auszüge aus „Die Weber"

Auszug aus dem 2. Akt.
Einige Weber sitzen in der Stube der Familie Baumert zusammen.

DER ALTE BAUMERT: Kennten m'r nich wenigsten zu allen heiligen Zeiten aso a Stickl
5 Gebratnes hab'n, statts dass ma kee Fleisch zu sehn kriecht ieber Jahr und Tag? – Aso muss ma warten, bis een wieder
10 amal aso a Hundl zulauft wie das hier vor vier Wochen: Und das kommt ni ofte vor im Leben.
ANSORGE: Hast du
15 Ami'n schlachten lassen?
DER ALTE BAUMERT: Ob a m'r vollens ooch noch derhungern tat …
ANSORGE: Nu jaja – nu nee nee.
20 **MUTTER BAUMERT:** Und war aso a nette, betulich Hundl. […]
BERTHA: Wo ist denn Vater? *Der alte Baumert hat sich stillschweigend entfernt.*
MUTTER BAUMERT: Ich weeß nich, wo mag
25 er hin sein.
BERTHA: Is etwan, dass er das Fleescherne nimehr gewehnt is?!
MUTTER BAUMERT, *außer sich, weinend*:

Szenenbild aus einer Inszenierung an der Volksbühne in Berlin 1997

Nu da seht ihrsch, nu da seht ihrsch! Da bleibt's 'n noch ni amal. Da wird a das ganze bissel 30 scheenes Essen wieder von sich geben.
DER ALTE BAUMERT *kommt wieder, weinend vor Ingrimm:* Nee, nee! Mit mir is bald gar alle. Mich hab'n se bald aso weit! Hat man sich amal was Guttes dergattert, da kann ma's nich amal 35 mehr bei sich behalt'n. *Er sitzt weinend nieder auf die Ofenbank.*

1 a) Lest die Szene jeder für sich.
b) Der Text ist in der schlesischen Mundart verfasst. Klärt gemeinsam unverständliche Ausdrücke.
c) Woran wird die Not der Weber deutlich?
d) Sprecht über das Szenenfoto.
Wie werden hier die Weber dargestellt?

2 a) In dem Drama spielt das „Weberlied" eine zentrale Rolle. Es taucht im zweiten Akt erstmals auf.
Lest den Textausschnitt auf der folgenden Seite.
b) Sucht die sieben Strophen des Liedes heraus und lest sie vor.

ANSORGE: 's heeßt doch, gloob' ich, 's Dreißicherlied oder wie.
JÄGER: Ich wersch amal vorlesen.
MUTTER BAUMERT: Wer hat denn das Lied derfund'n?
JÄGER: Das weeß kee Mensch nich. Nu heert amal druf. *Er liest, schülerhaft buchstabierend, schlecht betonend, aber mit unverkennbar starkem Gefühl. Alles klingt heraus: Verzweiflung, Schmerz, Wut, Hass, Rachedurst.*
Hier im Ort ist ein Gericht,
noch schlimmer als die Vehmen[1],
wo man nicht erst ein Urteil spricht,
das Leben schnell zu nehmen.

Hier wird der Mensch langsam gequält,
hier ist die Folterkammer,
hier werden Seufzer viel gezählt
als Zeugen von dem Jammer.
DER ALTE BAUMERT *hat, von den Worten des Liedes gepackt und im Tiefsten aufgerüttelt, mehrmals nur mühsam der Versuchung widerstanden, Jäger zu unterbrechen. Nun geht alles mit ihm durch; stammelnd, unter Lachen und Weinen, zu seiner Frau:* Hier ist die Folterkammer. Der das geschrieben, Mutter, der sagt die Wahrheet. Das kannst du bezeugen ... Wie heeßt's? Hier werden Seufzer ... wie? Hier wern se viel gezählt ...
JÄGER: Als Zeugen von dem Jammer.
DER ALTE BAUMERT: Du weeßt's, was mir aso seufz'n een'n Tag um a andern, ob m'r stehn oder liegen.
JÄGER, *während Ansorge, ohne weiterzuarbeiten, in tiefer Erschütterung zusammengesunken dasitzt, Mutter Baumert und Bertha fortwährend die Augen wischen, fährt fort zu lesen:*
Die Herren Dreißiger die Henker sind,
die Diener ihre Schergen[2],
davor ein jeder tapfer schind't[3],
anstatt was zu verbergen.

Ihr Schurken all, ihr Satansbrut ...
DER ALTE BAUMERT, *mit zitternder Wut den Boden stampfend:* Ja, Satansbrut!!!

JÄGER *liest:*
... ihr höllischen Kujone[4],
ihr fresst der Armen Hab und Gut,
und Fluch wird euch zum Lohne.
ANSORGE: Nu ja ja, das is auch an Fluch wert.
DER ALTE BAUMERT, *die Faust ballend, drohend:* Ihr fresst der Armen Hab und Gut – !
JÄGER *liest:*
Hier hilft kein Bitten und kein Flehn,
umsonst ist alles Klagen.
„Gefällt's euch nicht, so könnt ihr gehen
am Hungertuche nagen."
DER ALTE BAUMERT: Wie steht's? Umsonst ist alles Klagen? Jedes Wort ... jedes Wort ... da is all's aso richtig wie in d'r Bibel. Hier hilft kein Bitten und kein Flehn!
ANSORGE: Nu ja ja! Nu nee nee! Da tutt schonn nischt helfen.
JÄGER *liest:*
Nun denke man sich diese Not
und Elend dieser Armen,
zu Haus oft keinen Bissen Brot,
ist das nicht zum Erbarmen?

Erbarmen, ha! ein schön Gefühl,
euch Kannibalen fremde,
ein jedes kennt schon euer Ziel,
s'ist der Armen Haut und Hemde.
[...]
ANSORGE *schleudert den Korb in die Ecke, erhebt sich, am ganzen Leib zitternd vor Wut, stammelt hervor:* Und das muss anderscher wern, sprech ich, jetzt uff der Stelle. Mir leiden's nimehr! Mir leiden's nimehr, mag kommen, was will.

[1] *Gericht unter Ausschluss der Öffentlichkeit, heimliches Bauerngericht*
[2] *Handlanger*
[3] *quälen, ausbeuten*
[4] *Schufte, Kerle*

Naturalismus

3
a) Wie reagieren die Weber auf dieses Lied und wie lässt sich ihr Verhalten erklären?
b) Durch unvollständige Sätze wird die Erregung der Weber deutlich.
Sucht dafür Beispiele aus dem Text.

4
a) In der ersten Strophe des Weberlieds wird von einem Gericht gesprochen.
Wer richtet hier?
b) In der zweiten Strophe ist von einer Folterkammer die Rede. Wer foltert hier?
c) Wie kommen die Weber dazu, Dreißiger als Henker zu bezeichnen?
d) Sucht aus dem Text noch weitere Bezeichnungen für die Fabrikanten und erklärt sie.
e) Warum möchte Dreißiger, dass die Behörden das Weberlied verbieten?

5
a) Der kursive Text, der hier einen breiten Raum einnimmt, wird auch „Regieanweisung" genannt. Welche Aufgabe hat sie?
b) Warum legt Hauptmann in den Regieanweisungen so viel Wert auf eine genaue Beschreibung? Tauscht eure Vermutungen aus.

Die Literaturepoche des NATURALISMUS am Beispiel „Die WEBER"

1. Zu welcher Zeit entstanden die Weber?
   ☆☆☆
2. Welche Gesellschaftsschichten kommen vor?
   ☆☆☆
3. Wie lebten diese?
   ☆☆☆
4. Welche Missstände ergaben sich daraus?
   ☆☆☆
5. Durch welche Mittel versucht Hauptmann, die Lebensverhältnisse der Weber möglichst genau wiederzugeben?

INFO

Die Literaturepoche des Naturalismus
In den letzten zwanzig Jahren des 19. Jahrhunderts entstand eine Literaturepoche, die als Naturalismus bezeichnet wird. Die jungen Schriftsteller dieser Zeit versuchten in ihren Werken gesellschaftliche Missstände aufzuzeigen, z. B. die Not der Weber um 1840 oder das Elend der Arbeiter zur Zeit der Industrialisierung.
Dazu informierten sich die Schriftsteller ganz genau über die Lebensbedingungen der in ihren Werken beschriebenen Menschen und versuchten diese Lebensverhältnisse möglichst genau („naturalistisch") wiederzugeben. Das spiegelt sich in den Dramen wider in den ausführlichen Angaben zum Bühnenbild, in den genauen Regieanweisungen und in der Wiedergabe der Sprache der handelnden Personen (Dialekt oder Umgangssprache, unvollständige Sätze, Ausrufe).

6 *Die Weber* ist ein typisches Stück der Literaturepoche des Naturalismus. Legt euch zu dieser Epoche einen Merkzettel wie oben an.
Die Info und die vorangegangenen Seiten helfen euch dabei.

7
a) In diesem Buch habt ihr drei Literaturepochen kennen gelernt. Lest die Infos auf den Seiten 107, 116 und auf dieser Seite und haltet die wichtigsten Informationen zu folgenden Aufgaben stichwortartig fest.

1. Nennt die Zeiträume jeder Literaturepoche.
2. Mit welchen Inhalten beschäftigt sich die jeweilige Literaturepoche?
3. Nennt für jede Epoche wenigstens einen Autor und ein Werk.

b) Überlegt, wie ihr eure Angaben in einer Tabelle zusammenstellen könnt.

Lernzirkel „Grammatik"

Überprüfe deine Grammatik-Kenntnisse

Auf dieser und den folgenden Seiten findet ihr einen Lernzirkel, mit dem ihr wichtige grammatische Inhalte wiederholen könnt. Die abgebildeten Stationenkarten und deren Lösungen gibt es als Kopiervorlagen im Lehrer- und Materialband (Copy 17).
Ihr könnt sie an verschiedenen Stellen in der Klasse auslegen und sie danach in beliebiger Reihenfolge allein oder zu zweit bearbeiten. Entsprechende Bearbeitungszettel liegen im Materialband vor.

Station 1 — Pronomen finden

Ersetze im folgenden Text alle Klammern durch passende Pronomen (z. B. *ich, du; mein, dein; diese, dieser, dies, das*).

Hilfe, die Ochsenfrösche kommen!
Ochsenfrösche gefährden (1) heimischen Amphibien. Seit letztem Dienstag gibt es keinen Zweifel mehr. In vielen Gewässern nördlich von Karlsruhe sind Ochsenfrösche zu finden, (2) sonst eigentlich nur in Nordamerika beheimatet sind. (3) Tiere gehören mit einer Länge von bis zu 20 cm zu den weltweit größten Froscharten. Zu (4) Hauptnahrungen zählen Krebse, Fische, Kleinvögel, junge Schlangen. Selbst kleinere Artgenossen werden von (5) nicht verschmäht. Leider ist zu befürchten, dass eine weitere Ausbreitung des Ochsenfrosches, (6) im Durchschnitt bis zu 2 kg wiegen kann, zu einer erheblichen Dezimierung (7) bestehenden Amphibienbestandes führen wird. (8) wäre nicht wieder gutzumachen.

Station 2 — Den richtigen Kasus finden

Setze die Wörter in Klammern in den richtigen Kasus.

Entwarnung
1. Wegen (die starke Ausbreitung) von (Ochsenfrösche) müssen umgehend Maßnahmen ergriffen werden.
2. Trotz (ihr enormer Appetit) verhalten sich Ochsenfrösche gegenüber (badende Personen) harmlos.
3. In Zusammenarbeit mit (zahlreiche Fischervereine) sollen flächendeckende Bekämpfungsmaßnahmen in (umliegende Orte) durchgeführt werden.
4. So könnte z. B. der Froschlaich, der von den Tieren nahe (der Uferrand) abgelegt wird, abgefischt werden.

Station 3 — Konjunktive erkennen

In welchen Sätzen kommt der Konjunktiv vor? Schreibe die Konjunktivform heraus.

Pfui Spinne
1. Zu meinen Lieblingstieren gehören auf keinen Fall Vogelspinnen.
2. Bekäme ich zum Geburtstag von einem Freund eine Vogelspinne geschenkt, so würde ich mit ihm kein Wort mehr sprechen.
3. Meine Freundin meint, ich solle an einer Angsttherapie teilnehmen, um meine Spinnenphobie zu beseitigen.
4. Ich bekomme nämlich schon eine Gänsehaut, wenn ich nur an Spinnen denke.
5. Angeblich soll die Angstschwelle sinken, wenn man sich dazu überwinden könnte, eine Spinne anzufassen.
6. Das ist doch alles Spinnerei!

9.3 Grammatisches Wissen wiederholen

Station 4 — In die indirekte Rede umwandeln

Setze folgende Sätze in die indirekte Rede.

Sind Vogelspinnen harmlos?
1. Tim behauptet: „Immer wieder tauchen in den Medien Berichte über Killerspinnen auf."
2. Sina meint: „Solchen Horrorgeschichten ist es zu verdanken, dass Vogelspinnen einen so schlechten Ruf haben."
3. Karina schimpft: „Als Pfleger dieser Tiere wird man schnell als lebensmüde eingestuft."
4. Tim erklärt: „Der Biss einer Vogelspinne ist zwar schmerzhaft, aber die Bisswirkung reicht nicht aus, um einen Menschen zu töten."
5. Natalie ergänzt: „Nur wenn Personen allergisch auf das Gift reagieren, kann es lebensgefährlich werden."

Station 6 — Konjunktiv II verwenden

Führe die folgenden Sätze fort. Verwende dabei den Konjunktiv II oder eine Umschreibung mit *würde*.

Wenn das Wörtlein *wenn* nicht wär ...
1. Wenn ich einen Wunsch frei hätte, ...
2. Wäre ich bereits volljährig, ...
3. Wenn ich mir meine Eltern aussuchen könnte, ...
4. Wenn ich Millionär wäre, ...
5. Wenn ich den Bundeskanzler treffen würde, ...

Station 5 — Konjunktiv bilden

Ergänze die fehlenden Konjunktivformen

Indikativ	Konjunktiv I	Konjunktiv II
sie läuft	☆	☆
du schreist	☆	☆
er zittert	☆	☆
ich bin	☆	☆
ihr kommt	☆	☆
es weht	☆	☆
wir bringen	☆	☆
sie singen	☆	☆
er isst	☆	☆
du gibst	☆	☆

Zur Erinnerung: Der Konjunktiv II wird von der Präteritumsform abgeleitet (z. B. singen – er sänge).

Station 7 — Satzglieder umformen

Forme die unterstrichenen Satzglieder zu Nebensätzen um.

Vorsicht – Teppichschlangen!
1. <u>Beim Aufräumen seines Dachbodens</u> wurde ein australischer Farmer von einer Schlange gebissen.
2. <u>Beim Durchforsten alter Regale</u> hatte er das Tier entdeckt.
3. <u>Aufgrund einer Maulsperre</u> konnte das Tier den Mann nicht mehr loslassen.
4. <u>Nach genauer Untersuchung durch einen Arzt</u> stellte sich heraus, dass es sich um eine ungiftige Teppichschlange handelte.
5. <u>Durch vorsichtiges Hin- und Herbewegen der Schlange</u> konnte der Farmer schließlich von dem Tier befreit werden.

Lernzikel „Grammatik"

Station 8 — Adverbiale verwenden

Setze für jede Klammer ein geeignetes Adverbiale ein. Vermeide Wiederholungen.

Blinder Passagier an Bord
Mit einigen Stunden Verzögerung erreichten die Fluggäste der Boeing 707 am vergangenen Donnerstag ihr Ziel. (1) verlief alles nach Plan. Die Passagiere betraten das Flugzeug und nahmen ihre Sitzplätze ein. (2) wurde jedoch per Lautsprecher mitgeteilt, dass mit Verzögerungen zu rechnen sei. (3) passierte für lange Zeit gar nichts. (4) teilte der Flugpilot den Fluggästen mit, dass sie alle wieder aussteigen müssten. Der Grund befand sich im Frachtraum. (5) hatte ein Mitarbeiter nämlich eine Maus gesehen. (6) durfte die Maschine nicht starten, denn das Tier könnte wichtige Stromverbindungen durchnagen. (7) wäre das Leben aller Insassen in Gefahr. (8) hatte man den kleinen Nager eingefangen und das Flugzeug durfte gestartet werden.

Station 9 — Satzreihe/Satzgefüge unterscheiden

Bei welchen Sätzen handelt es sich um Satzreihen, bei welchen um Satzgefüge?

Tierische Nasen
1. Bist du eigentlich der Ansicht, dass du eine schöne Nase hast?
2. Oder gehörst du eher zu denjenigen, die sich wegen ihres riesigen und krummen Zinkens am liebsten operativ verschönern lassen wollen?
3. Eigentlich sollten wir unsere Nasenprobleme nicht zu ernst nehmen, denn im Vergleich zu manchen Tieren haben alle Menschen wunderschöne Nasen.
4. Manche Tiere haben nämlich hässliche Rüssel, Gurken oder Tentakeln, mit denen sie allerdings weitaus besser riechen können als wir.
5. Andere tierische Nasen sehen jedoch nur wie solche aus, doch in Wirklichkeit haben sie ganz andere Funktionen.

Station 10 — Partizip- und Infinitivgruppen

Verkürze die folgenden Nebensätze immer zu Infinitiv- oder Partizipgruppen.

Killerspecht in Franken?
1. Da er zutiefst erschüttert war, meldete sich der Schulrektor einer fränkischen Grundschule bei der Polizei.
2. Er behauptete, dass er in seinem Ort einen Killerspecht gesehen habe.
3. Ferner beschuldigte er das Tier, dass dieses 17 handgroße Löcher in die Schulfassade geklopft habe.
4. Nachdem der Rektor morgens an der Schule angekommen war, hatte er einen solchen Schaden entdeckt.
5. Das zuständige Bauamt neigt jedoch dazu, dass der Schaden wohl eher auf die Baufälligkeit des alten Schulgebäudes zurückzuführen ist.

Station 11 — Satzgefüge bilden

Verbinde immer zwei Sätze zu einem Satzgefüge. Verwende dazu passende Konjunktionen bzw. Relativpronomen. Achte auf die richtige Kommasetzung.

Von Gurken, Zinken und Steckdosen
1. Nasenaffen-Männchen verfügen über eine so genannte „Gurke". Sie dient ihnen beim Rufen zur Schallverstärkung.
2. Diese ständig wachsende Nase muss allerdings nach einigen Jahren beim Fressen zur Seite geschoben werden. Sie würde sonst stören.
3. Besonders gut riechen kann das Hängebauchschwein. Seine gedrungene Steckdosennase sieht eigentlich nicht danach aus.
4. Äußerst auffallend ist auch der lange Zinken des Rüsselkäfers. Der Rüsselkäfer benutzt diesen nicht zum Riechen, sondern ausschließlich als Mundwerkzeug.
5. Den Rekord stellt jedoch ein nordamerikanischer Maulwurf auf. Er verfügt über 22 Nasenfortsätze zum Ertasten seiner Umwelt.

Nominalstil und Verbalstil

Stilfragen

A
Zum Vorgehen bei Täuschungsversuchen während der Abschlussprüfungen:
Telefonieren, Mitbringen von unerlaubten Materialien, Sprechen mit Mitschülern während der Prüfung sowie das unerlaubte Einblicken in fremde Prüfungsunterlagen gelten als Unterschleif. Schüler und Eltern sind über die von Lehrerseite beabsichtigten Maßnahmen zu informieren.

C
Nach Abklingen eines Hochs über Skandinavien sorgt das Eintreffen kühler Luftmassen über ganz Deutschland zum Wochenbeginn für einen deutlichen Wetterumschwung. In der Nacht zum Mittwoch ist wegen des starken Absinkens der Temperaturen in Mitteldeutschland mit Schneefall zu rechnen. Auch im Süden Deutschlands wird es zu einer deutlichen Abkühlung kommen. Am Donnerstag besteht die Gefahr von Blitzeis.

B
Jeder junge Mensch hat ein Recht auf Förderung seiner Entwicklung und auf Erziehung zu einer eigenverantwortlichen und gemeinschaftsfähigen Persönlichkeit. [...]
Der Erziehungsbeistand und der Betreuungshelfer sollen das Kind oder den Jugendlichen bei der Bewältigung von Entwicklungsproblemen möglichst unter Einbeziehung des sozialen Umfelds unterstützen und unter Erhaltung des Lebensbezugs zur Familie seine Verselbstständigung fördern.

INFO

Nominal- und Verbalstil
Von **Nominalstil** spricht man, wenn in einem Text besonders häufig Nomen und Nominalisierungen verwendet werden:
Die Möglichkeit zur Einladung der Schüler besteht.
Diesen Stil findet man häufig in Gesetzestexten, Verordnungen, Berichten sowie auch in Gliederungen, da er eine kürzere und präzisere Darstellung erlaubt.
Allerdings wirkt der Nominalstil oft holprig und schwer verständlich.

Beim **Verbalstil** werden Formulierungen mit Verben bevorzugt:
Die Möglichkeit, dass die Schüler eingeladen werden, besteht.
Die Möglichkeit, die Schüler einzuladen, besteht.
Es können auch Schüler eingeladen werden.
In der Regel ist der Verbalstil leichter verständlich und wirkt lebendiger. Im Aufsatz sollte daher diese Stilform vorherrschen.

1 a) Lest die Textauszüge. Um welche Textsorten handelt es sich bei den Texten A bis C?
b) Unterstreicht auf einer Folie oder auf Copy 18 alle Nomen und Nominalisierungen.
Was stellt ihr fest? Lest dazu die Info.

2 a) Sucht euch einen Text aus und formuliert ihn im Verbalstil.
b) Vergleicht euren Text mit dem Ursprungstext. Welche unterschiedlichen Wirkungen stellt ihr fest?
c) Warum ist der Nominalstil in diesen Texten sinnvoll?

Nominalstil und Verbalstil

3 a) Der Schülertext rechts ist an den unterstrichenen Stellen stilistisch nicht schön. Woran liegt dies?
b) Der Anfang dieses Textes wurde unten überarbeitet. Vergleicht die beiden Fassungen. Beschreibt die Unterschiede und beurteilt sie.
c) Überarbeitet den weiteren Text. Schreibt eure Formulierungsvorschläge ins Heft.

Sehr geehrter Herr Beißbart,

<u>nach Lesen Ihrer Stellenanzeige</u> in der Nürnberger Rundschau vom 2. Mai möchte ich mich bei Ihnen um einen Ausbildungsplatz als Friseur bewerben.

5 <u>Den Wunsch nach Ausübung</u> dieses Berufes habe ich schon lange.
<u>Die Erfordernis von Kreativität und Kontaktfreudigkeit</u> in diesem Fachbereich ist mir bekannt. Denn <u>wegen der Ausübung
10 dieses Berufes</u> bereits durch meinen Vater und Großvater kenne ich mich schon recht gut aus. Darüber hinaus hatte ich in den letzten Ferien Gelegenheit <u>zur Teilnahme an einem
15 einwöchigen Praktikum</u> in einem Frisiersalon. Das Zusammenfegen der abgeschnittenen Haare und das Einmassieren der Shampoos in die Kopfhaut haben mir besonders gut gefallen.
20 Dies alles hat mich in meinem Berufswunsch des Friseurs noch bestärkt.

Zurzeit besuche ich die neunte Klasse der Gerd-Vital-Schule. Diese werde ich voraussichtlich nach Absolvieren meines
25 Realschulabschlusses im nächsten Sommer verlassen.

Zu meinen Hobbys gehört neben dem Ausprobieren neuer Frisuren das Zeichnen von Tattoos. Mir macht das Verschönern
30 anderer Personen großen Spaß.

Ich würde mich über Ihre Einladung zu einem Vorstellungsgespräch sehr freuen.

Mit freundlichen Grüßen

Max Müller

Sehr geehrter Herr Beißbart,

nachdem ich Ihre Stellenanzeige in der Nürnberger Rundschau vom 2. Mai gelesen habe, möchte ich mich bei Ihnen um einen Ausbildungsplatz als
5 Friseur bewerben.

Den Wunsch, diesen Beruf auszuüben, habe ich schon lange. Dass für diesen Fachbereich Kreativität und Kontaktfreudigkeit erforderlich sind, ist mir
10 bekannt. Da bereits mein Vater und Großvater diesen Beruf ausgeübt haben, kenne ich mich schon recht gut aus. Darüber hinaus hatte ich in den letzten Ferien Gelegenheit, an einem
15 einwöchigen Praktikum in einem Frisiersalon teilzunehmen.

Satzformen und ihre Wirkung

Wirkung von Satzformen

Beste Geschichte meines Lebens
Wolfdietrich Schnurre

Beste Geschichte meines Lebens. Anderthalb Maschinenseiten vielleicht. Autor vergessen, in der Zeitung gelesen. Zwei Schwerkranke im selben Zimmer. Einer an der Türe liegend, einer am Fenster. Nur der am Fenster kann hinaussehen. Der andere keinen größeren Wunsch, als das Fensterbett zu erhalten. Der am Fenster leidet darunter. Um den anderen zu entschädigen, erzählt er ihm täglich stundenlang, was draußen zu sehen ist, was draußen passiert. Eines Nachts bekommt er einen Erstickungsanfall.

1 Lest den Textanfang oben und sprecht darüber.

2 a) Wie könnte die Geschichte weitergehen? Schreibt selbst einen Schluss.
b) Vergleicht eure Ergebnisse.

3 a) Sprecht nun über den tatsächlichen Ausgang der Geschichte. Lest dazu den Textausschnitt A.
b) Wie würdet ihr das Wesen der beiden Männer beschreiben? Sucht passende Adjektive. Begründet eure Wahl.

4 a) Lest die Textausschnitte B und C.
b) Vergleicht die drei Textausschnitte. Welche Unterschiede stellt ihr fest? Achtet dabei besonders auf die Satzformen.
c) Welche unterschiedlichen Wirkungen haben die Textausschnitte B und C? Übertragt die Einschätzskala unten in euer Heft und ordnet die Texte ein.
d) Sprecht über eure Einschätzungen.

Die Erzählweise wirkt:
sehr ruhig   schnell, gehetzt
1   2   3   4   5

langweilig   aufwühlend
1   2   3   4   5

A Der an der Tür könnte die Schwester rufen, doch er unterlässt es. Er denkt an das Bett. Am Morgen ist der andere tot, der Mann war erstickt. Sein Fensterbett wird geräumt. Der Patient, der bisher an der Tür lag, erhält es nun. Sein Wunsch ist in Erfüllung gegangen. Gierig, erwartungsvoll wendet er das Gesicht zum Fenster, doch er sieht nichts. Vor ihm befindet sich nur eine Mauer.

B Der Mann, der an der Tür liegt, könnte die Schwester rufen. Da er jedoch an das Bett denkt, unterlässt er es, sodass der andere am Morgen tot ist, weil er erstickt war. Nachdem sein Fensterbett geräumt worden ist, erhält es nun der, der bisher an der Tür lag und dessen Wunsch nun in Erfüllung gegangen ist. Gierig und erwartungsvoll wendet er das Gesicht zum Fenster, woraufhin er nichts sieht, da er nur auf eine Mauer blickt.

C Der an der Tür könnte die Schwester rufen. Unterlässt es; denkt an das Bett. Am Morgen ist der andere tot; erstickt. Sein Fensterbett wird geräumt; der bisher an der Tür lag, erhält es. Sein Wunsch ist in Erfüllung gegangen. Gierig, erwartungsvoll wendet er das Gesicht zum Fenster. Nichts; nur eine Mauer.

Satzformen und ihre Wirkung

5 Welcher Textausschnitt ist der Originalschluss? Vergleicht dazu den Ausgangstext. Begründet eure Entscheidung.

6 Sucht im Originaltext Beispiele für Ellipsen. Lest dazu zunächst die Info.

7 a) Schreibt euren Schluss (siehe Aufgabe 2) so um, dass er stilistisch zum Ausgangstext passt.
b) Lest euch eure Ergebnisse gegenseitig vor.

8 a) Der Text rechts ist sehr einheitlich verfasst. Welche Satzform wird überwiegend verwendet?
b) Wie würde der Text in einer anderen Satzform wirken? Probiert dies einmal aus.

9 a) Denkt euch einen Schluss zum Text rechts aus. Überlegt, welche Satzform überwiegen soll.
b) Vergleicht eure Lösungen.

Lisa

Es ist schon eine Ewigkeit her, zuletzt habe ich Lisa vor acht Jahren gesehen. Schon damals habe ich nur noch an sie gedacht, denn eigentlich bin ich in Lisa schon seit unserer Schulzeit verliebt. Ich mag ihre schulterlangen Haare, ich liebe ihre großen blauen Augen, mir gefallen ihr Humor und ihre freundliche Art. Angesprochen habe ich sie allerdings nie und das wäre wohl auch so geblieben, wenn wir uns nicht zufällig beim Chatten wiedergefunden hätten.
Zunächst wussten wir natürlich nicht, dass wir uns kannten, das haben wir erst allmählich herausgefunden. Es ist einfach total verrückt! Nun stehe ich jedenfalls am Bahnhof und warte auf sie. Endlich kommt der Zug zum Stehen, die Tür geht auf, ich nehme viele herausströmende Menschen wahr und dann erblicke ich Lisa. Das darf doch nicht wahr sein!

INFO

Satzformen und ihre Wirkung
Die häufige Verwendung von Satzreihen, Satzgefügen oder auch Ellipsen beeinflusst die Wirkung eines Textes.
Besteht ein Text überwiegend aus **Satzreihen** (aneinandergereihten Hauptsätzen), so enthält jede Einzelaussage ein besonderes Gewicht. Dies kann in einem Text zu einer Steigerung führen oder es kann aber auch monoton wirken.
Ich machte das Fenster auf. Es war draußen alles ruhig. Eben hatte noch die Musik gespielt. Ich kannte sie von früher.
Dagegen werden umfangreiche **Satzgefüge** (Verbindungen aus Haupt- und Nebensätzen) hauptsächlich eingesetzt, um komplexe Zusammenhänge darzustellen.

Bei stark verschachtelten Sätzen sind die Texte meistens schwer verständlich.
Nachdem ich das Fenster aufgemacht hatte, hörte ich, dass draußen alles ganz ruhig war, obwohl eben noch die Musik, die ich von früher kannte, gespielt hatte.
Bei **Ellipsen** handelt es sich um unvollständige Sätze. In ihnen wird alles Unwichtige weggelassen, sodass nur die wichtigsten Wörter stehen bleiben. Auf diese Weise wird eine Raffung erzielt.
Fenster auf. Alles ruhig. Keine Musik mehr. Musik von früher.
Bei wörtlicher Rede sind Ellipsen häufig auch Kennzeichen für Aufregung oder Umgangssprache.

Einflüsse auf unsere Sprache

Wie sag ich's meinem Onkel?

Lieber Onkel Stefan,

ich habe mich sehr darüber gefreut, wieder einmal von dir gehört zu haben und zu erfahren, dass es dir gut geht. Es ist wirklich toll, dass du Freikarten für das nächste Heimspiel von den Löwen bekommen hast. Und noch besser ist natürlich dein Gedanke, wir beide könnten das Spiel gemeinsam besuchen. Leider kann ich jedoch dein großzügiges Angebot nicht annehmen. Denn am gleichen Tag habe ich ein wichtiges Auswärtsspiel mit meinem Basketballverein. Und ich würde bestimmt Ärger kriegen, wenn ich meine Kumpels hängenlasse. Also muss ich dich versetzen. Hoffentlich ist das für dich in Ordnung. Aber wir können ja zu einem späteren Spiel gemeinsam gehen.

Liebe Grüße
dein Markus

SMS: Tolle Idee mit d. Karten. Kann aber nicht. Hab Basketballspiel. Ok? Sollten es nachholen. CU.

1
a) Worum geht es in beiden Mitteilungen?
b) Welche Informationen des Briefes lassen sich in der SMS-Nachricht nicht finden? Woran liegt dies?
c) Warum werden in SMS-Texten häufig Ellipsen verwendet? Lest in der Info auf Seite 133 nach, was man unter diesem Begriff versteht.
d) Welche Mitteilungsform würdet ihr an euren Onkel eher verwenden? Begründet eure Entscheidung.

2
a) Vielleicht habt ihr solche Abkürzungen wie rechts in SMS-Nachrichten schon einmal gesehen oder verwendet. Wann werden sie eingesetzt?
b) Entschlüsselt die Bedeutung der Abkürzungen. Ordnet dafür die Wörter den Abkürzungen zu.
c) Tragt weitere Abkürzungsbeispiele zusammen und erklärt sie.

HDGDL · GUK · TABU · BIBA

GRUSS, HAB, TAUSEND, UND, DICH, GANZ, BIS; DOLL, BALD, KUSS, BUSSIS, LIEB

9.3 Aktuelle Einflüsse auf unsere Sprache erkennen und darüber diskutieren

Einflüsse auf unsere Sprache

[SMS-Display:] D-Stunde war voll öde is jetzt aber rum Vergiss net wg. morgen Abend Bescheid z: geben Können noch einmal tel. Biba

3 a) Untersucht die sprachlichen Merkmale dieser SMS-Nachricht. Welche der in der Liste rechts aufgeführten Beispiele werden verwendet?
b) Tragt weitere Ausdrucksmöglichkeiten, die in SMS-Nachrichten verwendet werden, zusammen.
c) Warum werden sie gerade in SMS-Nachrichten verwendet?
d) Sprecht darüber, welche Ausdrucksmöglichkeiten ihr bevorzugt verwendet. Verändert die SMS-Nachricht oben so, dass daraus eine inhaltlich und sprachlich vollständige Mitteilung wird.

- Smileys
- Abkürzungen
- Englische Redewendungen
- Umgangssprache
- Dialekt
- Auslassungen

4 a) Mit SMS-Nachrichten können auch Geschichten erzählt werden. Schreibt eine, indem ihr den angebotenen Erzählanfang verwendet oder einen eigenen erfindet.
Bedenkt, dass die Geschichte nicht mehr als 160 Zeichen (Leerzeichen mitgezählt) umfassen darf.
b) Stellt euch eure Geschichten gegenseitig vor und sprecht darüber.

[SMS-Display:] Am Bahnhof. Ich sehe sie wieder. Diese Augen. Jetzt trau ich mich …

5 a) Was unterscheidet die SMS-Nachrichten rechts von den weiter oben abgedruckten?
b) Sprecht darüber, wie sie entstanden sind.
c) Verfasst ähnlich gestaltete SMS-Nachrichten. Nehmt als Anlass die Gratulation zum Geburtstag oder wählt einen eigenen.

[SMS:]
```
 oo        Lust
OOO        auf
 \ I /     ein
  \I/      Eis?
```

6 In Diskussionen wird oft behauptet, dass Schüler durch die SMS-Sprache zunehmend Abkürzungen oder unvollständige Sätze in Aufsätzen verwenden. Wie beurteilt ihr diese Gefahr?

[SMS:]
```
  o,,,o      Der ist
 ( ' ; ' )    für
(,("""),)   dich"!
 (")'(").............
```

9.3 Aktuelle Einflüsse auf unsere Sprache erkennen und darüber diskutieren

Wellness – what's that?

WELLNESS – bei uns großgeschrieben

Träumen Sie nicht auch davon, sich endlich Zeit für sich zu nehmen? Denn: Wer hat im Alltag schon Zeit für Beauty und Relaxen, für einen Gesundheitscheck oder für eine Kur?

Genießen Sie ein Wellness-Wochenende oder einen Wellness-Urlaub in unserem Viersternehotel am Starnberger See.

Wir machen Ihren Urlaub zum Event!

**Hotel Alpenblick
direkt am See**

**TAGESGESPRÄCH
Well bekomm's in Germany**

Kürzlich widmete eine Schweizer Zeitung dem Wellness-Thema eine ganze Seite, um gegen Ende genervt festzustellen: „Eigentlich gibt es diesen Begriff nicht im englischen Vokabular. Engländer und Amerikaner wissen damit kaum etwas anzufangen."

Tut aber nichts zur Sache – im Wellnessland Germany. Längst gibt es hier Varianten wie „Wellfeeling" und „Wellpeeling", gibt es „Wellness pur" und „Wellness 2002". Wo die Wellness-Wurzeln nun wirklich stecken, wenn schon nicht in der Neuen Welt, das erforscht gegenwärtig der Deutsche Wellnessverband, den es ja auch gibt. In einem neuen „English-Deutsch-Wörterbuch" ist zwar (noch) nichts von „wellness" zu finden, aber doch das hübsche „weal and woe – wohl und wehe" – womit angedeutet wird, dass auch „well" nicht immer ohne „weh" zu haben ist. Wenn etwa die Wellness-Sauna wieder einmal zu heiß, die „Wellness-Brotsuppe" dagegen zu lau daherkommt. Sich „von dem boomenden Wellness-Trend nicht blenden lassen", davor warnte der Deutsche Tourismus-Verband. In Oberstdorf kam die Botschaft schon an: Das neue Gesundheitsangebot im meistbesuchten Urlaubsort der Republik heißt schlicht und schön „Wohlfühlwochen" (gänzlich ohne well).

Ermano Höppner

1
a) Lest die Anzeige.
b) Was versteht man unter *Wellness*?
c) Welche anderen Anglizismen (englischsprachigen Ausdrücke) finden sich in diesem Text?
d) Welche Wirkung verspricht sich der Werbetexter davon?

2 a) Lest den Zeitungsartikel.
b) An welchen Stellen wird deutlich, dass sich der Verfasser kritisch mit der Verwendung von Anglizismen auseinandersetzt?
c) Worauf zielt seine Kritik?

Computer

Musik

?

3 a) Nennt weitere Sachbereiche, in denen häufig Wörter aus dem Englischen verwendet werden.
b) Wählt einen Bereich aus und sucht in Fachzeitschriften oder im Internet nach Texten.
c) Ermittelt die darin vorkommenden englischen Wörter. Wann handelt es sich um Fachwörter? Welche Ausdrücke lassen sich durch deutsche Begriffe ersetzen?

Groß- und Kleinschreibung

Nomen und Nominalisierungen

Sehr geehrte Damen und Herren,
am 15. Mai dieses Jahres ereignete sich am NACHMITTAG (1) bei uns ein Unfall, den ich Ihnen im FOLGENDEN (2) darstellen werde. Zum ERRICHTEN (3) eines neuen Hühnerstalls wollte ich die bei uns auf dem Dachboden gelagerten Steine verwenden. Um diese nicht einzeln hinuntertragen zu müssen, hielt ich es für das BESTE (4), am Speicherfenster eine Rolle zu BEFESTIGEN (5), über welche ein dickes Seil lief. Nachdem ich mir mein VORGEHEN (6) ANFANGS (7) sorgfältig überlegt hatte, band ich an das eine Seilende eine Kiste, die ich nach oben zog und dort mit Steinen belud. Natürlich war ich mir im KLAREN (8), dass die Kiste sofort über den Flaschenzug nach unten stürzen würde. Deshalb hatte ich das Seil am Erdboden zuvor mit einem Pflock verankert. Als ich von dort aus versuchte, die Kiste durch langsames NACHGEBEN (9) des Seils hinunterzulassen, passierte etwas UNVORHERGESEHENES (10): Da die Kiste um ein BETRÄCHTLICHES (11) schwerer war als ich, sauste sie nach unten, während ich am anderen Ende des Seils zu meinem ENTSETZEN (12) nach oben befördert wurde.

Als ich der Kiste auf halber STRECKE (13) begegnete, traf sie mich hart an der linken Schulter. Das war im GROßEN und GANZEN (14) noch auszuhalten. Oben angekommen, schlug ich jedoch noch mit meinem Kopf gegen das offene Dachfenster. Gleichzeitig erreichte die Kiste unten die Erde. Durch das harte AUFPRALLEN (15) löste sich der Boden, und die Steine fielen heraus. Mit HERZKLOPFEN (16) beobachtete ich, dass die nun wieder leichtere Kiste nach oben schnellte. Erneut trafen wir uns, wobei diesmal meine rechte Schulter geprellt wurde. Unten angekommen, traf ich so UNGLÜCKLICH (17) auf, dass ich mir ein Bein brach. Dies hatte zur FOLGE (18), dass ich das Seil losließ und die Kiste nun aufs NEUE (19) auf mich herabstürzte. Am letzten MITTWOCH (20) habe ich aus diesem GRUND (21) ein Gebiss angepasst bekommen. Bei allem ÜBEL (22) bin ich im NACHHINEIN (23) sehr froh, kürzlich eine Unfallversicherung abgeschlossen zu haben. Bitte ersetzen Sie ohne WENN und ABER (24) die Kosten.
Mit freundlichem Gruß
Hans Piepgras

1 a) Schreibt die markierten Wörter gegebenenfalls mit ihren Signalwörtern auf. Die Info hilft euch dabei.
b) Unterstreicht alle Nominalisierungen.

2 Schreibt selbst eine ungewöhnliche Versicherungsmeldung. Verwendet in eurem Text nominalisierte Wörter.

- Folgenschwere Kochkünste
- Tollkühnes Skaten
- Friseurbesuch mit Folgen

INFO

Großschreibung von Nomen und Nominalisierungen
Nomen und Nominalisierungen werden großgeschrieben. Nominalisiert werden können alle Wortarten (*dein Lachen, das Folgende, ohne Wenn und Aber*). Du erkennst solche Wörter z. B. an folgenden Signalwörtern:
– *der, die, das, ein, eine,*
– *beim, im, ins, am, vom, zum,*
– *etwas, viel, wenig, manches, nichts, alles,*
– *mein, dein, sein, ihr, dieser, diese, dieses.*

Groß- und Kleinschreibung

Besonderheiten der Großschreibung

1 Übertragt den Textabschnitt **A** in euer Heft. Fügt in die Lücken jeweils die zur Satznummer passenden Zahlwörter ein: *Als Erstes solltest du ...* Lest dazu die Info.

2 Schreibt die Sätze des Abschnitts **B** ab. Ergänzt passende Sprachbezeichnungen. Lest dazu die Info.

3 Wie werden im Text **C** die markierten Farbbezeichnungen geschrieben? Schreibt sie in richtiger Groß- und Kleinschreibung in euer Heft.

INFO

Großschreibung von Zahlen, Farben und Sprachbezeichnungen

1. **Grundzahlen** *(eins, zwei, ...)* werden nur dann großgeschrieben, wenn die Ziffer gemeint ist (z. B. bei Zensuren, die Augenzahl beim Würfeln, Bus- oder Straßenbahnverbindungen): *eine Drei schreiben, eine Vier würfeln.* Aber: *alle viere von sich strecken.*

2. **Ordnungszahlen** *(der Erste, ein Zweiter, als Letzter)* werden großgeschrieben, wenn ihnen ein Signalwort (z. B. ein Artikel) vorausgeht.

3. Die Wörter **viel, wenig, eine, andere, beide** werden in der Regel immer kleingeschrieben: *Die einen sagen es, viele denken es nur.*

4. Bei **Farb- oder Sprachbezeichnungen** hilft dir die Einsatzprobe: Kannst du dafür *was?* einsetzen, schreibst du groß. *Die Ampel zeigte Grün. Sie zeigte was? Mein Englisch ist nicht gut. Mein was ist nicht gut?* Setzt du *wie?* ein, musst du kleinschreiben. *Die Ampel war grün. Sie war wie? Es kommt mir spanisch vor. Es kommt mir wie vor?*

A

1. Als ☆ solltest du wissen, warum du diesen Beruf ausüben möchtest.
2. Hast du in der Schule nur ☆ geschrieben und bist auch sonst immer mindestens ☆ Sieger geworden? Kennst du vielleicht sogar den ☆ Vorsitzenden unserer Gesellschaft privat?
3. Dann bedeuten diese ☆ Gründe noch lange nicht, dass du für uns der Richtige bist.
4. Vielleicht bist du jemand, der gern alle ☆ von sich streckt und nur wartet, bis der Zeiger auf der ☆ steht, damit er nach Hause gehen kann.
5. Lässt du dagegen die ☆ auch einmal gerade sein und bist selbst am ☆ Wochentag, also am Freitag, noch einsatzbereit, dann bist du bei uns herzlich willkommen.

B

1. Nun zu deinen Sprachkenntnissen: Natürlich solltest du das ☆ beherrschen.
2. Sprichst du unsere Kunden nur auf ☆ an, kann ein Verkaufsgespräch schwierig werden.
3. Schön wäre es auch, wenn du noch weitere Sprachen wie z. B. ☆ beherrschen würdest.
4. Merke: Wenn du zwei ☆ Weine getrunken hast, sprichst du noch lange kein perfektes ☆.
5. Das würde uns nämlich ☆ vorkommen!

C

1. Wir achten wirklich nicht auf Äußerlichkeiten, aber MIT GRÜN GEFÄRBTEN HAAREN haben wir ein Problem.
2. Auch Piercings, egal ob IN GOLD ODER SILBER, kommen bei uns nicht so gut an.
3. Uns wird zwar nicht gleich SCHWARZ VOR AUGEN, doch unser Chef sieht dann ROT.
4. Allerdings brauchst du auch nicht IM KLEINEN SCHWARZEN oder IN EINEM DUNKELBLAUEN ANZUG zu erscheinen.
5. Und noch etwas: Bewerber mit Gesichtstätowierungen IM SCHÖNSTEN BLAU haben nicht gerade die besten Einstellungschancen.

Groß- und Kleinschreibung

Da wird es einem **pleite**: Eine amerikanische Gesellschaft deckt mit einer Versicherung sowohl Schlangenbisse als auch aufdringliche Schwiegermütter ab.

In Norwegen würde ich am **anfälligsten** leben, denn dort kann man sogar gegen extrem heiße Ferientage versichert werden. Erhalten Schüler an solchen Tagen eigentlich ein Leidensgeld oder werden die **liebsten** sogar auf Versicherungskosten ins Freibad gebracht?

Die **bedeutendste** aller Nachrichten stammt aus Bayern: Dort hat die Schauspielerin Anna Lenta ihre Taille gegen eine Zunahme von mehr als 10 cm versichern lassen.

Ob der Gesellschaft, die einst die „Titanic" versicherte, wohl **angst** und **bange** ist? Mit 50 Millionen Dollar galt dieses Geschäft damals sicherlich als das **lächerlichste**.

4 a) In den Texten oben sind die markierten Wörter vertauscht worden. Wie heißt es richtig?
b) Was fällt euch an den Schreibweisen der markierten Wörter auf?
c) Begründet die Schreibweisen mit Hilfe der Info.

5 a) Überlegt gemeinsam, wie in dem Text rechts die hervorgehobenen Wörter geschrieben werden müssen.
b) Schreibt die Sätze in richtiger Groß- und Kleinschreibung in euer Heft.

INFO

Achtung: Kleinschreibung!
In folgenden Fällen wird stets kleingeschrieben:
1. Wenn sich Adjektive und Zahlwörter auf ein vorangegangenes oder ein nachgestelltes Nomen beziehen:
   Sie war die netteste meiner Kundinnen.
   Mir gefallen die Bilder.
   Besonders gut finde ich die alten.
2. Bei Superlativen mit *am*, nach denen man mit *wie*? fragen kann.
   In solchen Fällen kann *am* nicht in *an dem* aufgelöst werden:
   Das gefällt mir am besten.
   Diese Regeln sind am schwersten.
3. Wörter in Verbindung mit *sein*, *bleiben* oder *werden*: *Mir wird angst und bange.*

Aus einem Schadensbericht
Dass gerade bei der Hausarbeit die meisten Unfälle geschehen, ist ja im ALLGEMEINEN bekannt. Der folgende Schadensbericht zeigt dies sicherlich wieder einmal mit am DEUTLICHSTEN:
„Hausarbeiten mag ich überhaupt nicht. Am SCHLIMMSTEN finde ich das Fensterputzen. Nach meiner Erfahrung kommt man am BESTEN an die Außenseite der Fenster heran, wenn man ein Bügelbrett auf das Fensterbrett legt. So versuchte ich es in der letzten Woche. Wie immer bat ich Hubert, den SCHWERSTEN meiner Söhne, sich von innen auf das Bügelbrett zu setzen, während ich auf dem Bügelbrett das Fenster von außen putzte. Plötzlich klingelte es an der Haustür. Als mein Sohn unten öffnete, wurde ihm ANGST und BANGE, denn ich lag direkt vor der Haustür. Wer eigentlich an der ganzen Sache SCHULD ist, können wir nicht im GERINGSTEN sagen, denn wir wissen bis heute nicht, wer geklingelt hat. Inzwischen bin ich es auch LEID, dieser Frage weiter nachzugehen.
Zum Glück ging das GANZE glimpflich aus, denn da wir im GRÜNEN wohnen, bin ich vom ersten Stock auf weichen Rasen gefallen.

Groß- und Kleinschreibung

Eigennamen und feste Verbindungen

ELISABETH DIE ZWEITE VON ENGLAND
DER SCHIEFE TURM VON PISA
DAS NEUE JAHR
DAS KAP DER GUTEN HOFFNUNG
DIE VEREINIGTEN STAATEN VON AMERIKA
DAS GELBE TRIKOT
DIE ERSTE HILFE
DIE GEMEINE STUBENFLIEGE
DAS SCHWARZE BRETT
DIE KÖNIGLICHE HOHEIT
DER ROTE FADEN
DER ERSTE MAI
DER DEUTSCHE SCHÄFERHUND
DER BLAUE BRIEF
DER WESTFÄLISCHE FRIEDEN

1
a) Legt eine Tabelle mit folgenden Spalten an: *Großschreibung/Kleinschreibung/beides möglich*.
b) Lest den 1. Abschnitt der Info. Sucht in der Sammlung oben alle neun Eigennamen heraus und schreibt sie in die entsprechende Tabellenspalte.
c) Lest den 2. Abschnitt der Info. Sucht die zwei fachsprachlichen Ausdrücke und schreibt sie auf.
d) Lest den 3. Abschnitt der Info. Hierzu findet ihr oben zwei Beispiele.
e) Sucht die zwei Beispiele zum 4. Abschnitt und schreibt sie in eure Tabelle.

2
a) Bildet mit den Wörtern unten Wortpaare. Achtet beim Aufschreiben genau auf die Groß- und Kleinschreibung: *die Rote Karte ...*

die ROTE — Los
das SCHWARZE — Abend
das AUTOGENE — Karte
die GOLDENE — Lieschen
das GROßE — Jahre
der ZWEITE — Schaf
das FLEIßIGE — Training
die ACHTZIGER — Krieg
am HEILIGEN — Hochzeit
der DEUTSCH-FRANZÖSISCHE — Bürgermeister

INFO

Die Schreibung von Eigennamen und festen Verbindungen aus Adjektiv und Nomen

1. **Eigennamen** werden großgeschrieben. Bestehen sie aus mehreren Wörtern, so schreibst du das erste Wort ebenfalls groß: *Klein Erna, Heinrich der Achte*.
Zu Eigennamen rechnet man auch:
   - Fachbezeichnungen aus der Tier- und Pflanzenwelt (*die Schwarze Witwe*),
   - geografische Bezeichnungen (*das Rote Meer*),
   - historische Ereignisse (*die Französische Revolution*),
   - besondere Kalendertage (*der Erste Mai*),
   - Titel oder Ehrenbezeichnungen (*der Erste Bürgermeister, der Heilige Vater*),
   - Namen von Institutionen und Organisationen (*der Deutsche Bundestag*).

2. Auch fachsprachlich verwendete Begriffe solltest du großschreiben: *Gelbe Karte, Goldener Schnitt, Kleine Anfrage, Erste Hilfe*.

3. In festen Verbindungen aus Adjektiv und Nomen, die aber keine Eigennamen sind, schreibst du das Adjektiv klein: *das autogene Training, das neue Jahr, ein rotes Tuch*.

4. Werden feste Verbindungen in einer neuen Gesamtbedeutung verwendet, kannst du das Adjektiv groß- oder kleinschreiben: *das Schwarze/schwarze Brett, der Blaue/blaue Brief*. Schlage im Zweifelsfall im Wörterbuch nach.

Getrennt- und Zusammenschreibung

Verbindungen aus Verb und Verb/Partizip

gefangen schreiben bleiben nehmen
kennen spazieren getrennt sitzen
bekommen geschenkt lernen bleiben
gehen haften liegen geschenkt
verloren gehen lassen hängen

1 a) Bildet immer mit zwei Verben sinnvolle Kombinationen und schreibt diese auf. Lest hierzu die Info.

b) Ergänzt zu den gefundenen Verbpaaren eine Partizipform, wenn dies möglich ist: *(einen Freund) hängenlassen – hängengelassen*.

INFO

Verbindungen aus Verb und Verb/Partizip

1. Folgen zwei Verben aufeinander, so schreibst du sie meistens getrennt: *spazieren gehen, (einen Luftballon) platzen lassen, (auf dem Stuhl) sitzen bleiben*. Dies ist auch der Fall, wenn es sich bei einem der Verben um ein Partizip handelt: *spazieren gegangen, lesen gelernt, sitzen geblieben (auf dem Stuhl)*.
2. Bilden Verben mit *lassen* oder *bleiben* eine neue Gesamtbedeutung, kann man sie zusammenschreiben: *sitzenbleiben (die Klasse wiederholen), (eine Veranstaltung) platzenlassen*.
   Auch die Verbindung Verb und Partizip wird dann zusammengeschrieben: *sitzengeblieben, platzengelassen*.
3. Werden alle diese Ausdrücke als Nomen gebraucht, schreibt man sie zusammen und groß: *beim Spazierengehen, das Lesenlernen, das Sitzenbleiben*.
4. Achtung: *kennenlernen/kennen lernen* kann man getrennt schreiben oder zusammenschreiben.
   Daher auch: *kennengelernt/kennen gelernt*.

Süßer Betrug

Ein Schokoladenfabrikant war von einem Teilhaber (im Stich lassen) worden. Trotz seiner finanziellen Not wollte sich der Fabrikbesitzer nicht an seine Bank wenden, da er deren Chef kürzlich privat (die Bekanntschaft machen) hatte. Schließlich sollte ja sein guter Ruf als erfolgreicher Geschäftsmann nicht (abhandenkommen). Eines Abends gab der Mann daher kurz vorm Schlafengehen an, dass er noch (umherlaufen) wollte. Statt dessen täuschte er jedoch in seiner Firma einen Einbruch vor. Es sollte so aussehen, als ob Diebe Ware gestohlen und nur die leeren Paletten (zurücklassen) hätten. Schnell wurde erkannt, dass man zum Verladen der angeblich gestohlenen Schokoladenmenge mit zehn Personen eine ganze Woche gebraucht hätte. Schon am nächsten Tag wurde der Fabrikbesitzer von der Polizei (einfangen). Das Getrenntleben von seiner Frau wird ihm im nächsten Jahr sicher schwerfallen.

2 a) Schreibt anstelle der Ausdrücke in Klammern passende Kombinationen mit den Verben unten auf. Welche Ausdrücke könnt ihr zusammenschreiben?

spazieren fangen gehen lassen
gehen verlieren sitzen kennen
liegen lassen lernen nehmen

b) An zwei Stellen im Text werden zwei Verben zusammen- und mit großem Anfangsbuchstaben geschrieben. Sucht diese Beispiele heraus.

Verbindungen aus Adjektiv und Verb

Bitte haben Sie Verständnis dafür, dass ich es mit Ihrer Rechnung nicht so <u>genau nehme</u>. Seitdem ich kürzlich <u>festgestellt</u> habe, dass es mir finanziell nicht <u>gutgeht</u>, zahle ich meine Schulden nicht mehr sofort. Um mich <u>kurzzufassen</u>: Ich ziehe am Monatsende von allen Rechnungen immer nur drei heraus. Diese zahle ich dann, selbst wenn es mir <u>schwerfällt</u>. Sie brauchen also für Ihr Geld nicht <u>schwarzzusehen</u>. Sie müssen nur <u>geduldig bleiben</u> und warten, bis das Los auf Sie fällt.
Mit freundlichen Grüßen

1 Erklärt die Getrennt- bzw. Zusammenschreibung der unterstrichenen Wörter. Lest dazu die Info.

2 Übertragt die Sätze in euer Heft. Überlegt genau, ob ihr die Wortpaare in Klammern zusammenschreiben oder getrennt schreiben müsst. Nehmt dazu notfalls ein Wörterbuch zur Hilfe.

Polizei hinter Gittern

1. Wieder einmal haben die „Panzerknacker" dafür gesorgt, dass sich die Polizeibeamten in Forchheim nicht (lang + weilen).
2. Erneut hatten die berüchtigten Bankräuber ihr Vorgehen (genau + überlegen).
3. Bevor sie nämlich zur Tat schritten, hatten sie die Polizeistation (lahm + legen).
4. Durch Vorhängeschlösser hatten sie nämlich (sicher + stellen), dass sich das Eintreffen der Polizisten verzögern würde.
5. Beim anschließenden Einbruch in die 200 Meter entfernte Bank konnten die Bankräuber ganz (ruhig + bleiben).
6. Denn die Beamten mussten sich zwar für ihren Einsatz (bereit + halten), doch (aktiv + werden) konnten sie erst, nachdem sie von einem telefonisch herbeigerufenen Schlosser befreit worden waren.
7. Als sie schließlich am Tatort eintrafen, konnten sie nur noch (fest + stellen), dass die Diebe bereits verschwunden waren.
8. Leider hatten diese es (fertig + bringen), den kompletten Geldtresor mit einem Frontlader mitzunehmen.

INFO

Ausdrücke aus Adjektiv und Verb
Ausdrücke aus Adjektiv und Verb werden getrennt geschrieben, wenn beide Teile wortwörtlich verwendet werden:
Der Dieb war <u>schwer</u> <u>gefallen</u>.
Ausdrücke aus Adjektiv und Verb, die eine neue Gesamtbedeutung ergeben, werden zusammengeschrieben:
Dem Dieb ist es <u>schwergefallen</u> (= es hat ihm Mühe bereitet), sich zu entschuldigen.

Getrennt- und Zusammenschreibung

Verbindungen aus Nomen und Partizip

Wut + schnaubende Verbrecher

Aufsehen + erregende Verfolgungsjagd

Herz + zerreißende Geschichten

Bahn + brechende Erkenntnisse

Erfolg + versprechende Indizien

Rat + suchende Polizisten

Irre + führende Funde

Furcht + einflößende Geständnisse

1
a) Lest in Partnerarbeit die Info und sprecht über die Umformprobe.
b) Wendet die Umformprobe bei den Beispielen oben an. Welche vier Verbindungen aus Nomen und Partizip müssen zusammengeschrieben werden? Schreibt sie auf.
c) Besprecht eure Ergebnisse in der Klasse oder überprüft sie mit Hilfe des Wörterbuchs.

INFO

Verbindungen aus Nomen und Partizip
1. Die meisten Verbindungen aus Nomen und Partizip können getrennt- oder zusammengeschrieben werden:
Angst erzeugende/angsterzeugende Geräusche.
2. Einige Verbindungen werden aber nur zusammengeschrieben: *ein freudestrahlender Polizist.* Wenn du unsicher bist, mache die Umformprobe, indem den den Ausdruck als Satz formulierst:
Der Polizist strahlt vor Freude.
Musst du bei der Umformprobe ein Wort ergänzen, dann schreibst du zusammen.
Aber: *ein sorgen?auslösender Anruf*
Umformprobe: *Ein Anruf löst Sorgen aus.*
Eine Ergänzung ist nicht notwendig, daher sind beide Schreibformen möglich: *ein Sorgen auslösender Anruf/ein sorgenauslösender Anruf.*
3. Im Zweifelsfall schreibe diese Verbindungen aus Nomen und Partizip immer zusammen, dann machst du keinen Fehler.

2
a) Lest den Text unten.
b) Überprüft mit Hilfe der Umformprobe, welche Verbindungen aus Nomen und Partizip zusammengeschrieben werden müssen.
c) Schreibt diese Verbindungen mit dem zugehörenden Nomen auf:
das angstverzerrte Gesicht.

Verkehrschaos

1. Ein Polizist machte am letzten Samstag eine (Furcht + einflößende) Entdeckung.
2. An der Ampel wurde er plötzlich von einem Pärchen, das mit (Angst + verzerrtem) Gesicht auf einem Bett saß, überholt.
3. Das Paar hatte zuvor ein (Preis + reduziertes) Bett in einem Second-Hand-Shop gekauft.
4. Da das Tragen des Bettes eine (Schweiß + treibende) Angelegenheit war, wollten sich die beiden auf dem Weg zum Anhänger etwas ausruhen und setzten sich (Freude + strahlend) auf ihre neue Errungenschaft.
5. Auf einmal jedoch geriet das Bett in Bewegung und sauste die bergab verlaufende Straße in (Atem + beraubender) Geschwindigkeit hinunter.
6. Die jungen Leute trauten sich nicht mehr abzuspringen und sausten mit (Rat + suchend) Gesichtern über die Kreuzung.
7. Da sie weder über eine Hupe noch über eine Bremse verfügten, machten sie durch (Ohren + betäubendes) Pfeifen auf sich aufmerksam.
8. Als sie schließlich in einer Böschung zum Halten kamen, wartete dort bereits der (Kopf + schüttelnde) Polizist mit einem Strafzettel.

Besonderheiten

Merkwürdiger Versicherungsbericht
Lesen Sie selbst, (1) Glück ich gehabt habe! Ich fuhr (2) rechts und streifte mit meinem Auto eine Leitplanke. (3) Meter ich daran entlangglitt, kann ich nicht sagen. Es ging jedoch (4), dass Funken sprühten und mein rechter Reifen platzte. Anschließend jagte ich eine Böschung hinunter. Ich bin mir nicht mehr ganz sicher, (5) sich mein Auto dabei überschlug. Ich hatte jedoch (6) Zeit, um durch lautes Hupen auf mich aufmerksam zu machen. Unten angekommen landete ich in einem Teich. Nun wurde es mir (7) und ich verlor die Herrschaft über meinen Wagen.

so wie zu	viel/viele wenig/wenige weit oft

1 Schreibt den Text ab. Fügt in die Lücken passende Verbindungen aus den Wörtern oben ein. Beachtet die Getrenntschreibung.

2 Übertragt den folgenden Text in euer Heft. Setzt in die Lücken passende Verbindungen mit *irgend-* ein. Lest dazu die Info.

1. ☆ in eurem Leben solltet ihr eine Lebensversicherung abschließen.
2. Vielleicht habt ihr hierbei jedoch aus ☆ Grund ein ungutes Gefühl.
3. In solchem Fall könnt ihr natürlich auch ☆ anderes versichern.
4. ☆ soll sogar aus Angst vor dem Teufel seine Seele versichert haben.
5. Von ☆ Schauspieler wird außerdem erzählt, dass er seine Augenbrauen und noch ☆ anderen Körperteile versichern ließ.
6. Wenn dies für euch zurzeit auch nicht in Frage kommt, so ändert ihr vielleicht ☆ einmal eure Meinung.

heim- preis- teil- stand- irre- wett- statt-

3 Setzt die Wörter oben mit möglichst vielen Verben zusammen: *heimgehen, heimfahren ...*

4 Setzt die folgenden Verben passend in die Sätze unten ein. Lest dazu die Info.
stattfinden – teilnehmen – heimzahlen – heimfahren

Formulierungen aus Versicherungsakten
1. Bitte informieren Sie mich, wenn Sie an der Besichtigung des Gebäudes ☆ möchten. Teilen Sie mir auch mit, wenn Sie dieses Schreiben nicht erhalten haben.
2. Während ich zu meiner Familie ☆, wurde mir klar, dass der Neubau nicht nur mehr gekostet hätte; er wäre auch teurer geworden.
3. Da bei uns gerade ein Umzug ☆, kann ich Ihren Auszahlungsscheck nicht finden. Bitte schicken Sie mir einen zweiten zu.
4. Dass er keine Lebensversicherung abgeschlossen hat, werde ich meinem verstorbenen Mann ☆!

INFO

Achtung: Getrenntschreibung!
Verbindungen von *so, wie, zu* mit Wörtern wie *oft, viel, wenig* oder *weit* werden immer getrennt geschrieben:
wie viel, wie viele, so viel, zu weit ...

Achtung: Zusammenschreibung!
1. Verbindungen mit *irgend-* werden stets zusammengeschrieben: *irgendjemand, irgendetwas, irgendwann, irgendwo ...*
2. Werden die Wörter *heim-, irre-, preis-, stand-, statt-, teil-* und *wett-* mit einem Verb verbunden, so wird immer zusammengeschrieben: *heimgehen, irreführen, teilnehmen ...*
Bei Umstellung werden die Wörter kleingeschrieben: *Er gibt seinen Namen preis.*

Fremdwörter

Die Schreibung von **Fremdwörtern** üben

1 a) Sprecht über die Bedeutung der Fremdwörter in der ersten Spalte der Wörterliste.
b) Übt die Rechtschreibung dieser Wörter. Lest dazu den Tipp.

2 a) Übt ebenso die Schreibung folgender Fremdwörter:

Chance, Konkurrenz, Krise, Saison, Volleyball, Hygiene, Background, Akustik, Charakter, Atmosphäre, Orchester, Aggression, Symmetrie.

b) Bildet mit den Fremdwörtern gängige Zusammensetzungen: *Symmetrieachse* ...

3 Bei dem Silbenrätsel rechts werden Fremdwörter gesucht. Schreibt die Wörter in euer Heft.

4 Auf Seite 150 findet ihr zwei Texte mit vielen Fremdwörtern. Diktiert zehn Wörter im Partnerdiktat.

Bou – Cha – Cock – ckey – genz – Hyp – In – In- Jo – Jour – li – list – lu – men – mos – na – no – os – pit – que – se – tel – ter – Ther – tat – ti – view – Vo

1. Kabine des Piloten im Flugzeug
2. Befragung
3. Großes Durcheinander aller Ordnung
4. Kleiner Modeladen
5. Zwangsschlaf, in den ein Patient zu Therapiezwecken versetzt wird
6. Geistige Fähigkeit, Klugheit
7. Jemand, der berufsmäßig Pferderennen reitet
8. Person, die beruflich für Presse, Rundfunk oder Fernsehen schreibt
9. Rauminhalt eines Körpers
10. Wärmeregler

TIPP

So prägt man sich die Schreibung von Fremdwörtern ein:
1. Knicke ein Blatt im Querformat so, dass drei Spalten entstehen.
2. Trage in die erste Spalte die Fremdwörter untereinander ein.
3. Sieh dir das erste Wort genau an.
4. Klappe anschließend die erste Spalte um und schreibe das Wort in die dritte Spalte aus dem Gedächtnis auf.
5. Überprüfe anschließend deine Schreibung. Ist das Wort falsch geschrieben, dann trage es in die zweite Spalte noch einmal richtig ein.

Das oder dass?

Dass das geschehen konnte ...

Der Untergang der Titanic
Als am 10. April 1912 die Titanic (1) erste Mal in See stach, waren alle Menschen davon überzeugt, (2) diesem Luxusdampfer nichts passieren könnte. (3) Vertrauen auf die Technik war immens groß. Mit der Fahrt auf diesem Schiff, (4) damals als (5) größte der Welt galt, hatten sich viele Passagiere einen Lebenstraum erfüllt. Sie konnten ja nicht wissen, (6) (7) ihre letzte Fahrt sein würde. Von dem Kapitän der Titanic behauptete man, (8) er einer der erfahrensten Seeleute der Welt gewesen sei. Auch er glaubte an die Unbezwingbarkeit dieses Schiffsgiganten und meinte, (9) kleinere Eisberge der Titanic nichts anhaben könnten. So steuerte er (10) Schiff, (11) im Durchschnitt eine Geschwindigkeit von 22 Knoten fuhr, durch ein Eisberggebiet im Nordatlantik. Als plötzlich vor dem Schiffsbug ein riesiger Eisberg auftauchte, war es für Ausweichmanöver schon zu spät, so(12) eine Seite des Dampfers aufgerissen wurde. Riesige Wassermassen fluteten (13) Unterdeck.

Doch selbst als der Dampfer zu sinken begann, glaubten die meisten Menschen immer noch, (14) die Titanic nicht untergehen könne. Doch wie (15) Unglück ausging, (16) wissen wir alle: In einer mondlosen Nacht am 15. April 1912 versank die Titanic und, (17) ist (18) Schlimmste, mit ihr 1490 Menschen.

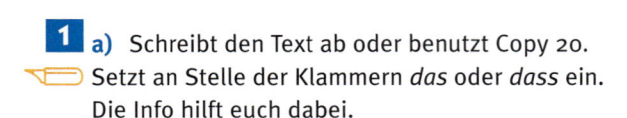

1 a) Schreibt den Text ab oder benutzt Copy 20. Setzt an Stelle der Klammern *das* oder *dass* ein. Die Info hilft euch dabei.

b) Überprüft die von euch gewählten Schreibweisen. Überlegt in Partnerarbeit, um welche Wortart es sich jeweils handelt.

INFO

Dass oder *das*?
Wenn du nicht sicher bist, ob du *das* oder *dass* schreiben musst, dann hilft dir die Ersatzprobe: Wenn du das Wort durch *dies, dieses* oder *welches* ersetzen kannst, dann schreibst du *das*.

1. *das* als Artikel
   Am häufigsten tritt *das* als Artikel vor einem Nomen auf: *das Schiff, das Unglück*.
2. *das* als Relativpronomen
   Als Relativpronomen bezieht sich *das* immer auf ein vorangegangenes Nomen:
   Das Schiff, das als unsinkbar galt, verschwand in den Tiefen.
3. *das* als Demonstrativpronomen
   Das Demonstrativpronomen *das* steht meistens für einen Sachverhalt:
   Ich kann das immer noch nicht glauben.

dass = Konjunktion
Die Konjunktion *dass* kann nicht durch *dies/dieses* oder *welches* ersetzt werden. Sie leitet einen Nebensatz ein und steht häufig nach Verben des Meinens und Denkens: *Ich meinte, dass ... / Er dachte, dass ... / Wir fühlten, dass ...*

Das oder dass?

Kaum zu glauben!
1. Wusstest du, ☆ die Titanic 269 m lang, 28 m breit und insgesamt 56 m hoch war?
2. Ist dir auch bekannt, ☆ ☆ Schiff, ☆ mit edlen Tropenhölzern und feinsten Stoffen ausgestattet war, einem wahren Luxushotel glich?
3. So wird berichtet, ☆ auch bei der Innenausstattung nicht gespart worden war.
4. Das zeigte sich u. a. daran, ☆ der Dampfer sieben Stockwerke umfasste und ☆ sich dort neben Kabinen auch Bars, Restaurants, Tanz- und Sportsalons sowie ein großes Schwimmbad befanden.
5. Vor allem aber die gigantische technische Ausstattung war der Grund dafür, ☆ die Menschen ☆ Wunderwerk für unsinkbar hielten.
6. Es wurde sogar berichtet, ☆ sich viele Passagiere weigerten, ins Rettungsboot zu steigen, weil sie ☆ Gerede um den Untergang für einen bloßen Scherz hielten.
7. Übrigens berichteten Überlebende auch, ☆ im Salon die Jazzband bis zur letzten Minute gespielt habe und ☆ die Titanic schließlich mit voller Beleuchtung im Meer verschwunden sein soll.
8. Bei dem Schiffsunglück, ☆ damals die ganze Welt erschütterte, konnten von den 2201 Menschen an Bord nur 711 gerettet werden.
9. Ist ☆ nicht furchtbar?

2 Übertragt die Sätze oben in euer Heft oder verwendet Copy 20.
Überlegt genau, ob ihr an Stelle der Sterne *das* oder *dass* schreiben müsst.

3 a) Wie genau habt ihr die beiden Texte über die Titanic gelesen?
Ergänzt die Satzanfänge rechts in eurem Heft.
b) Unterstreicht alle Verben, die sich auf einen Nebensatz mit *dass* beziehen.
c) Zeichnet einen Pfeil von diesem Verb zur Konjunktion *dass*.

4 Setzt in die Lücken *das* oder *dass* ein.

1. Über den Kapitän wurde gesagt, ...
2. In Bezug auf die Länge des Schiffes wissen wir, ...
3. Hinsichtlich der Ausstattung des Dampfers wurde immer wieder betont, ...
4. Über die Fahrgeschwindigkeit wissen wir, ...
5. Die meisten Menschen glaubten, ...
6. Selbst während des Sinkens waren viele Passagiere überzeugt, ...
7. Die Überprüfung der Besatzungslisten ergab, ...

Der Film „Titanic"
Sicherlich ist euch bekannt, (1) (2) Unglück der Titanic schon mehrfach verfilmt wurde. Bereits vor einigen Jahrzehnten war (3) unfassbare Ereignis, (4) vielen Familien großes Leid zugefügt hatte, erstmals als Schwarz-Weiß-Film zu sehen.
Riesigen Erfolg erzielte jedoch die Verfilmung aus dem Jahre 1998. Sicherlich lag (5) nicht nur daran, (6) Leonardo DiCaprio hierbei die männliche Hauptrolle spielte. Es ist kein Geheimnis, (7) dieser Film mit zu den teuersten Verfilmungen der Geschichte gehört. (8) sich der Aufwand jedoch gelohnt hat, zeigt sich daran, (9) der Film insgesamt mit elf Oscars gekrönt wurde. Manche Fans rannten bis zu 50 Mal ins Kino, um (10) Liebesdrama, (11) schließlich mit dem Schiffsuntergang sein Ende fand, noch einmal zu sehen.

Zeichensetzung

Überblick: Regeln für die Kommasetzung

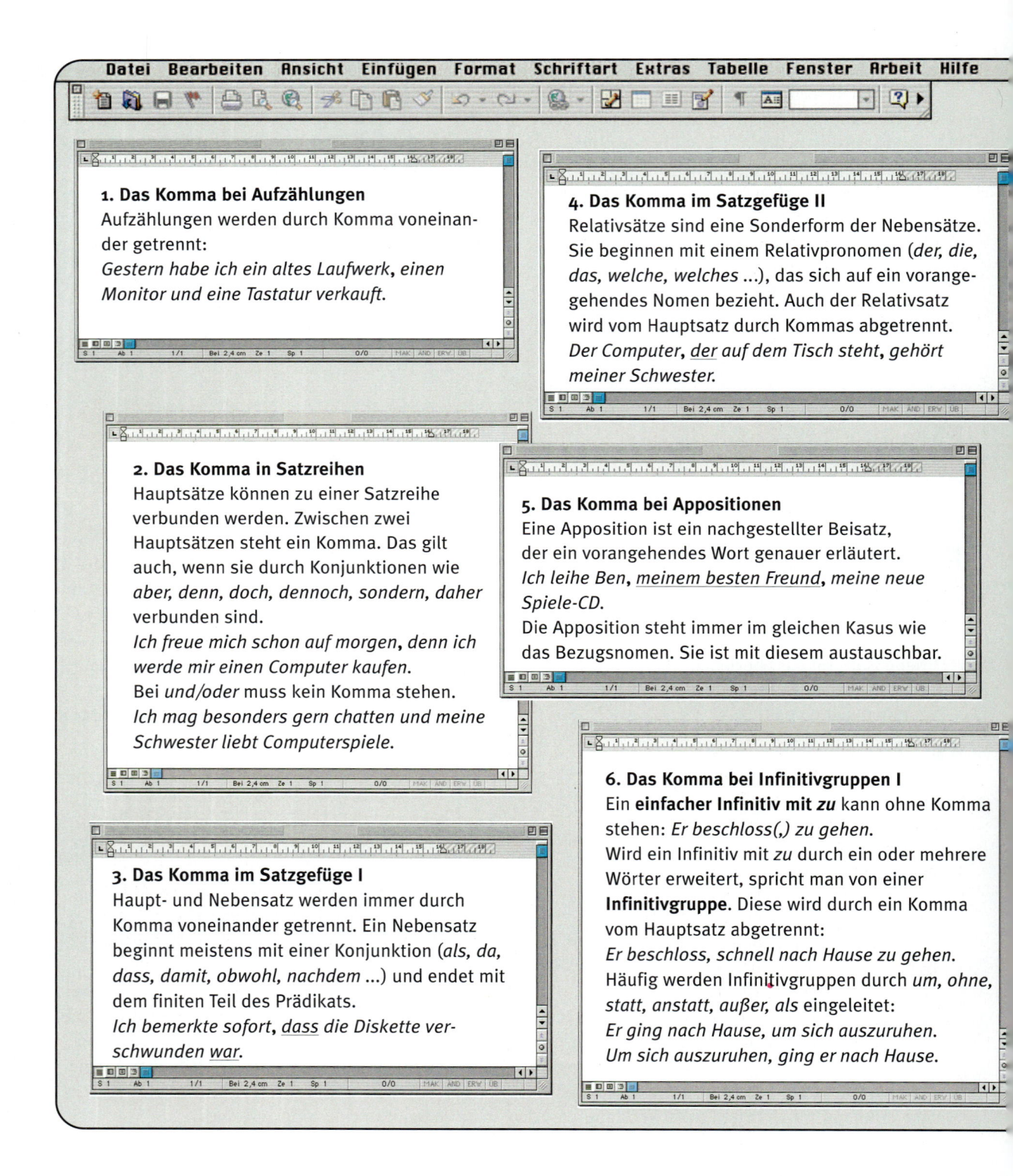

1. Das Komma bei Aufzählungen
Aufzählungen werden durch Komma voneinander getrennt:
Gestern habe ich ein altes Laufwerk, einen Monitor und eine Tastatur verkauft.

2. Das Komma in Satzreihen
Hauptsätze können zu einer Satzreihe verbunden werden. Zwischen zwei Hauptsätzen steht ein Komma. Das gilt auch, wenn sie durch Konjunktionen wie *aber, denn, doch, dennoch, sondern, daher* verbunden sind.
Ich freue mich schon auf morgen, denn ich werde mir einen Computer kaufen.
Bei *und/oder* muss kein Komma stehen.
Ich mag besonders gern chatten und meine Schwester liebt Computerspiele.

3. Das Komma im Satzgefüge I
Haupt- und Nebensatz werden immer durch Komma voneinander getrennt. Ein Nebensatz beginnt meistens mit einer Konjunktion (*als, da, dass, damit, obwohl, nachdem* ...) und endet mit dem finiten Teil des Prädikats.
Ich bemerkte sofort, dass die Diskette verschwunden war.

4. Das Komma im Satzgefüge II
Relativsätze sind eine Sonderform der Nebensätze. Sie beginnen mit einem Relativpronomen (*der, die, das, welche, welches* ...), das sich auf ein vorangehendes Nomen bezieht. Auch der Relativsatz wird vom Hauptsatz durch Kommas abgetrennt.
Der Computer, der auf dem Tisch steht, gehört meiner Schwester.

5. Das Komma bei Appositionen
Eine Apposition ist ein nachgestellter Beisatz, der ein vorangehendes Wort genauer erläutert.
Ich leihe Ben, meinem besten Freund, meine neue Spiele-CD.
Die Apposition steht immer im gleichen Kasus wie das Bezugsnomen. Sie ist mit diesem austauschbar.

6. Das Komma bei Infinitivgruppen I
Ein **einfacher Infinitiv mit *zu*** kann ohne Komma stehen: *Er beschloss(,) zu gehen.*
Wird ein Infinitiv mit *zu* durch ein oder mehrere Wörter erweitert, spricht man von einer **Infinitivgruppe**. Diese wird durch ein Komma vom Hauptsatz abgetrennt:
Er beschloss, schnell nach Hause zu gehen.
Häufig werden Infinitivgruppen durch *um, ohne, statt, anstatt, außer, als* eingeleitet:
Er ging nach Hause, um sich auszuruhen.
Um sich auszuruhen, ging er nach Hause.

Zeichensetzung

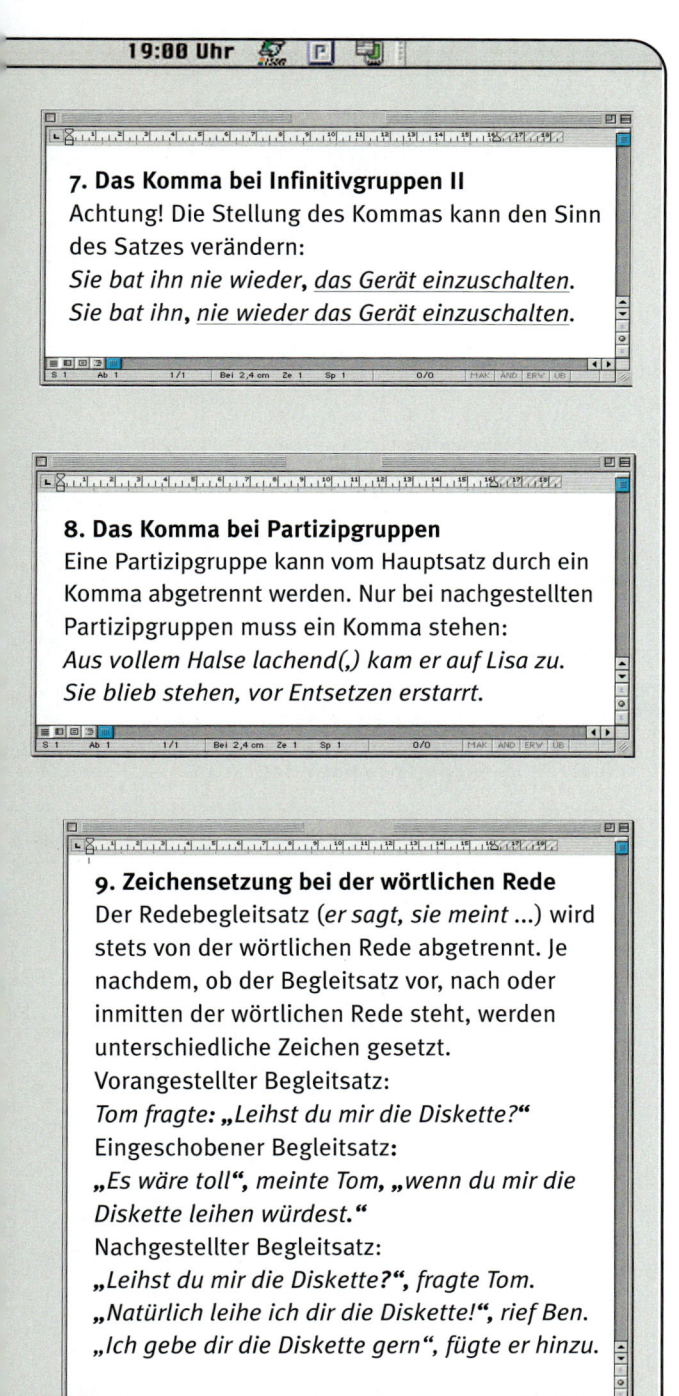

7. Das Komma bei Infinitivgruppen II
Achtung! Die Stellung des Kommas kann den Sinn des Satzes verändern:
Sie bat ihn nie wieder, das Gerät einzuschalten.
Sie bat ihn, nie wieder das Gerät einzuschalten.

8. Das Komma bei Partizipgruppen
Eine Partizipgruppe kann vom Hauptsatz durch ein Komma abgetrennt werden. Nur bei nachgestellten Partizipgruppen muss ein Komma stehen:
Aus vollem Halse lachend(,) kam er auf Lisa zu.
Sie blieb stehen, vor Entsetzen erstarrt.

9. Zeichensetzung bei der wörtlichen Rede
Der Redebegleitsatz (*er sagt, sie meint ...*) wird stets von der wörtlichen Rede abgetrennt. Je nachdem, ob der Begleitsatz vor, nach oder inmitten der wörtlichen Rede steht, werden unterschiedliche Zeichen gesetzt.
Vorangestellter Begleitsatz:
Tom fragte: „Leihst du mir die Diskette?"
Eingeschobener Begleitsatz:
„Es wäre toll", meinte Tom, „wenn du mir die Diskette leihen würdest."
Nachgestellter Begleitsatz:
„Leihst du mir die Diskette?", fragte Tom.
„Natürlich leihe ich dir die Diskette!", rief Ben.
„Ich gebe dir die Diskette gern", fügte er hinzu.

1 Versucht in Partnerarbeit, die Kommasetzung in den folgenden Sätzen zu begründen. Nehmt dazu die Übersicht zur Hilfe.

Des einen Freud, des anderen Leid
1. Ein PC kann großes Vergnügen bereiten, wenn der Anwender die Programme auch beherrscht.
2. Den blutigen Anfänger kann der Computer, diese Höllenmaschine, aber auch zur Verzweiflung bringen.
3. So mancher entschließt sich dazu, den Umgang mit dem Computer bereits nach wenigen Stunden aufzugeben.
4. Vor Wut zitternd und völlig erschöpft, geben gerade ältere Einsteiger ihren Kasten schließlich zum Sperrmüll.
5. Junge Freaks, die Monitore, Gehäuse, Laufwerke und sonstige Elemente ausschlachten, freuen sich auf solche Funde.

2 a) Übertragt die folgenden Sätze in euer Heft. Setzt dabei die fehlenden Satzzeichen.
b) Notiert hinter den Sätzen jeweils die Nummern der Regeln aus der Übersicht.

Der Computer – dein Freund und Helfer?
1. Gehörst du zu denjenigen die mit technischen Dingen spielend fertig werden?
2. Dann geht es dir besser als mir denn mir bereitet der Umgang mit meinem Computer oft größte Schwierigkeiten.
3. Erst kürzlich trieb mich unser PC dieser dämliche Kasten wieder zur Weißglut als ich meine Bewerbung tippen wollte.
4. Heulend und vor Wut zitternd saß ich vor dem Gerät weil es einfach nicht funktionieren wollte.
5. Warum schaltest du nicht einfach den Bildschirm ein fragte mich schließlich meine Schwester als sie mir Stunden später über die Schulter blickte.

Zeichensetzung

Immer nur Computer!
1. Gehörst du auch zu denjenigen die sich nur noch mit ihrem Computer und dem Internet beschäftigen?
2. Wenn dies der Fall ist dann müssten einige der folgenden Beschreibungen auf dich zutreffen:
3. Seitdem du einen Internetanschluss hast wird eure Telefonrechnung in Kartons geliefert.
4. Du bist erstaunt dass es Leute gibt die auch im Wasser surfen können.
5. Du bist dazu übergegangen dir selbst E-Mails zu schicken damit du rechtzeitig ins Bett kommst.
6. Nach deiner Anschrift gefragt gibst du nur noch deine E-Mail-Adresse an.
7. Du hast dir einen Laptop einen tragbaren Computer zugelegt damit du auch auf der Toilette surfen kannst.
8. Du hast dich dabei erwischt als du die Homepage von Madonna küsstest.
9. Du bist völlig enttäuscht wütend und aufgewühlt wenn du bereits nach vier Stunden mit deinen E-Mails fertig bist.
10. Du hast dich dazu entschlossen nun auch deinem Hamster eine eigene Homepage einzurichten.
11. Du bist genervt denn ständig bittet dich deine Freundin Nimm den Computer diesmal aber nicht mit auf die Party.
12. Du setzt dich abends an den Computer und bist immer wieder erstaunt wenn deine Mutter kurz darauf ruft Beeil dich du kommst sonst zu spät zur Schule!

3 Welche Satzzeichen must du setzen? Schreibt die Sätze oben ab oder tragt die Satzzeichen in die Copy 19 ein.

4 Schreibt den Text unten ab und setzt die fehlenden Satzzeichen. Ihr könnt auch Copy 19 verwenden.

Komplizierte Computerwelt

Natürlich wissen die meisten von uns dass das Wort Computer vom englischen Verb *compute* stammt und sich mit *schätzen, rechnen* übersetzen lässt. Allerdings gibt es auch Personen die gerade
5 erst damit beginnen sich mit einem Schätzer etwas näher zu beschäftigen. Für diejenigen ist nun der folgende Text gedacht denn schließlich sollten auch sie die vielen verwirrenden Begriffe aus der Computersprache kennen.
10 Alle Bausteine die zu einem Schätzer gehören werden als Hartware (Hardware) bezeichnet. Das Mutterbrett das so genannte „motherboard" ist hierbei besonders wichtig. Damit die Weichware (Software) gut läuft sollte es über eine bestimmte
15 Anzahl von Riesenbissen (Megabytes) verfügen. Wenn der persönliche Schätzer auch zum Spielen verwendet werden soll ist es sinnvoll sich einen Freudenstock (Joystick) zuzulegen. Wir halten es an dieser Stelle für überflüssig über Dichtscheiben (Compact Discs) zu informieren.
20 Habt ihr eigentlich schon einmal vom Läufer (Cursor) gehört? Hierbei handelt es sich jedenfalls nicht um einen Teppich vor eurem Schätzer damit ihr keine kalten Füße bekommt. Ebenso dient die Fluchttaste (Escape-Taste) nicht dazu um euch aus
25 jeder unangenehmen Situation zu befreien. Wir hoffen nun dass wir euch mit dieser umfangreichen ausführlichen und vor allem leicht verständlichen Information etwas helfen konnten. Oder entscheidet ihr euch von den vielen Begriffen
30 durcheinandergebracht nun doch lieber für einen Spielbuben (Gameboy)?

Grundwissen Literatur

Akt: Ein Akt umfasst eine größere Handlungseinheit in einem Drama und ist durch das Öffnen und Schließen des Vorhangs gekennzeichnet. Er kann aus mehreren Auftritten und Szenen bestehen, in denen Personen die Bühne betreten oder verlassen. Häufig bedeutet ein neuer Akt auch einen Wechsel des Handlungsortes. Viele Dramen des 17.–19. Jahrhunderts haben drei oder fünf Akte.

Aphorismus: Ein Aphorismus ist eine knappe und geistreiche Darstellung eines Gedankens oder einer Lebensweisheit.

Aufklärung: Die Zeit der Aufklärung rechnet man von 1720 bis 1790. Der Philosoph Immanuel Kant prägte den Leitgedanken dieser Epoche: „Habe Mut, dich deines eigenen Verstandes zu bedienen!" Diese Aufforderung richtete sich gegen die mittelalterlich geprägte Weltanschauung, gegen die Glaubenslehren der Kirche, aber auch gegen die absolut regierende, weltliche Obrigkeit. Die Vernunft des Menschen sollte sein Handeln und Denken lenken, Menschlichkeit und Toleranz sollten das Zusammenleben bestimmen. Ein Ziel der Literatur dieser Zeit war es, die Menschen zu belehren und aufzuklären. Daher stammen aus dieser Zeit viele Fabeln.

Ballade: In der Ballade mischen sich die drei Formen der Dichtung: Der Form nach ist die Ballade ein Gedicht mit Reimen und Strophen und ist daher der → *Lyrik* zuzuordnen; wie in der → *Epik* (erzählende Dichtung) wird eine Handlung dargestellt; an die Dramatik erinnern die häufig verwendeten Dialoge, wie man sie in szenischen Texten findet.

Barock: Unter Barock versteht man eine Kunst- und Literaturepoche im 17. Jahrhundert. Viele prächtige Schlösser der absoluten Fürsten und viele Kirchen aus dieser Zeit sind heute noch erhalten. Auch die damals gespielte Musik wird heute oft aufgeführt. Diese Epoche ist aber auch geprägt vom Dreißigjährigen Krieg (1618–1648), der Tod und Verderben bringt. Diese Erfahrungen wirken sich auf das Denken und Handeln der Menschen aus. Für viele ist der Glaube das Einzige, was ewig besteht. Dies spiegelt sich auch in vielen Texten aus dieser Zeit.

Bericht: → *Journalistische Textsorten*.

Drama: Das Drama ist neben der → *Lyrik* und → *Epik* eine der drei Grundgattungen der Dichtung. Die Handlung wird durch Dialoge (Gespräche zwischen Personen) und durch Monologe (Selbstgespräche) entwickelt, die auf der Bühne zur Darstellung gebracht werden. Das klassische Drama umfasst fünf → *Akte*, die in mehreren Szenen aufgeteilt sein können.

Epik: Unter diesem Begriff fasst man alle Arten der erzählenden Dichtung zusammen. Es gibt viele epische Kleinformen (→ *Erzählung*, → *Fabel*, → *Kurzgeschichte*, → *Märchen*, → *Sage*, → *Schwank*). Zu den umfangreichen epischen Texten gehört der Roman.

Erzählung: In der Literatur versteht man unter Erzählung alle kurzen erzählenden Texte, die nicht eindeutig einer anderen Kurzform (→ *Fabel*, → *Märchen*, → *Sage*, → *Schwank*) zugeordnet werden können.

Fabel: Dies ist eine zumeist kurze Erzählung, in der Tiere oder Pflanzen sich wie Menschen verhalten. Häufig stehen sich zwei Tiere mit gegensätzlichen Eigenschaften gegenüber. Meistens wird nach einer kurzen Einführung die Handlung durch die Rede und Gegenrede fortgeführt und endet mit einem überraschenden Schluss. Am Beispiel der erzählten Geschichte wird eine Lehre gezogen oder Kritik an bestimmten Verhaltensweisen geäußert.

Journalistische Textsorten:
Informierende Texte
Die **Meldung** ist die Kurzform der Nachricht. Sie enthält nur die wichtigsten Informationen (Wer? Wo? Was? Wann?). Sie steht häufig auf der ersten Seite und weist meistens auf einen ausführlichen Bericht im Innenteil der Zeitung hin.
Der **Bericht** ist die ausführliche Form der Nachricht. Er liefert eine detaillierte und sachliche Darstellung eines Sachverhalts. Merkmale:
1. Die Überschrift (häufig mit Unterüberschrift) informiert sachlich.
2. Ein halbfett gedruckter Vorspann fasst die wichtigsten Informationen (W-Fragen) zusammen.
3. Im Hauptteil erfolgt eine ausführliche Darstellung der Nachricht mit Erklärung der Zusammenhänge und Hintergründe.
4. Die Darstellung ist sachlich, wertende Äußerungen durch den Berichterstatter fehlen.

5. Aussagen von Personen werden in direkter und indirekter Rede wiedergegeben.
6. Häufig steht zum Text ein erklärendes Bild.

Die **Reportage** ist das Ergebnis vielfältiger Nachforschungen (= Recherchen). Die Reportage will nicht nur informieren, sondern auch durch die lebendige Art der Darstellung den Leser in besonderer Weise ansprechen. Merkmale:
1. Die Überschrift ist so formuliert, dass sie die Neugier des Lesers weckt.
2. Häufig informiert ein halbfett gedruckter Vorspann über den Inhalt der Reportage.
3. Der Anfang lässt den Leser oft ein Geschehen miterleben.
4. Sachlich-informierende Textstellen wechseln mit persönlich-schildernden Darstellungen.
5. Dadurch ergibt sich oft ein Wechsel von Zeitstufen (z. B. Präteritum für Rückblick).
6. Häufig werden Aussagen von Personen in wörtlicher Rede wiedergegeben.
7. Oft findet man wertende Meinungsäußerungen des Autors.
8. Illustrierende oder erklärende Bilder unterstützen die Aussagen des Textes.
9. Der Name der Autorin/des Autors wird angegeben.

Kommentierende Texte
Der **Kommentar** liefert eine Meinung zu einem Sachverhalt. Diese kann zustimmend oder ablehnend sein. Merkmale:
1. Häufig wird er in Verbindung mit einem Bericht oder einer Meldung geschrieben.
2. In vielen Zeitungen erscheinen die Kommentare an einer bestimmten Stelle (z. B. Kommentare zu politischen Ereignissen).
3. Kürzere Kommentare beziehen sich oft auf einen Artikel auf der gleichen Seite.
4. Die Autorin, der Autor wird genannt.
5. In der Regel haben Kommentare keine Bilder.

Die **Kolumne** ist eine Sonderform des Kommentars. Merkmale:
1. In vielen Zeitungen, aber auch Zeitschriften erscheinen regelmäßig Kolumnen, meistens an der gleichen Stelle.
2. Die Kolumne ist durch eine besondere optische Aufmachung zu erkennen, die immer gleich ist. Das kann ein Bild, eine Zeichnung des Verfassers oder auch eine gleich bleibende Überschrift sein.
3. Vielfach wird eine Kolumne immer von demselben Verfasser geschrieben, der auch namentlich genannt wird. Manchmal erscheint die Kolumne auch unter einem Pseudonym (= Deckname).
4. Kolumnen befassen sich häufig mit Alltagserfahrungen und mit Situationen, die vielen Menschen vertraut sind.

Klassik: Die Epoche der deutschen Klassik rechnet man von 1786 (Italienreise Goethes) bis 1805 (Tod Schillers). Sie umfasst vor allem die Werke, die diese beiden Dichter in jenen Jahren verfasst haben.
In dieser Zeit orientierte man sich in starkem Maße an der Antike. Aus der antiken Dichtung und Philosophie wurden Tugenden für menschliches Zusammenleben abgeleitet, die antike Kunst wurde zum Vorbild für die Vorstellung vom Schönen. Literatur sollte die Menschen auf diese Werte hinweisen und sie damit zu einer vorbildlichen Lebensführung anregen.

Kolumne: → *Journalistische Textsorten.*

Kommentar: → *Journalistische Textsorten.*

Kurzgeschichte: Die folgenden Merkmale sind typisch für Kurzgeschichten. Nicht immer treffen alle Kriterien in gleicher Weise zu.
1. Die Handlung setzt unvermittelt ein. Es fehlen einleitende Angaben zu Ort, Zeit und Personen der Erzählung.
2. Gegenstand der Kurzgeschichte sind Alltagspersonen in Alltagssituationen.
3. Die Hauptperson ist einem Problem oder einer kritischen Situation ausgesetzt.
4. Oft nimmt die Handlung eine unerwartete Wendung.
5. Der Schluss ist offen. Der Leser soll über den Fortgang der Handlung selbst nachdenken.
6. Die Darstellung der Handlung ist kurz gefasst und auf das Wesentliche beschränkt.
7. Häufig werden folgende sprachliche Mittel verwendet:
   – Wiederholungen, Aufzählungen,
   – Umgangssprache, Jugendsprache,
   – mehrere kurze Sätze, die aufeinanderfolgen,
   – unvollständige Sätze (Ellipsen).

Grundwissen Literatur

Lyrik: Lyrik bezeichnet Dichtung in Versform (Gedichte). Früher wurden die Verse zur Lyra, einem alten Saiteninstrument, gesungen. Deshalb sagt man auch heute noch einfach: Lyrik ist liedartige Dichtung. Viele Gedichte sind vertont worden.
Im Gedicht drückt der Dichter seine Gefühle, seine Stimmungen, aber auch seine Erlebnisse und Gedanken aus.
Durch **Reime** erhalten Gedichte eine bestimmte Klangwirkung. Durch den Gleichklang der Reimwörter (z. B. *kaum – Baum; Himmelsseide — Getreide*) werden oft zwei oder mehr Verszeilen miteinander verbunden. Drei Reimformen werden oft verwendet:

Paarreim
a Sonne
a Wonne
b Eis
b heiß

umschließender Reim
a Sonne
b Eis
b heiß
a Wonne

Kreuzreim
a Sonne
b Eis
a Wonne
b heiß

Es gibt auch Gedichte ohne Reime. Viele Gedichte sind in **Strophen** gegliedert. Mindestens zwei Verszeilen werden in einer Strophe zusammengefasst. Oft beginnt mit einer Strophe ein neuer Gedanke.

Märchen: Märchen erzählen Geschichten, die es in Wirklichkeit nicht gibt. Oft handeln sie von Zauberern, Hexen, Feen und sprechenden Tieren. In einer räumlich und zeitlich nicht festgelegten Welt steht die Hauptfigur vor großen Gefahren und kaum lösbaren Aufgaben. Die Zahlen 3, 6, 7, 12 spielen eine besondere Rolle. Auch formelhafte Sprüche sind typisch für Märchen. Am Ende siegt das Gute.

Metapher: → *Sprachliches Bild.*

Naturalismus: In den letzten zwanzig Jahren des 19. Jahrhunderts entstand eine Literaturepoche, die als Naturalismus bezeichnet wird. Die jungen Schriftsteller dieser Zeit versuchten in ihren Werken, gesellschaftliche Missstände aufzuzeigen, z. B. die Not der Weber um 1840 oder das Elend der Arbeiter zur Zeit der Industrialisierung.

Dazu informierten sich die Schriftsteller ganz genau über die Lebensbedingungen der in ihren Werken beschriebenen Menschen und versuchten, diese Lebensverhältnisse möglichst genau („naturalistisch") wiederzugeben. Das spiegelt sich in den Dramen, in den ausführlichen Angaben im Bühnenbild, in den genauen Regieanweisungen und in der Wiedergabe der Sprache der handelnden Personen (Dialekt oder Umgangssprache, unvollständige Sätze, Ausrufe) wider.

Personifikation: Unter einer Personifikation versteht man die Übertragung von menschlichen Eigenschaften auf Naturerscheinungen, Gegenstände und abstrakte Begriffe: Sie denken, fühlen, handeln wie Menschen. *Die Ebereschen sind … verliebt …*

Realismus: In der Epoche des poetischen Realismus (zweite Hälfte des 19. Jahrhunderts) waren die Schriftsteller bestrebt, die Wirklichkeit genau darzustellen. Ihr Hauptaugenmerk liegt dabei auf dem Bürgertum und seinen gesellschaftlichen Verhältnissen. Die Werke des poetischen Realismus sind vor allem durch die folgenden Merkmale gekennzeichnet:
1. Landschaften und Personen werden anschaulich und wirklichkeitsnah dargestellt.
2. Motive und Schreibanlässe beruhen oft auf tatsächlichen Ereignissen und Begebenheiten.
3. Das Verhalten der Personen wird nicht bewertet.
4. Häufig spiegeln die Werke – wie bei Fontane – auch die enge Beziehung der Autoren zu ihrer Heimat wider.

Reportage: → *Journalistische Textsorten.*

Romantik: Die Zeit der Romantik erstreckt sich von 1798 bis 1835. Sie ist eine wichtige Epoche in der deutschen Literatur, in der Kunst und in der Musik. Die Schriftsteller dieser Literaturepoche stellten in ihren Werken die Frage nach dem Sinn des Lebens. Diese ist nach ihrer Meinung mit dem Verstand nur schwer zu erfassen und geht über das Sichtbare hinaus. Kritisch setzten sie sich mit „Philistern" auseinander, Menschen, die ein angepasstes und langweiliges Leben führen und nicht nach dem Sinn des Lebens fragen. Die Dichter der Romantik verspotteten sie und stellten ihnen Menschen gegenüber (häufig als Wanderer dargestellt), die die Sicherheit einer bürgerli-

chen Existenz aufgeben, um auf einem selbstbestimmten, aber auch unsicheren und gefahrvollen Lebensweg dem tieferen Sinn des Lebens näher zu kommen. Folgende Merkmale lassen sich in vielen literarischen Werken der Romantik erkennen:
1. Die Texte handeln von Gefühlen, Träumen, Unbewusstem, Geheimnisvollem, Zauberhaftem.
2. Sie beschreiben, wie die Natur auf den Menschen wirkt.
3. Realität und Fantasie werden oft vermischt.
4. In erzählenden Werken können auch Gedichte stehen (Vermischung unterschiedlicher literarischer Gattungen wie Lyrik und Prosa).
5. Verschiedene Sinneswahrnehmungen werden miteinander verbunden: Ein Klang wird sichtbar, eine Wahrnehmung der Augen wird hörbar, z. B. *farbig klingender Schlund*.

Rückblick: Vor allem in Erzählungen und Romanen gibt es solche Einschübe, die vor der Zeit der eigentlichen Handlung spielen. Sie dienen dazu, die jetzige Situation oder das Handeln einer Figur zu erklären.

Sachtext: Ein Sachtext informiert über Tatsachen, Vorgänge und Sachverhalte. Er kann z. B. über die Tier- und Pflanzenwelt informieren oder über bedeutsame Ereignisse. Sachtexte findet man in Zeitungen und Zeitschriften oder in Sachbüchern.

Sage: Schon in früheren Zeiten haben Menschen nach Erklärungen für erstaunliche Ereignisse und auffällige örtliche Gegebenheiten und Gegenstände gesucht. Diese Erklärungsversuche sind uns heute in Form von Sagen überliefert. Im Unterschied zum → *Märchen* knüpfen Sagen daher häufig an wirkliche Begebenheiten oder an bestimmte örtliche Besonderheiten an. Lange Zeit wurden sie mündlich weitererzählt und dabei auch immer wieder verändert.
Aus der Frühgeschichte der Völker stammen die teilweise umfangreichen **Helden- und Göttersagen**, z. B. die Nibelungensage.
Bei den **Volkssagen** unterscheidet man:
1. **Natursagen:** Sie erklären bestimmte auffällige Naturerscheinungen (z. B. einen Felsen).
2. **Geschichtliche Sagen:** Sie berichten über historische Ereignisse und Taten bekannter Persönlichkeiten.
3. **Erlebnissagen:** Sie haben Begegnungen mit Riesen, Zwergen, Geistern und dem Teufel zum Inhalt.

Schwank: Der Schwank ist eine witzige, kurze Erzählung über ein lustiges Ereignis oder über einen Streich. Menschliche Schwächen werden oft übertrieben dargestellt und damit lächerlich gemacht. Der Schwank weist immer eine überraschende Wendung (→ *Pointe*) auf, in der oft eine wohlhabende, aber überhebliche Person von einer schlauen überlistet wird.

Sprachliches Bild: Mit sprachlichen Bildern lassen sich Sachverhalte, Personen, Stimmungen anschaulich darstellen. Sie finden sich in der Alltagssprache, aber noch ausgeprägter in literarischen Texten, vor allem in Gedichten. Bei Ausdrücken mit *wie* spricht man von **Vergleich:**
Es regnet wie aus Kübeln.
Fehlt das *wie*, spricht man von **Metapher** (Übertragung):
Helle Länder sind deine Augen.
Dabei wird das Wort oder der Ausdruck im übertragenen Sinn gebraucht.
In Gedichten findet man ungewöhnliche sprachliche Bilder, die oft mehrdeutig sind.

Strophe: → *Lyrik*.

Sturm und Drang: Von 1770 bis etwa 1785 entwickelte sich in Deutschland eine künstlerische Bewegung, der so genannte Sturm und Drang – benannt nach einem Drama dieser Zeit. Der Satz „Gefühl ist mehr als Denken" wurde zum Leitbild der jungen Generation von Schriftstellern. Damit wandten sie sich gegen das nüchtern kühle Denken der → *Aufklärung*. Zugleich richtete sich die Kritik dieser Autoren auch gegen die damalige Gesellschaftsordnung, gegen die fest gefügten Ständeschranken und gegen die Willkür der absoluten Monarchen dieser Zeit.

Umschließender Reim: → *Lyrik*.

Vergleich: → *Sprachliches Bild*.

Grundwissen Grammatik

Adjektiv: Wortart, mit der man Eigenschaften von Lebewesen, Dingen und Tätigkeiten genau beschreiben kann: *groß, langsam, eckig*.
Die meisten Adjektive können gesteigert werden: *groß, größer, am größten*.

Adverb: Adverbien beschreiben, *wann, wo, wie* und *warum* etwas geschieht.
Sie lassen sich im Satz umstellen.
Morgen gehe ich nicht in die Schule.
In die Schule gehe ich morgen nicht.

Adverbiale (adverbiale Bestimmung): Satzglied, das über die näheren Umstände eines Geschehens Auskunft gibt.
Temporaladverbiale (adverbiale Bestimmung der Zeit), Frage: Wann? Wie lange? Seit wann?
Wegen des Regens gehe ich jetzt schnell nach Hause.
Lokaladverbiale (adverbiale Bestimmung des Ortes), Frage: Wo? Wohin?
Wegen des Regens gehe ich jetzt schnell nach Hause.
Modaladverbiale (adverbiale Bestimmung der Art und Weise), Frage: Wie? Auf welche Art und Weise?
Wegen des Regens gehe ich jetzt schnell nach Hause.
Kausaladverbiale (adverbiale Bestimmung des Grundes), Frage: Warum? Wieso? Weshalb?
Wegen des Regens gehe ich jetzt schnell nach Hause.

Adverbialsatz: Wenn man ein Adverbiale in einen Nebensatz umformt, entsteht ein Adverbialsatz.
Wegen einer Grippe musste ich zu Hause bleiben.
Weil ich eine Grippe hatte, musste ich zu Hause bleiben.

Akkusativ: → *Kasus*.

Akkusativobjekt: → *Objekt*.

Aktiv: Steht in einem Satz das Verb im Aktiv, so wird das Geschehen aus der Sicht des Handelnden gesehen. Man betont, wer etwas tut.
Der Detektiv überlistete den Dieb. → *Passiv*.

Apposition: Darunter versteht man einen nachgestellten Beisatz, der ein vorausgehendes Wort genauer erklärt:
Ich leihe Ben, meinem Freund, meine neue CD.
Die Apposition steht im gleichen Fall wie das Bezugsnomen und ist mit diesem austauschbar.

Artikel (Begleiter): Wortart, die das Geschlecht (→ *Genus*) eines Nomens angibt.
Bestimmter Artikel: *der, die, das*
Unbestimmter Artikel: *ein, eine, ein*

Attribut: Beifügungen zu einem Satzglied, um ein Bezugswort näher zu bestimmen.
Vorangestellte Attribute stehen vor dem Bezugswort (*das alte Haus*), **nachgestellte Attribute** stehen hinter dem Bezugswort (*das Haus meiner Mutter, das Haus am See*).

Attributsatz: auch Relativsatz genannt; Sonderform des Nebensatzes, der mit einem → *Relativpronomen* eingeleitet wird und ein vorangegangenes Nomen näher beschreibt.
Das Haus, das dort im Wald steht, gehört meinen Eltern.

Begleitsatz: Hauptsatz, der die → *wörtliche Rede* begleitet. Der Begleitsatz kann vor, nach oder zwischen der wörtlichen Rede stehen.
Vorangestellter Begleitsatz:
Pia erklärt: „Leider bin ich krank."
Nachgestellter Begleitsatz:
„Leider bin ich krank", erklärt Pia.
Eingeschobener Begleitsatz:
„Leider", erklärt Pia, „bin ich krank."

Dativ: → *Kasus*.

Dativobjekt: → *Objekt*.

Deklination (Beugung): Veränderung des Nomens, des Adjektivs, des Artikels und des Pronomens, wenn sie in die verschiedenen Fälle gesetzt werden.

Demonstrativpronomen: → *Pronomen*.

Direkte Rede: → *Wörtliche Rede*.

Ellipse: Darunter versteht man unvollständige Sätze.
Fenster auf. Alles ruhig. Keine Musik mehr. Regen.
Nur die für die Aussage wichtigsten Wörter bleiben stehen. Auf diese Weise wird eine Raffung erzielt. Bei wörtlicher Rede sind Ellipsen häufig auch Kennzeichen für Aufregung oder für Umgangssprache.

Grundwissen Grammatik

Finite Verbform (gebeugte Verbform, → *Personalform des Verbs*): Die finite Verbform richtet sich nach der Person, die etwas tut: *Er lacht und wir lachen mit.* Die ungebeugte Verbform nennt man **infinite Verbform** oder → *Infinitiv*: *lachen.*

Fragesatz: → *Satzart.*

Futur: → *Zeitform.*

Genitiv: → *Kasus.*

Genitivobjekt: → *Objekt.*

Genus (grammatisches Geschlecht des Nomens):
– **maskulinum** (männlich)   *der Hund*
– **femininum** (weiblich)   *die Katze*
– **neutrum** (sächlich)   *das Tier*

Hauptsatz: Satz, der allein stehen kann. Er besteht mindestens aus einem Subjekt und einem Prädikat. Im Aussagesatz befindet sich das Prädikat stets an zweiter Satzgliedstelle: *Ich gehe in die Schule.*

Imperativ (Befehlsform des Verbs): *Lies! Gib her!*

Indikativ (Wirklickkeitsform): Diese Aussageweise wird in der direkten Rede verwendet (*Pia sagt: „Morgen bleibe ich daheim."*) und wenn man eine Aussage macht, von deren Richtigkeit man überzeugt ist (*Morgen ist Montag.*).

Indirekte Rede: Die indirekte Rede gibt wieder, was eine andere Person gesagt hat. Das Verb steht im → *Konjunktiv. Sie sagt, sie komme heute später.*

Infinite Verbform: → *finite Verbform.*

Infinitiv (Grundform des Verbs): *spielen, lernen.*

Infinitivgruppe: Ein einfacher Infinitiv mit *zu* kann durch ein oder mehrere Wörter erweitert werden. Man spricht dann von einer Infinitivgruppe.
Infinitiv mit *zu*: *Der Jugendliche übt(,) zu tanzen.*
Infinitivgruppe: *Der Jugendliche übt, Breakdance zu tanzen.*
Eine Infinitivgruppe ist kein Nebensatz, da sie kein Subjekt, keine finite Verbform und keine einleitende Konjunktion hat. Ein einfacher Infinitiv mit *zu* kann, eine Infinitivgruppe muss mit Komma vom Hauptsatz abgetrennt werden.

Kasus (Fall, Deklinationsform des Nomens):
– **Nominativ** (1. Fall), Frage: Wer oder was?   *der Tisch*
– **Genitiv** (2. Fall), Frage: Wessen?   *des Tisches*
– **Dativ** (3. Fall), Frage: Wem?   *dem Tisch*
– **Akkusativ** (4. Fall), Frage: Wen oder was?   *den Tisch*

Kausaladverbiale: → *Adverbiale.*

Konjunktion (Bindewort): Wortart, die einzelne Wörter, Wortgruppen oder Sätze miteinander verbindet: *und, oder, aber, denn, weil, nachdem, als, dass, obwohl …*

Konjunktiv: Konjunktiv I (Möglichkeitsform) wird in der → *indirekten Rede* verwendet (*Philipp sagt, er gehe nicht ins Kino, weil er müde sei.*). **Konjunktiv II** (Nicht-Wirklichkeits- oder Wunschform) wird ebenfalls in der indirekten Rede verwendet (*Er sagt, sie führen in den Zoo.*). Außerdem wird der Konjunktiv II als Ausdruck des Irrealen (*Wenn ich 100 Jahre alt wäre, würde ich nicht mehr Auto fahren.*) benutzt.

Konsonant (Mitlaut): *b, d, f, g …*

Lokaladverbiale: → *Adverbiale.*

Modaladverbiale: → *Adverbiale.*

Nebensatz: Satz, der nicht allein stehen kann, sondern immer von einem → *Hauptsatz* abhängig ist. Er beginnt meistens mit einer Konjunktion und endet mit einer gebeugten Verbform.
Ich gehe in die Schule, obwohl ich krank bin.

Nomen (Substantiv, Hauptwort): Wortart, mit der Lebewesen (Menschen, Tiere, Pflanzen) und Gegenstände sowie Gedachtes und Gefühle bezeichnet werden: *Mädchen, Haus, Ferien, Spaß, Angst.*

Nominalstil: Von Nominalstil spricht man, wenn in einem Text besonders häufig Nomen und Nominalisierungen verwendet werden:
Die Möglichkeit zur Einladung der Schüler besteht.

Grundwissen Grammatik

Diesen Stil findet man häufig in Gesetzestexten, Verordnungen, Berichten sowie auch in Gliederungen, da er eine kürzere und präzisere Darstellung erlaubt. Allerdings wirkt der Nominalstil oft holprig und schwer verständlich. → *Verbalstil*.

Nominativ: → *Kasus*.

Objekt: Dieses Satzglied ergänzt das Prädikat.
– **Genitivobjekt** (Ergänzung im 2. Fall), Frage: Wessen?
 Sie belehrte ihn eines Besseren.
– **Dativobjekt** (Ergänzung im 3. Fall), Frage: Wem?
 Die Kinder schenken dem kranken Freund ein Buch.
– **Akkusativobjekt** (Ergänzung im 4. Fall),
 Frage: Wen oder was?
 Die Kinder bringen dem kranken Freund ein Buch.

Partizip: Das **Partizip Präsens** wird gebildet, indem die Endung *-end* an den Wortstamm eines Verbs angefügt wird: *lachend, singend, tanzend*. Ähnlich wie das Adjektiv wird das Partizip Präsens verwendet, um eine Tätigkeit oder einen Vorgang genauer zu beschreiben: *Das sinkende Schiff war von weitem zu sehen.*
Das **Partizip Perfekt** wird auch für die Bildung der Zeitform Perfekt verwendet: *er hat gesagt*. Es bezeichnet den Abschluss einer Tätigkeit, eines Vorgangs oder eines Zustands: *Von dem gesunkenen Schiff war nichts mehr zu sehen.*

Partizipgruppe: Gehören zu einem Partizip noch weitere Wörter, so spricht man von einer Partizipgruppe: *Aus vollem Hals lachend(,) kam er auf Lisa zu.*
Eine vorangestellte Partizipgruppe kann vom Hauptsatz durch ein Komma abgetrennt werden. Bei einer nachgestellten Partizipgruppe muss ein Komma stehen: *Sie blieb stehen, vor Entsetzen erstarrt.*

Passiv: Steht in einem Satz das Verb im Passiv, so wird das Geschehen aus der Sicht des Betroffenen gesehen. Man betont, was geschieht.
Der Dieb wurde vom Detektiv überlistet.

Perfekt: → *Zeitform*.

Personalform: Form des Verbs, die angibt, wie viele Personen zu einer bestimmten Zeit etwas tun:
du schreibst, sie haben gerufen.

Personalpronomen: → *Pronomen*.

Plural (Mehrzahl): *die Lampen*.

Plusquamperfekt: → *Zeitform*.

Possessivpronomen: → *Pronomen*.

Prädikat (Satzaussage): Satzglied, das mit Verben gebildet wird. Es beschreibt, was jemand tut oder was geschieht; Frage: Was tut (tun) ...? Was geschieht?
Die Kinder bringen dem kranken Freund ein Buch.

Präposition (Verhältniswort): *auf, bei, durch, in, mit ...*

Präsens: → *Zeitform*.

Präteritum: → *Zeitform*.

Pronomen (Fürwort): Das Pronomen kann Stellvertreter oder Begleiter eines Nomens sein.
Das **Demonstrativpronomen** (hinweisendes Fürwort) deutet auf Personen oder Sachen hin:
der, die, das, derjenige, diejenige, dieser, dieses, derselbe, dieselbe ...
Das **Personalpronomen** (persönliches Fürwort) steht stellvertretend für Personen oder Sachen:
ich, du, er, sie, es, wir, ihr, sie.
Das **Possessivpronomen** (besitzanzeigendes Fürwort) gibt an, wem etwas gehört:
mein, dein, sein, unser, euer, ihr.
Das **Relativpronomen** bezieht sich auf ein vorangegangenes Nomen, das näher beschrieben wird:
der, die, das, welcher, welche, welches ...
Ich trage eine Kette, die Lisa gehört.

Relativpronomen: → *Pronomen*.

Relativsatz: auch → *Attributsatz* genannt.

Satzart: Bei den Satzarten sind zu unterscheiden:
Aufforderungs- oder Befehlssatz, bei dem eine Person aufgefordert wird, etwas Bestimmtes zu tun:
Komm einmal her! Sei ruhig!
Ausrufesatz, bei dem Wünsche oder Gefühle ausgerufen werden:
Hätten wir doch schulfrei! Das war super!

Aussagesatz, in dem eine einfache Aussage getroffen wird: *Ich spiele heute Basketball.*
Fragesatz, der eine Frage enthält: *Wie spät ist es?*

Satzgefüge: Verbindung von → *Hauptsatz* und → *Nebensatz*: *Obwohl es mir noch nicht besser geht, gehe ich wieder zur Schule.*

Satzglied: Ein Satz besteht aus Satzgliedern. Es kann aus einem oder aus mehreren Wörtern bestehen, die sich nur zusammen umstellen lassen.
→ *Adverbiale*; → *Objekt*; → *Prädikat*; → *Subjekt*

Satzreihe: Aneinandergereihte → *Hauptsätze* bilden eine Satzreihe: *Ich fahre Schlitten, du fährst Ski und Ulli bleibt zu Hause.*

Silbe: Wörter bestehen aus einer oder mehreren Silben (Sprechtakteinheiten): *Kro-ko-dil, hüp-fen.*

Singular (Einzahl): *der Bauer, die Katze, das Pferd.*

Subjekt (Satzgegenstand): Satzglied im Nominativ, Frage: Wer oder was?
Die Kinder bringen dem kranken Freund ein Buch.

Temporaladverbiale: → *Adverbiale.*

Verb (Zeitwort): Wortart, die bezeichnet, was eine Person tut: *spielen, lernen, schlafen.*

Verbalstil: Sätze, in denen Verben bevorzugt werden. *Es können auch Schüler eingeladen werden.* (Anstatt: *Es besteht die Möglichkeit der Einladung von Schülern.* → *Nominalstil*). In der Regel ist ein Text im Verbalstil leichter verständlich und wirkt lebendiger. Im Aufsatz sollte daher diese Stilform vorherrschen.

Vokal (Selbstlaut): *a, e, i, o, u.*

Wortart: Wörter lassen sich bestimmten Wortarten zuordnen, z. B. Nomen, Verb, Adjektiv, Artikel, Pronomen.

Wortfamilie: Wörter mit einem gemeinsamen → *Wortstamm* bilden eine Wortfamilie: *fahren, Fähre, fuhr.*

Wortfeld: Wörter der gleichen Wortart, die eine ähnliche Bedeutung haben, bilden ein Wortfeld; z. B. das Wortfeld *gehen*: *rennen, laufen, humpeln, stolzieren, schreiten …*

Wörtliche Rede: In einem Text wird das Gesprochene in Anführungszeichen gesetzt und vom → *Begleitsatz* durch Doppelpunkt bzw. Komma abgetrennt:
„Kommst du morgen?", fragte sie.
Sie fragte: „Kommst du morgen?"

Wortstamm: Der Wortstamm ist der wichtigste Baustein eines Wortes. Alle Wörter einer → *Wortfamilie* haben einen gemeinsamen Wortstamm: *Wohnung, wohnen, bewohnbar.*

Zeitform: Mit dem Verb kann man verschiedene Zeitformen bilden.
Präsens (Gegenwart): Diese Zeitform beschreibt eine gegenwärtige oder allgemein gültige Tätigkeit: *Ich laufe. Wasser gefriert.*
Präteritum (1. Vergangenheit):
Es beschreibt eine Tätigkeit, die vergangen ist. Diese Zeitform wird häufig beim schriftlichen Erzählen verwendet: *Gestern ging ich in den Zoo.*
Perfekt (2. Vergangenheit): Es beschreibt eine abgeschlossene Tätigkeit. Diese Zeitform wird häufig beim mündlichen Erzählen verwendet:
Er hat gedacht. Sie ist gelaufen.
Plusquamperfekt (3. Vergangenheit):
Diese Zeitform beschreibt Tätigkeiten, die sich noch vor einem bestimmten Zeitpunkt in der Vergangenheit ereignet haben: *Nachdem ich mich umgezogen hatte, fuhr ich in die Stadt.*
Futur I (1. Zukunft):
Diese Zeitform wird verwendet, wenn man über etwas spricht oder schreibt, was in der Zukunft stattfinden soll:
Morgen werde ich ins Kino gehen.
Futur II (2. Zukunft):
Es wird nur noch selten benützt. Diese Zeitform drückt aus, dass ein Geschehen in der Zukunft abläuft und dort als abgeschlossen angesehen wird.
Morgen werden wir um diese Zeit gewonnen haben.
Um diese Zeit werde ich morgen bereits nach Hause gegangen sein.

Stichwortverzeichnis

Adjektiv S. 30, S. 142
Adverbiale S. 129
Aphorismus S. 78
Apposition S. 148
Argument S. 55–57

Ballade S. 117
Begründung S. 15, S. 56
Belehrender Text S. 78–79
Bewerbungsschreiben S. 48–52
Bühnenbild S. 122

Computer benützen:
– Bewerbungschreiben aufsetzen S. 49–52
– Biografische Daten im Internet suchen S. 120
– Informationen im Internet finden S. 14, S. 24, S. 48, S. 116, S. 120
– Prosagedicht entwerfen S. S. 119

Dass/das S. 146
Demonstrativpronomen S. 146
Diskussionsform „Zwiebelschale" S. 17
Diskutieren S. 15–17
Drama S. 120

Eingliedrige Erörterung S. 58–64
Ellipse S. 30, S. 133–135
Ergebnisprotokoll S. 18
Erörterung S. 55–72
Erzählperspektive S. 76–77

Fabel S. 43
Farbbezeichnung S. 138
Fernsehnachricht S. 88–91
Feste Wortverbindung S. 140
Film S. 91
Fremdwörter S. 150

Gedicht S. 98–107
Geschäftsbrief S. 53–54
Getrenntschreibung S. 141–144
Gliederung (Erörterung) S. 62, S. 66
Gliederung (Textgebundener Aufsatz) S. 38–40,
Groß- und Kleinschreibung S. 137–140

Handy-Sprache S. 134–135
Höfliches Verhalten S. 13–14

Indirekte Rede S. 128
Infinitivgruppe S. 129, S. 148–149
Informationen mitschreiben S. 20
Informationsmedien S. 88–93

Journalistische Texte S. 43, S. 80–87

Kasus S. 127
Kleinschreibung S. 139
Kolumne S. 43, S. 84
Kommasetzung S. 148–149
Kommentar S. 43, S. 45, S. 81
Konjunktion S. 127
Konjunktiv I S. 128
Konjunktiv II S. 128
Körpersprache S. 25
Kurzgeschichte S. 43, S. 46–47, S. 73–77

Lebenslauf S. 51

Märchen S. 43
Medienvergleich S. 93
Medienwirkung S. 92
Meldung S. 82
Metapher S. 30

Naturalismus S. 120–126
Nomen S. 137, S. 143
Nominalisierung S. 137
Nominalstil S. 130
Notizen anlegen S. 20

O-Ton S. 91
Ordnungszahl S. 138

Partizip S. 141, S. 143
Partizipgruppe S. 129, S. 149
Poetischer Realismus S. 108–119
Produktionsaufgabe S. 38
Pronomen S. 127
Protokoll S. 18–19

Relativpronomen S. 146
Reportage S. 43
Rollenspiel S. 26
Romantik S. 98–107

Stichwortverzeichnis

Sachliche Begründung S. 15
Satzformen S. 132–133
Satzgefüge S. 129, S. 133, S. 148
Satzglieder S. 128
Satzreihe S. 129, S. 133, S. 148
Schilderung S. 28–36
Schilderung in Versen S. 36
Sich höflich verhalten S. 13–15
SMS S. 134–135
Soap S. 94–97
Sponsorenbrief S. 54
Sprecher aus dem Off S. 91
Stilmittel S. 30
Stoffsammlung S. 61

Techniken des Mitschreibens S. 18–21
Texterschließung S. 38
Textgebundener Aufsatz S. 37–47
Textsorte S. 43–44, S. 85–87
Theaterstück S. 120
Thema erschließen S. 60

Überarbeiten von Texten S. 69–71
Umgang mit Texten und Medien S. 73–97
Umgangssprache S. 133

Verb S. 141–142
Verbalstil S. 130
Vergleich S. 30
Verlaufsprotokoll S. 18–19
Vorabendserie S. 94–97
Vorstellungsgespräch S. 22–27

Wirkung von Medien S. 92
Wörtliche Rede S. 149

Zeichensetzung S. 148–150
Zeitungsnachricht S. 89–90
Zielgruppe S. 96
Zusammenschreibung S. 144
Zweigliedrige Erörterung S. 65–68

Beiträge zu fächerverbindenden Unterrichtsvorhaben:
Lebensentwürfe und Berufswünsche S. 6–10
Sich höflich verhalten S. 11–13

Quellenverzeichnis

Texte

6	Manfred Bosch, *Wie ich mir meine Frau vorstelle*; aus: Almanach für Literatur und Theologie, Bd. 11: Der Mann – Ansätze für ein neues Bewusstsein, © Peter Hammer Verlag, Wuppertal 1977
12	*Kaugummi – härter als man denkt*; aus: Inge Wolff, Moderne Umgangsformen: Jeans oder Smoking?, © Falken-Verag GmbH, Niedersachsen 1995, S.66
24	*IT-Systemelektroniker*; aus: Bundesanstalt fürArbeit (Hrsg.), Beruf aktuell, Ausgabe 2001/02, © Medialog, Mannheim 2001, Seite 115,
28	*Wie die gezackten Rücken ...*; aus: Die wilde Küste im Norden, HB-Bildatlas 117 Mallorca, S. 35, © HB-Verlags- und Vertriebsgesellschaft, 1994
	Die Segel klingen ...; aus: Klaus-Peter Best, Star unter neuem Stern, segeln Heft 7/2001, S. 109, Jahr Top Special Verlag, Hamburg (Auszug)
29	*Als Frodo den großen Säulen ...*; aus: J. R. R. Tolkien, Der Herr der Ringe, Bd. 1, Klett-J. G. Cotta'sche Buchhandlung, Stuttgart 1979, S. 473 (gekürzter Auszug)
	Ein schöner Tag ...; aus: Vera Noll, Auch Pinguine mögen's warm, GEOLINO Heft 1/2002, S. 16, © Gruner + Jahr, Hamburg (Auszug)
	Theodor Storm, *Meeresstrand*; aus: Karl Otto Conrady, Das große deutsche Gedichtbuch von 1500 bis zur Gegenwart, © Artemis und Winkler, 4. Auflage, München/Zürich 1995
36	Georg Bydlinski, *Garten*; aus: Hans-Joachim Gelberg, Überall und neben Dir © Beltz Verlag, Weinheim/Basel, Weinheim 1986
	Günter Ullmann, *Herbstwind*; aus: Hans-Joachim Gelberg, Überall und neben Dir, © Beltz Verlag, Weinheim/Basel1986
	Krisitane Allert-Wybranietz, *Einsamkeit positiv*; aus: Kristiane Allert-Wybranietz, Trotz alledem, © Lucy Körner Verlag, Fellbach 1980, S.54
	Eva Gruhnert, *Wehmut*; aus: Hungrig nach starken Gefühlen, © Georg Westermann Verlag, Braunschweig 1994, S. 48
40/41	Nurdan Kaya, *Ayse*; aus: Nurdan Kaya, Grenzgänger, © Wißner-Verlag Augsburg 2000, S. 17
45	Rupert Huber, *Schöne neue Digital-Welt?*; aus: Augsburger Allgemeine vom 19.10.2002
46/47	Josef Reding, *Der Befund*; aus: Josef-Reding-Lesebuch, © Georg Bitter Verlag, Recklinghausen 1994
73	Margret Steenfatt, *Im Spiegel*; aus: Hans-Joachim Gelberg, Augenaufmachen, 7. Jahrbuch der Kinderliteratur, © Beltz Verlag, Weinheim/Basel1984
74	Peter Bichsel, *San Salvador*; aus: Peter Bichsel: Eigentlich möchte Frau Blum den Milchmann kennen lernen, © Suhrkamp Verlag Frankfurt 1964
75	Henry Kayser, *Er weiß Bescheid*; aus: Mergast/Vuhlenkamp: Das neue Fünfzehn-Minuten-Theater, © Don Bosco, München 1990
76	Walter Helmut Fritz, *Augenblicke*; aus: Walter Helmut Fritz, Umwege, Stuttgart 1964, S. 47
78	Franz Hohler, *Die blaue Amsel*; aus: Franz Hohler, Die blaue Amsel, © Deutscher Taschenbuchverlag, München 1999, 2. Auflage
79	Andreas Hohn, *Gut und Böse*; aus: Leiterbrief der Jungen Kirche Schweiz 229/4, Januar 1986
79	Franz Hohler, *Der Mann auf der Insel*; aus: Hans-Joachim Gelberg, 8. Jahrbuch der Kinderliteratur, © Beltz Verlag, Weinheim/Basel 1988
80	Eva Maria Knab, *Viele fahren auf den Nachtzug ab*; aus: Augsburger Allgemeine vom 06. April 2002
81	Eva Maria Knab, *Eine runde Sache*; aus: Augsburger Allgemeine vom 06. April 2002
82	*Barrichello schenkt Schumacher den Sieg*; aus: Augsburger Allgemeine vom 13. Mai 2002
83	Milan Sako, *Die Marionetten von Ferrari*; aus: Augsburger Allgemeine vom 13. Mai 2002
84	Till Raether, *Mein Auftritt als Kinderschreck*; aus Brigitte 10/2002
85/86	Barbara Leinfelder, *Allein unter Männern*; aus X-mag, August 2002, S. 26-27,© Weltbild Verlag
90	Martin Ferber, *Das Symbol der Einheit ließ die Hüllen fallen*, aus: Donau Zeitung, 5./6. 10. 2002
94	*TV-Vorschau*; aus: Serien und Stars 04/2003
97	*Soap-Stars werden zu Geschwistern*; aus: Augsburger Allgemeine, 10/2001 (Text gekürzt)
100	Joseph Freiherr von Eichendorff, *Mondnacht*; aus: Karl Otto Conrady, Das große deutsche Gedichtbuch von 1500 bis zur Gegenwart, © Artemis und Winkler, 4. Auflage München/Zürich 1995, S. 261
101/107	Clemens Brentano, *Abendständchen*; aus: Curt Hohoff, Clemens Brentano – Eine Auswahl, Band 1, © Carl Hanser Verag, München o.J., S. 25 f.
102	Joseph Freiherr von Eichendorff, *Nachtzauber*; aus: Karl Otto Conrady, Das große deutsche Gedichtbuch von 1500 bis zur Gegenwart, © Artemis und Winkler, 4. Auflage, München/Zürich 1995, S. 258
103	Joseph Freiherr von Eichendorff, *Frühlingsfahrt*; aus: Joseph Freiherr von Eichendorff, Gedichte, Reclam Universalbibliothek, Stuttgart 1957, S. 36 f.
104	Joseph Freiherr von Eichendorff, *Aus dem Leben eines Taugenichts*; aus: Eugen Roth, Joseph von Eichendorff - Eine Auswahl, Band 1, © Carl Hanser Verlag, München 1949, S. 211 f. (Textauszug)
106	Heinrich Heine, *Das Fräulein stand am Meere*; aus: Karl Otto Conrady, Das große deutsche Gedichtbuch von 1500 bis zur Gegenwart, © Artemis und Winkler, 4. Auflage, München/Zürich 1995, S. 317
106	Heinrich Heine, *Leise zieht durch mein Gemüt*; aus: Karl Otto Conrady, Das große deutsche Gedichtbuch von 1500 bis zur Gegenwart, © Artemis und Winkler, 4. Aufl., München/Zürich 1995, S. 313
108-115	Theodor Fontane, *Unterm Birnbaum*, © Carl Hanser Verlag, München 1990 (Textauszüge)
117	Theodor Fontane, *Die Brück` am Tay*; *Herr von Ribbeck* (Textauszüge); aus: Karl Otto Conrady, Das große deutsche Gedichtbuch von 1500 bis zur Gegenwart, © Artemis und Winkler, 4. Auflage, München/Zürich 1995
117	Theodor Fontane, *John Maynard*; aus: Fritz Leisinger, Kranz des Lebens - Eine Sammlung deutscher Gedichte für den Schulgebrauch, © Georg Westermann Verlag, Braunschweig 1968, S. 170
117	*Eisenbahnunglück auf der Tay-Brücke*; aus: Züricher Freitagszeitung, 2. Januar 1880
118	Theodor Fontane, *Der Stechlin*, © Diogenes Verlag Zürich 1998
122-125	Gerhart Hauptmann, *Die Weber*; aus: Gerhart Hauptmann- Meisterdramen, © S. Fischer Verlag, Frankfurt o.J. (Auszüge aus Akt 2 und Akt 4)
132	Wolfdietrich Schnurre, *Beste Geschichte meines Lebens*; aus: Wolfdietrich Schnurre, Der Schattenfotograf: Aufzeichnungen, List München 1994
136	Ermano Höppner, *Well bekomm's in Germany*; aus: Augsburger Allgemeine vom 10. April 2002

Abbildungen

6	Fotos: (o.li.) © IFA-Bilderteam, Frankfurt/Main; SDP (mi.li) © Heiko Judith, Gilzum (u.li) © IFA-Bilderteam, Frankfurt/Main; Foto: Kimball (o.mi) © Yvonne Ullrich, Wolfenbüttel (mi.re) © Martina Hartmann-Ohse, Hannover (m.u.) © Yvonne Ullrich, Wolfenbüttel (u.re) © IFA-Bilderteam, Frankfurt/Main
16	© Dr. Heiner Böttger, Nürnberg
28	(o.re) © Dr. Peter Göbel, Mücke (mi.li) © IFA-Bilderteam, Frankfurt/Main; Foto: E. Pott (u.re) © PWE-Kinoarchiv, Hamburg
29	(ob.li) © IFA-Bilderteam, Frankfurt/Main; IDS (u.li) © IFA-Bilderteam, Frankfurt/Main; Fotograf: Frima (u.re) © MAURITIUS, Mittenwald; Fotograf: Hubatka
33	© IFA-Bilderteam, Frankfurt/Main; Fotograf: Ventura
34	(o.li.) © MAURITIUS, Mittenwald; Fotograf: Rossenbach (o.re) ©IFA-Bilderteam, Frankfurt/Main; Fotograf: J. Alexandre (u.li) © MAURITIUS, Mittenwald; Fotograf: Rosenfeld (u.re) © IFA-Bilderteam, Frankfurt/Main; Fotograf: Frima
35	(o.li) © MAURITIUS, Mittenwald; Fotograf: Pigneter (o.re) © HUBER, Garmisch-Partenkirchen (u:) © MAURITIUS, Mittenwald; ISP
36	© IFA-Bilderteam, Frankfurt/Main; Fotograf: Weststock
48	© IFA-Bilderteam, Frankfurt/Main; DIAF
51	© Nicolas Küstner, Braunschweig
58	© Schule Sinstorf/ Karin Brose
61	© IFA-Bilderteam, Frankfurt/Main; Stock
65	© IFA-Bilderteam, Frankfurt/Main; LDW
66	© dpa, Deutsche Presse-Agentur, Frankfurt/Main; Life Time Messe
80	Augsburger AZ; © Fotograf: Wolfgang Diekamp
82	© Associated Press GmbH, Frankfurt/Main
84	© Frank Siemers, Hamburg
85	© Ruth, Plössel, Augsburg
86	© IFA-Bilderteam, Frankfurt/Main; Stock
90	© dpa Deutsche Presse-Agentur, Frankfurt/Main
94	(o.re) © rtl presse, GrundyUfa TV Produktions GmbH 2003 (u.re) © ARD, München
99	(o.li) Ludwig Meidner, Apokalyptische Stadt 1913 © ARTOTHEK, Weilheim; (o.re) © Oliver Mark, Berlin (u.li) Caspar David Friedrich, Der Morgen; © Niedersächsisches Landesmuseum, Hannover (u. re) © IFA-Bilderteam, Frankfurt/Main; Fotograf: Charles Westermann
101	© akg-images, Berlin
102	Caspar David Friedrich, Zwei Männer in Betrachtung des Mondes; © ARTOTHEK, Weilheim
103	(o.) © IFA-Bilderteam, Frankfurt/Main; IDS (u.) © Deutsche Presse-Agentur, Frankfurt/Main
105	© akg-images, Berlin
106	© akg-images, Berlin
116	©akg-images, Berlin
117	© aus: Aubert/Müller/Hill (Hrsg.), Schottland, C.H. Bucher Verlag, München 1983
119	© dpa Deutsche Presse-Agentur, Frankfurt/Main
120	© akg-images, Berlin
121	(li.o.) akg-images, Berlin © VG Bild-Kunst, Bonn 2003 (li.u.) Westermann Bildarchiv, Braunschweig © VG Bild-Kunst, Bonn (re.o.) Westermann Bildarchiv, Braunschweig © VG Bild-Kunst, Bonn (re.mi) akg-images, Berlin © VG Bild-Kunst, Bonn (re.u.) © KEYSTON Bildarchiv, Hamburg
123	© Ingo Scheffler, Berlin
124	© ZENIT; Fotograf: David Baltzer
136	MAURITIUS, Mittenwald; © Beauty Photo Studio

7, 18, 19, 21, 22, 23, 24, 26, 31, 38, 52, 54, 71, 89, 93, 95, 97, 98, 104 und 131
Fotos: Klaus G. Kohn, Braunschweig